Unser Glaube

Wie wir ihn bekennen, feiern und leben

Unser Glaube

Wie wir ihn bekennen, feiern und leben

Das Glaubensbuch der belgischen Bischöfe

Herder

Herder Freiburg · Basel · Wien

Titel der Originalausgaben:
„Les évêques de Belgique – Livre de la foi" (Editions Desclée, Tournai)
und „De bisschoppen van België – Geloofsboek"
(Drukkerij-Uitgeverij Lannoo bvba, Tielt)

Verfasser: Die belgischen Bischöfe

Mitglieder der Redaktionskommission:
Bischof J. Huard und Bischof E. Laridon (Vorsitzende),
Prof. K. Depoortere, Prof. F. Lefevre, P. A. Knockaert SJ,
Frau C. van der Plancke

Übertragung ins Deutsche nach der französischen Ausgabe:
Ulrich Schütz

Zweite Auflage

Imprimatur der deutschen Ausgabe:
Freiburg im Breisgau, den 19. August 1988. – Dr. Schlund, Generalvikar
Herstellung: Freiburger Graphische Betriebe 1989
ISBN 3-451-21209-9

Inhalt

Erster Teil: Den Glauben bekennen

Zweiter Teil: Den Herrn feiern

Dritter Teil: Das Evangelium leben

Erster Teil

Den Glauben bekennen

Glauben mitten in der Welt

„Christ, erkenne deine Würde!“ (Leo der Große)

Wir leben in aufregenden Zeiten. Sie sind nicht nur von Krisen gezeichnet. Revolutionäre Entwicklungen in der Technik öffnen völlig neue ungeahnte Möglichkeiten. Manche Werte für das Leben des einzelnen wie der Gemeinschaft werden heute mehr als früher bejaht und verteidigt, auch wenn sie nicht immer erfüllt werden. Ähnlich ist es zum Beispiel mit den Menschenrechten und sozialen Errungenschaften.

In der Lebenswelt, die uns umgibt, bestehen viele verschiedene geistige, politische, kulturelle Strömungen nebeneinander. Diese Vielfalt hat ihre Schattenseiten, aber auch ganz offensichtliche Vorteile. Zum wirtschaftlichen und sozialen, wissenschaftlichen und kulturellen Fortschritt der Menschheit haben auch die Christen beigetragen, aber dann stellt sich doch die Frage an sie: „Warum seid ihr eigentlich Christen?“, „Was heißt das, Christ sein, für euch und für die anderen in einer so gemischten Gesellschaft?“ Wir leben nicht nur in einer uneinheitlichen, zersplitterten Kultur, sondern wir sind auch Christen „in der *Diaspora*“ geworden, zerstreut unter Zeitgenossen und Mitmenschen, die nicht denken wie wir.

In einer solchen Zeit, in einer solchen Situation trifft uns das Wort: „Christ, erkenne deine Würde! Sag, was du bist und *worauf du deinen Glauben baust.*“ Können wir aber sagen, was wir sind, wenn wir nicht in Verbindung stehen mit dem Glauben derer, die uns vorangegangen sind, und mit dem Glauben derer, die in den verschiedenen Ländern der Welt aus der gleichen Überzeugung leben? Dem Christsein des einzelnen geht etwas voraus, eine gemeinsame Überlieferung, ein gemeinsames Glaubensbekenntnis. Wir sind ein „Volk“, eine Gemeinschaft, eine Kirche.

Gibt es noch eine gute Nachricht, ein Evangelium?

In den Augen vieler unserer Zeitgenossen bietet der christliche Glaube nichts, was unsere täglichen Bedürfnisse befriedigen könnte. Für sie bringt er weder Glück noch Problemlösungen, weder Heilung von Krankheit noch Frieden im Herzen, weder Wohlstand noch Befreiung.

Dagegen ist Heilung des ganzen Menschen – an Leib und Seele, Geist und Herz – der Kern der *Botschaft Jesu.* „Er verkündete das Evangelium vom Reich und heilte im Volk alle Krankheiten und Leiden ... Man brachte Kranke mit den verschiedensten Gebrechen und Leiden zu ihm ... und er heilte sie alle“ (Mt 4,23f). Jesus heilt den Gelähmten, und gleichzeitig vergibt er ihm seine Sünden. Heilung und Sündenvergebung, das bedeutet das Wort *Heil,* „Gesundheit“ des

ganzen Menschen, tiefe Harmonie. Das Heil beschränkt sich nicht nur auf die Menschen als einzelne, sondern erstreckt sich auf alle Völker und auf die ganze Welt. Es betrifft alle unsere Beziehungen und alle Strukturen unserer Gesellschaft. Das Heil beruht auf der Botschaft Jesu und gründet in seinem Leben, seinem *Tod* und seiner *Auferstehung:* Jesus, Gott und Mensch, hat sich für uns und für alle Menschen ganz hingegeben, „damit sie das Leben haben und es in Fülle haben" (Joh 10,10). In der Auferstehung Jesu ist die ganze Menschheit der Gewalt des Todes und den Mächten des Bösen entrissen. Der Geist Christi gibt den Menschen Glauben, Hoffnung und Liebe, und er weht, wo er will.

Glauben, wie geht das? Wie fängt das an?

Die erste Regung des Glaubens, die erste Gabe, die erste *Gnade* ist: die Sicherheit aufgeben, daß ich eine Antwort aus mir allein finden könnte. Und dann ermöglicht mir Beten einen ersten Schritt, denn Beten bringt mich aus mir selbst heraus, es führt mich über mich selbst hinaus.

Glauben geht nicht, wenn ich das ganze Leben auf mich allein stützen wollte oder wenn ich allein auf menschliche Kräfte setzte. „Die Zeit ist erfüllt, *das Reich Gottes ist nahe.* Kehrt um, und glaubt an das Evangelium", verkündet Jesus (Mk 1,15). Er ruft also zu einer Umkehr. Sich bekehren heißt *sich einem anderen zuwenden,* für ihn aufgeschlossen sein, ihn aufnehmen.

Für Paulus entsteht der Glaube aus der Verkündigung: er „kommt aus dem, was man *hört,* und das, was man hört, kommt aus dem Wort Christi" (Röm 10,17). Immer wieder hören wir dieselben Texte der Heiligen Schrift. Aber das Entscheidende ist, wahrzunehmen, was Gott uns sagt: „*Du* bist gemeint, es geht um dich." Hören allein

genügt also nicht; das Wort muß auch „mitten ins Herz treffen“ (Apg 2, 37), so wie die Volksmenge von der Predigt des Apostels Petrus am Pfingsttag ergriffen war.

Wie spricht Gott zu den Menschen?

Das Wort Gottes ist uns durch andere *übermittelt* worden: durch die Familie, durch die christliche Gemeinde, Männer und Frauen, in denen der Glaube der Kirche lebt. Bevor wir die Leidensgeschichte Jesu in den Evangelien lesen konnten, hat uns jemand ein Bild von Christus am Kreuz gezeigt und uns von seinem Tod und seiner Auferstehung erzählt. Bevor wir verstanden, haben wir geglaubt.

Auf einem langen Weg durch die *Geschichte* der Menschen und der Kirche hindurch erreichen uns die Evangelien. Missionare sind einst in unser Land gekommen, um den Samen des Evangeliums auszusäen, und später hat die Kirche unseres Landes Missionare ausgesandt, um anderen Völkern das Wort Gottes zu bringen, das uns leben läßt. Die Ausbreitung des Evangeliums, die Evangelisierung, wird durch den Geist Gottes bewirkt; er läßt die Herzen brennen. Gott ist am Werk in der Geschichte der Menschen, die den Glauben leben und von Generation zu Generation weitergeben.

Gott lockt die Menschen an, manche seit ihrer Kindheit und Jugend, andere als Erwachsene. Er spricht zu ihnen in der Schönheit der Natur, im Zeugnis der Gläubigen, in den Freuden und Leiden des Lebens, durch Kampf und Verfolgung, durch das von den Märtyrern Christi vergossene Blut. Manchmal hilft uns eine Mutter, zu glauben, und durch sie spricht die Kirche, die uns das Evangelium ans Herz legt. Manchmal ist es ein Unbekannter, dessen Glaube in seinem Reden und Tun aufscheint … In allen diesen Zeichen *kommt Gott uns entgegen,* kommt Gott unserem Glauben zuvor.

Glauben, auch wenn uns Unglück trifft?

Wie die Liebe, so ist auch der Glaube keine Versicherung gegen Unglück und Schwierigkeiten im Leben. Er schützt nicht gegen Zweifel, Überdruß und Gleichgültigkeit. Die Prüfung des Glaubens gehört zum Leben des Glaubens. Glaube ist auch nicht zwangsläufig an bestimmte Lebensbedingungen gebunden. Die den Glauben ablehnen, sind nicht immer die, denen es zeitlebens schlecht ging. Und umgekehrt kann einer, der alles hatte, Liebe und alle erdenklichen Entfaltungsmöglichkeiten, keinen Glauben haben oder keinen Glauben mehr haben, nur noch den Glauben an sich selbst.

Blickt man in die Welt, ist das Maß der Leiden so gewaltig groß, daß sie bohrende Zweifel an Gott aufkommen lassen. Damit der Glaube glaubwürdig ist, muß sein Wirken auch irgendwo zu sehen sein: Wenn er für die Armen zur Frohen Botschaft wird, dann macht sich Gott in gewisser Weise „sichtbar".

Glauben: sich auf jemand stützen

Unser Glaubensbekenntnis beginnt nicht: „Ich glaube, *daß* es Gott gibt" oder „Ich glaube, *daß* Gott allmächtig ist", sondern: „Ich glaube *an Gott.*" *Jemandem* vertrauen ist viel mehr als diese oder jene Meinung vertreten, die von ihm kommt oder ihn betrifft. Wer Gott vertraut, sagt: Ich traue dir zu, unser Leben heil zu machen. Wer sich auf Gott verläßt, zeigt: Der, an den ich glaube, ist *glaubwürdig,* und es ist aller Mühe wert, ihm treu zu bleiben.

Es ist auch zu beachten, daß wir nicht sagen: „Gott, ich glaube an dich!" Nein, wir bekennen unseren Glauben vor der versammelten Gemeinde: „Ich glaube an Gott." Und: „Wir glauben an Gott."

Das Bekenntnis des Glaubens entfaltet sich darin, daß gesagt wird, *wer* Gott ist und *was* Gott für uns getan hat. Mit anderen Worten, die Hinwendung zu Gott im Glauben wird mit Inhalt gefüllt.

„Ich habe geglaubt, darum habe ich geredet" (2 Kor 4,13)

Wer glaubt, kann den Glauben nicht verschweigen, der ihn trägt. Paulus fühlte sich geradezu getrieben, das Wort des Lebens weiterzusagen: „Weh mir, wenn ich das Evangelium nicht verkünde" (1 Kor 9,16). Alle haben die Aufgabe, ihren Glauben an den Herrn zum Ausdruck zu bringen, jeder nach seinen Gaben.

Den Glauben der Apostel bekennen

Nicht hinter vorgehaltener Hand geflüstert

Am Pfingsttag haben die Apostel als erste den Glauben der Kirche offen verkündet. Ihr glühendes, vom Heiligen Geist erfülltes Bekenntnis läßt sich in drei Kernpunkte zusammenfassen: *„Jesus ist gestorben, Gott hat ihn auferweckt, bekehrt euch."*

Jedesmal, wenn wir die Eucharistie feiern, bekräftigen wir dieses Bekenntnis. Nach der Wandlung und nach der Erhebung von Leib und Blut Christi singen wir: „Deinen Tod, o Herr, verkünden wir, und deine Auferstehung preisen wir, bis du kommst in Herrlichkeit."

Das ist der Ursprung des Credo. In seiner kürzesten Form ist es uns als „Apostolisches Glaubensbekenntnis" vertraut.

Wenn man in der Antike einen Vertrag schließen wollte, bestand die Sitte, einen Gegenstand zu zerbrechen und die beiden Stücke untereinander zu verteilen. Jeder Vertragspartner erhielt ein solches Erkennungszeichen, das man *„Symbol"* nannte (das griechische Wort bedeutet „zusammenpassendes, entsprechendes Stück"), denn wenn man diese Stücke wieder zusammenlegte, zeigte sich, daß sie zusammengehörten; die Partner erkannten sich wieder und erneuerten ihre Beziehungen. Daher erhielt auch das Glaubensbekenntnis die Bezeichnung „Symbol".

Den Glauben der Kirche empfangen ...

Ein Christ erfindet seinen Glauben nicht. Er empfängt ihn von der Kirche. Er steht dazu, er bleibt dem Glauben der Apostel treu. Das Apostolische Glaubensbekenntnis ist das Zeichen, an dem die Christen sich wiedererkennen. Es *„versammelt"* uns in demselben Glauben. Das „Ich glaube" ist zuerst ein „Wir glauben".

... mit dem Herzen eines Bekehrten

In der Zeit der Taufvorbereitung *empfängt* der jugendliche oder erwachsene Taufbewerber von der christlichen Gemeinde das „Glaubenssymbol" oder Glaubensbekenntnis und mit ihm eine Einführung in den Glauben. Wenn die Taufe bevorsteht, wird er aufgefordert, das Glaubenssymbol der Gemeinde „zurückzugeben": Kraft der Gnade der Bekehrung wiederholt er das apostolische Bekenntnis feierlich vor der Kirche und verpflichtet sich, ihm treu zu bleiben.

Wer zum Glauben gekommen ist, erkennt durch dieses Bekenntnis an, was Gott „Vater, Sohn und Heiliger Geist" für ihn und für alle Menschen *tut.* Er nimmt „die Taten Gottes" in sein Leben auf und damit in das Leben der Kirche und der Welt. Er bekräftigt, daß er sein Leben auf Gott setzen und geschwisterlich leben will.

Das Glaubensbekenntnis oder „Credo“ (nach dem lateinischen Anfangswort „Ich glaube“) wurde die Grundlage für einen ausführlicheren Glaubensunterricht. Bei der Eucharistiefeier wird meist das *„Große Glaubensbekenntnis“* gesprochen; es ist das Bekenntnis, das die Kirche bei den ersten beiden Allgemeinen Konzilien von Nikaia (325) und Konstantinopel (381) festgelegt hat.

Erst im Laufe der Zeit gelangte das Glaubensbekenntnis bei der Taufe in die Feier der Eucharistie. Hier wird es zu einer *Antwort* auf das Wort Gottes und gehört so zum Dialog zwischen Gott und seinem Volk, der sich besonders im Sonntagsgottesdienst vollzieht.

Von der Taufe zur Eucharistie

Das Glaubensbekenntnis kommt zu seiner vollen Bedeutung erst im *Gebet* des zur Feier des Gottesdienstes versammelten Gottesvolkes. Es hat nicht die gleiche „Klangfarbe“ an Weihnachten, Ostern oder Pfingsten, in Zeiten des Friedens oder in Zeiten der Verfolgung. Darüber hinaus verbindet es uns mit allen christlichen Gemeinden, die in der ganzen Welt verstreut leben, zu einer Gemeinschaft.

Das Apostolische Glaubensbekenntnis

Ich glaube an Gott,
den Vater, den Allmächtigen,
den Schöpfer des Himmels und der Erde.

Und an Jesus Christus,
seinen eingeborenen Sohn, unsern Herrn,
empfangen durch den Heiligen Geist,
geboren von der Jungfrau Maria,
gelitten unter Pontius Pilatus,
gekreuzigt, gestorben und begraben,
hinabgestiegen in das Reich des Todes,
am dritten Tage auferstanden von den Toten,
aufgefahren in den Himmel;
er sitzt zur Rechten Gottes, des allmächtigen Vaters;
von dort wird er kommen,
zu richten die Lebenden und die Toten.

Ich glaube an den Heiligen Geist,
die heilige katholische Kirche,
Gemeinschaft der Heiligen,
Vergebung der Sünden,
Auferstehung der Toten
und das ewige Leben.
Amen.

Das Große Glaubensbekenntnis

Wir glauben an den einen Gott,
den Vater, den Allmächtigen,
der alles geschaffen hat, Himmel und Erde,
die sichtbare und die unsichtbare Welt.

Und an den einen Herrn Jesus Christus,
Gottes eingeborenen Sohn,
aus dem Vater geboren vor aller Zeit:
Gott von Gott, Licht von Licht,
wahrer Gott vom wahren Gott,
gezeugt, nicht geschaffen,
eines Wesens mit dem Vater;
durch ihn ist alles geschaffen.
Für uns Menschen und zu unserem Heil
ist er vom Himmel gekommen,
hat Fleisch angenommen
durch den Heiligen Geist
von der Jungfrau Maria
und ist Mensch geworden.
Er wurde für uns gekreuzigt
unter Pontius Pilatus,
hat gelitten und ist begraben worden,
ist am dritten Tage auferstanden
nach der Schrift
und aufgefahren in den Himmel.
Er sitzt zur Rechten des Vaters
und wird wiederkommen in Herrlichkeit,
zu richten die Lebenden und die Toten;
seiner Herrschaft wird kein Ende sein.

Wir glauben an den Heiligen Geist,
der Herr ist und lebendig macht,
der aus dem Vater und dem Sohn hervorgeht,
der mit dem Vater und dem Sohn
angebetet und verherrlicht wird,
der gesprochen hat durch die Propheten;
und die eine, heilige, katholische
und apostolische Kirche.
Wir bekennen die eine Taufe
zur Vergebung der Sünden.
Wir erwarten die Auferstehung der Toten
und das Leben der kommenden Welt.
Amen.

Der eine Gott

An welchen Gott glauben wir?

Nicht nur Christen glauben an Gott. Es gibt viele Millionen Männer und Frauen in der Welt, die sich Gott anvertrauen. Mehrere Wege führen zu Gott: zum Beispiel das Staunen über die Natur, die Erfahrung von Liebe, die Wahrnehmung des Gewissens. Die Existenz Gottes anzunehmen ist vernünftig, aber keineswegs zwingend. Für die Existenz Gottes gibt es klare Vernunftgründe, die den Menschen aber nicht zum Glauben zwingen. Auch die Gründe des Herzens führen zu Gott, die Wege der Liebe und der Hingabe; sie lassen im Menschen das Bild seines Schöpfers wieder aufleuchten. Es gibt redliche, rechtschaffene Menschen, die unseren Glauben nicht teilen. Sie sind jenem Gott nicht fern, an den wir glauben. An Gott glauben heißt ja nicht nur der Meinung sein, daß Gott existiert, sondern wer an Gott glaubt, wagt, sein ganzes Leben auf ihn zu bauen. Nach der Glaubensentscheidung, nach einer solchen Umkehr ist das Leben nicht mehr wie früher. Es erhält einen neuen Sinn, es bekommt eine andere Orientierung für das Handeln und Verhalten, es ist von einer neuen Hoffnung beseelt.

Aber wer ist Gott für uns Christen? Unser Gott, an den wir glauben, ist die heilige Dreifaltigkeit, ein einziger Gott Vater, Sohn und Geist. Durch den Sohn, der Mensch geworden ist, haben wir gelernt, zu Gott „Vater unser" zu sagen. Für uns Christen *spricht* und *handelt* Gott in der Geschichte der Menschen: er ist ein *Gott unter uns.*

Wie erkennen wir Gott?

Bevor der Mensch Gott gesucht hat, hat Gott den Menschen gesucht. Die Bibel stellt ihn uns als den dar, der dem ersten Mann und der ersten Frau ins Herz gesprochen hat. Er ist mit Noach und den Seinen, die mit ihm in der Arche waren, einen Bund eingegangen; er hat sich aus Abraham, Isaak, Jakob und seinen Söhnen, den zwölf Patriarchen, ein Volk erwählt; er hat sich Mose im brennenden Dornbusch geoffenbart und mit seinem Volk auf dem Berg Sinai einen Bund geschlossen; er hat gesprochen durch die Propheten. Gott ist Mensch geworden in Jesus, der „in allem uns gleich wurde außer der Sünde", der den Bund erneuerte durch die Hingabe seines Lebens.

„Gott suchen heißt ihn finden ..."

Gott hat sich nicht nur in Jesus Christus erkennen lassen, er hat uns seinen Geist gegeben. Durch ihn können wir Jesus als Sohn Gottes bekennen. „Keiner kann sagen: Jesus ist der Herr!, wenn nicht durch den Heiligen Geist" (1 Kor 12,3).

„... Gott finden heißt ihn suchen" (Augustinus)

Gott übersteigt jedoch alles Begreifen. In der Anbetung entdecken wir ihn immer neu als den, der Liebe ist. Augustinus sagte: „Groß bist du, Herr, und des Lobes unendlich würdig ... Du hast uns für dich geschaffen, und unser Herz ist unruhig, bis es ruht in dir." Gott erkennen heißt immer tiefer hineinwachsen in eine Haltung dankbar preisender *Anerkennung* von Vater, Sohn und Heiligem Geist.

„Das ist es, was Gott will: eure Heiligung“ (1 Thess 4,3)

Täglich singen wir bei der Eucharistiefeier: „Heilig, heilig, heilig Gott, Herr aller Mächte und Gewalten.“ Dieser Ruf nimmt die Worte auf, die der Prophet Jesaja bei seiner Berufung hörte (Jes 6,3). Wir richten ihn an den Vater, den Sohn und den Heiligen Geist, den einen Gott.

Gott allein ist heilig. Aber seine Heiligkeit strahlt aus und teilt sich den Engeln, den Propheten, dem Volk mit. *Das Volk Gottes ist heilig,* weil Gott in Beziehung zu ihm getreten ist, sich mit ihm verbunden hat.

In einer Welt, in der wir versucht sind, von Gott zu schweigen, fordert Jesus uns auf, den Vater zu bitten, daß sein Name „geheiligt“ (Mt 6,9), das heißt, daß er *von allen Menschen anerkannt* wird.

Der Vater, der Allmächtige

Gott ist die Quelle von allem Guten

Bevor wir Gott als den „Allmächtigen“ bekennen, ist es gut, ihn als den „Vater“ zu entdecken. Zunächst ist Gott *in sich selbst Vater,* weil er im Innern der Dreifaltigkeit, noch bevor etwas erschaffen wurde, seinen Sohn zeugt. Gott ist Liebe, weil die Liebe, die das Band der Einheit in der Dreifaltigkeit ist, ihren Ursprung im Vater hat. Dann ist Gott auch *unser* Vater, weil er uns erschaffen hat und weil er uns so sehr liebt, daß er uns sogar zu seinen Söhnen und Töchtern macht.

Brauchen wir noch einen Vater?

Jeder Mensch ist tief geprägt durch die Beziehung zu seinem Vater und seiner Mutter. Es ist immer Bedrohungen ausgesetzt, daß eine Bejahung, in der ein Kind aufwächst, sich zur Freiheit entfaltet. Das gilt für die Lebensgeschichte jedes einzelnen von uns, und das gilt für die Geschichte der ganzen Menschheit. Weil aber das Verhältnis zwischen Kindern und Eltern nicht selten belastet ist, kann auch unsere Beziehung zu Gott als dem Vater schweren Schaden erleiden.

Viele falsche Gottesbilder – Gott als ein Vater (oder eine Mutter), der alles überwacht und auf seine Überlegenheit pocht, der voller Strenge unterdrückt oder in Schwäche alles geschehen läßt – wecken Ängste oder Proteste. Viele unserer Zeitgenossen erleben diese Auseinandersetzung: „Entweder Gott oder ich", erklären sie. Um erwachsen zu werden, meinen sie, Gott aus dem Denken, der Kultur und der Gesellschaft beseitigen zu müssen. Ist aber nicht gerade im Gegenteil unsere Gesellschaft krank wegen der Abwesenheit Gottes? Wo über Gott geschwiegen wird, frieren viele Menschen, weil sie keinen Vater mehr haben.

Der Vater gibt uns sich selbst

Wie könnten wir Brüder und Schwestern sein, wenn wir nicht denselben Vater hätten? Gibt es *keinen Vater,* dann gibt es *keine Geschwister.* Für den christlichen Glauben ist Gott immer ein Gott gewesen, der sich mit leidenschaftlicher Liebe um die Menschen kümmert. Jesus sagt, daß der Vater gut ist, und das heißt, daß seine Gegenwart uns glücklich macht.

Gott ist unser Vater, weil er in seiner Liebe das so wollte. Das Bild von einem strengen, unterdrückenden Gott weckte mißtrauische Zweifel. Doch Gott liebt. Er liebt uns so sehr, daß er uns seinen Sohn gibt, damit wir begreifen, daß er unser Vater sein will.

„Es segne euch der allmächtige Gott, der Vater, der Sohn und der Heilige Geist", so schließt jede Eucharistiefeier. Der allem das Dasein gibt, gibt den Menschen ein Dasein *für ewig;* niemals nimmt er seine Liebe zurück, die uns leben läßt.

In der gleichen Liebe macht Jesus uns zu seinen Brüdern und Schwestern und nimmt der Vater uns als seine Kinder an, und zwar gerade dadurch, daß er sich von uns annehmen läßt. Das Geheimnis des Bundes zwischen Gott und den Menschen liegt in dieser *gegenseitigen Annahme.*

Kann Gott alles machen, was unsere Phantasie sich vorstellt?

Oft hören wir: „Warum greift Gott nicht ein? Warum hat er diese oder jene Katastrophe nicht verhindert? Antwortet er auf unsere Gebete? Was für Macht hat er? Und was tut er damit?"

Gott ist allmächtig, weil er alles erschaffen hat. Er hat das *Weltall* geschaffen, so wie es ist, und die Macht seiner Liebe zeigt sich in allem, was da ist, und nicht in allem möglichen, von dem wir uns vorstellen, daß er es tun könnte. Es ist darum kein „Fehler" Gottes, wenn Menschen Opfer eines Erdbebens oder eines Orkans werden. Trotz allem wissen wir, daß Gott unumschränkter Herr gegenüber seiner Schöpfung bleibt und daß seine Allmacht alles übersteigt, was wir uns vorstellen können. Auch die Allmacht Gottes gehört zum Geheimnis Gottes.

Gott handelt auch in der *Geschichte* und im Herzen der Menschen, aber seine Allmacht zwingt unsere Freiheit nicht, sondern achtet sie. Wir sind nicht seine Sklaven, sondern seine Söhne und Töchter.

Der Schöpfer des Himmels und der Erde

Für wen hat Gott das Weltall gemacht?

Alles, was da ist, ist durch Gott da. Von Anfang an ist die Schöpfung gleichsam die Wiege, die *auf den Menschen wartet,* auf seine Geburt. Dem Menschen gegenüber abweisend und gastlich zugleich, bietet ihm das Weltall einen Raum, in dem es gut ist zu leben, der aber auch durch die Erbsünde des Menschen verstellt ist: Der Mensch muß sterben. Er ist aufgefordert, die Welt menschlicher zu machen: Das ist seine Berufung.

Unser Glaube geht aber noch weiter. In der Menschheit selbst lebt das *Warten auf Gott* unter uns. Sie ist die Wiege für Jesus Christus geworden.

Die Welt ist schön. Diese Schönheit kommt zuerst aus ihrer Offenheit für den, auf den sie hingeordnet ist. Die Welt ist nicht dazu gemacht, daß sie sich um sich selbst dreht. Sie ist auf Christus hin geschaffen, denn „der Vater liebt den Sohn und hat alles in seine Hand gegeben" (Joh 3,35).

Die Schöpfung ist aber auch den Menschen anvertraut; alle Dinge und Lebewesen sind ihm übergeben, daß er von ihnen lebt, sich ihrer bedient, die Erde Furcht bringen läßt und den Schöpfer lobt. Die ganze Schöpfung ist dem Menschen überantwortet:

„Alles gehört euch,
ihr aber gehört Christus,
und Christus gehört Gott" (1 Kor 3,22–23).

Wie sind die Erzählungen der Bibel über den Ursprung des Menschen zu verstehen?

Die Bibel erzählt, in dichterischer Form, wie die Welt und der Mensch erschaffen wurden. Ihr Optimismus unterscheidet sich deutlich von den Erzählungen der alten Religionen. Im Licht seines Glaubens an den *Gott des Bundes* erzählt uns das Volk Israel, woher der Mensch kommt. Im Lauf seiner – manchmal dramatischen – Geschichte hat Israel die Treue seines Gottes erfahren. Tag um Tag entdeckt es jene unverbrüchliche Liebe, die *von Anfang an* da ist.

„Im Anfang schuf Gott Himmel und Erde ..." Das sind die ersten Worte der Bibel. Er schuf alles „durch sein Wort". „Durch seinen

Atem" beseelt er den Menschen, den er aus Erde geformt hat. Erde ist Symbol für das Hinfällige, Brüchige des Menschen, und Atem ist Symbol für das Leben. „Als sein Abbild schuf er den Menschen; als Mann und Frau schuf er sie" (Gen 1,27), denn Mann und Frau sind Herr über die ganze Welt in dem Maße, wie sie Abbild Gottes sind, das heißt, die Welt mit Vernunft und Liebe beherrschen.

Im Widerspruch zur Naturwissenschaft?

Bibel und Wissenschaft sehen aus zwei Blickwinkeln auf die Welt und die Menschen. Die Bibel interessiert sich vor allem für das „*Warum*" und „*Wozu*" der Dinge. Die Wissenschaft stellt sich mehr die Frage nach dem „*Wie*". Das sind zwei verschiedene, aber sich ergänzende, ja aufeinander bezogene Sichtweisen. Die Bibel zeigt den Menschen den *Sinn* ihres Lebens. Durch dieses „Wozu" gewinnt das Leben des Gläubigen seine Orientierung.

Sind die biblischen Erzählungen reine Legende?

Die bildhaften Erzählungen, in denen die Bibel dem Menschen offenbart, daß Gott die Welt erschafft, bewahrt und leitet, bringen eine tiefe Wahrheit zum Ausdruck. Sie sprechen eine symbolische Sprache. Die biblische „Urgeschichte" (Gen 1–11) ist in gewisser Weise „wahrer" als unsere wissenschaftlichen Erforschungen und Rekonstruktionen der Vergangenheit. Sie ist eine gläubige Darstellung der Erfahrungen, die der Mensch mit seiner Freiheit und den Grenzen seiner Freiheit macht, mit dem Einbruch des Bösen und seiner freien Mitwirkung daran, aber auch mit der ihm begegnenden Macht und Güte Gottes.

Hat Gott die Welt „ein für allemal" geschaffen?

Das ganze Universum kommt von Gott, heute wie im ersten Augenblick. Die Welt hat ihre Eigenständigkeit, aber sie existiert nicht durch sich selbst; sie existiert durch Gott, der unaufhörlich erschafft und Leben gibt. Solche Abhängigkeit des Lebens bedeutet aber nicht eine Art Versklavung. Der Mensch, der das Gutsein seines Schöpfers anerkennt, weiß, daß sein Leben und die Welt ihm jeden Tag als ein *Geschenk* übergeben sind.

Wohin geht die Welt?

Gott läßt die Welt nicht so dasein, als ob er aus der Ferne handeln würde. Er führt die Menschen und die ganze Schöpfung zu seinem Sohn, der für uns hingegeben wird. Deshalb ist die Welt keineswegs absurd, sondern sie geht, von der Vorsehung *geführt*, ihrer Vollendung entgegen. Daß Gott dabei führend wirkt, tut der Freiheit des Menschen keinen Abbruch, im Gegenteil.

Zum Bild: Die hl. Hildegard von Bingen schaut den Kosmos (Miniatur, um 1230). Das symbolische Bild zeigt Adam, den Menschen, vor der Erdkugel mit ausgespannten Armen; diese Haltung erinnert bereits an Christus, den Neuen Adam am Kreuz. Umgeben ist der Mensch von Kreisen, die Luft, Wasser und Feuer anzeigen. Die segensreichen wie die zerstörerischen Kräfte im Kosmos erscheinen im Netz von Linien, die auf den Menschen einwirken. Alles wird umschlossen von einer Frauengestalt, einem Sinnbild der Caritas, der glühenden Liebe Gottes, die alles zusammenhält und durchdringt.

VI
II
Visio secunda:

Was heißt Vorsehung?

Die Aussage, daß Gott Vorsehung ist, bedeutet nicht, daß alles im voraus geregelt ist oder daß er an unserer Stelle handelt. Durch alle Dinge und in allem, was uns als Menschen begegnet, will Gott unser Gutes. Darin liegt ein tiefer Optimismus, der sich deutlich gegen Auffassungen abhebt, alles sei zwangsläufig vorherbestimmt oder alles geschehe nach blindem Verhängnis des Schicksals.

Ist auch der Mensch Schöpfer?

Der Mensch kann nicht erschaffen, er ist *Mitarbeiter* an der Schöpfung Gottes. Er entdeckt die verborgenen Reichtümer der Schöpfung, unaufhörlich findet und erfindet er neue Möglichkeiten, die in dieser Welt bereitliegen und die sein Schöpfer ihm anvertraut hat. Das menschliche Wesen besitzt eine außerordentliche Erfindungskraft: Jeden Tag kann er auf allen möglichen Gebieten (der Kunst, Technik, Sprache usw.) Neues hervorbringen. Darin ist er ein Abbild seines Schöpfers. Aber darf der Mensch alles tun, was er machen kann? An dieser Frage erwacht die sittliche Verantwortung. Die Erfindungskraft des Menschen muß durch das Gesetz der Liebe beseelt werden, das er von Gott empfängt.

Sind Welt und Mensch nicht völlig ohne Ziel?

Jeden Tag berichten Zeitung, Radio und Fernsehen von Unglükken; viele davon verursachen die Menschen selbst. Die Sünde lastet auf der Welt, und das Böse wohnt in unserem eigenen Herzen. Es verwundet uns bis in unser Innerstes und verfälscht unsere Beziehungen zu Gott, zu den Menschen und zu uns selbst.

Was ist die Sünde des Menschen, die „Erbsünde"?

Es ist für den Menschen schwer, seine Daseinsweise als Geschöpf zu akzeptieren. Wenn wir uns nicht als Geschöpfe annehmen können, können wir Gott nicht annehmen. Wir sind hinfällige Wesen, die von Unglück, Krankheit und Tod bedroht sind. Menschen sterben, noch bevor sie wirklich gelebt haben. Menschenleben zählen wenig, wenn Naturgewalten entfesselt werden. Trotz allem lieben wir das Leben, seine Schönheiten und Freuden.

In jedem von uns lockt eine Stimme zur *Empörung* gegen Gott: Warum hat er uns so gebrechlich, so verwundbar gemacht? Die Bibel erzählt uns von dieser Empörung (Gen 3). *Am Anfang,* sagt sie, hat der Mensch davon geträumt, wie Gott zu sein und alles zu erkennen, das Gute und das Böse. Das Leben sich selbst verdanken, Herr seines Schicksals sein, alles wissen und leben, ohne zu sterben: Das ist der Traum, der die Menschen von Anfang an beherrscht. Aber das ist nicht die Wirklichkeit. Der Mensch erfährt, wie klein er ist, ein „denkendes Schilfrohr" und erschrickt vor sich selbst, voller Angst. Die Welt wurde erschaffen, um durch den Menschen zu Gott zu gelangen, aber in dieser Aufgabe versagte der Mensch, weil er alles auf seine eigene Person ausrichtete. Dadurch wurde die Welt *richtungslos.*

Was bedeuten Adam, Eva, die Schlange?

Der biblische Verfasser spricht von der *Sünde am Anfang.* Er stellt ein erstes Menschenpaar dar, in ihnen können alle Menschen zu allen Zeiten sich selbst wiedererkennen.

Das Paradies bedeutet das ursprüngliche Glück, das Gott dem Menschen geschenkt hat. Alles wird ihm geboten. Er kann von der Frucht der Bäume essen, außer vom „Baum der Erkenntnis des Guten und Bösen". Hier liegt seine Grenze. Der Mensch ist weder Ursprung seiner selbst noch seines sittlichen Bewußtseins. Nicht er ist es, der selbstmächtig über Gut und Böse entscheiden darf. Doch er will sein wie Gott, darum greift er nach der Frucht des Baumes, den Gott sich vorbehalten hat: Er handelt „gegen Gott", er entscheidet sich für ein Verhalten „ohne Gott".

Wenn wir sündigen, suchen wir spontan ohne Schuld dazustehen und schieben die Schuld auf andere Ursachen außerhalb von uns. „Ich bin es nicht", sagt Adam, „Eva ist es!", und Eva schiebt es auf die Schlange, die hinterlistige. Wenn wir im Kampf mit der Sünde liegen, kommt das Böse *aus uns,* aber es überrascht uns auch wie *von außerhalb:* wir werden durch es verführt. Das Verhängnis der ersten Menschen ist das der ganzen Menschheit. Wir machen ja jeden Tag die Erfahrung unserer Schwäche, und es ist wahr, daß wir aus freier Entscheidung gegen Gottes Gesetz verstoßen. Und dennoch sagt die Erzählung der Genesis auch, daß der Mensch nicht die Initiative zur Auflehnung gegen Gott ergriffen hat: Wenn er sündigt, erliegt er einer Verführung. Dem entspricht auch unsere Erfahrung. Wenn wir in die Welt kommen, *ist das Böse bereits da.* Wir erleiden es, und wir machen mit ihm gemeinsame Sache.

Jesus, der Neue Adam

Wir sind nicht ganz und gar böse, bis in unser Innerstes. Im Gegenteil, sagt die Bibel, der Mensch ist *gut erschaffen;* nur weil er der Hinterlist des Bösen unterlag, ist er *zum Sünder geworden.* Wir sind alle Opfer und Komplizen des Bösen, wir müssen alle vom Bösen erlöst werden.

Nach christlicher Überzeugung ist Jesus uns als der „Neue Adam" gegeben, durch den Sünde und Tod besiegt werden. Wie Eva die Mutter der Lebenden wurde, ist Maria, die Mutter Jesu und der Glaubenden, die „Neue Eva", die Mutter einer neuen Menschheit.

Erbsünde ist der Zustand allgemeiner Heillosigkeit des Menschen und der Menschheit. Jeder Mensch kann vom ersten Augenblick seines Lebens an Komplize des Bösen werden. Durch die Taufe wird der Christ zu dem neuen Leben in Christus wiedergeboren. Er wird von der Erbsünde befreit, weil der Geist Gottes in ihm Wohnung nimmt, der ihn aus der Liebe Gottes leben läßt.

Und die Engel?

Wer könnte behaupten, daß die Schöpfung sich auf die sichtbaren Wesen beschränkt? Im Alten Testament bilden die Engel den unsichtbaren Hofstaat Gottes und handeln als *Mittler* zwischen Gott und den Menschen.

Im Neuen Testament erscheinen sie in entscheidenden Augenblikken der Heilsgeschichte: bei der Verkündigung und Geburt, bei den Versuchungen Jesu in der Wüste und in Getsemani, bei der Auferstehung und Himmelfahrt. Sie offenbaren, *wer* Jesus ist. Sie werden den Herrn bei seinem Kommen in Herrlichkeit begleiten. Noch heute wird im Gottesdienst das Fest der heiligen Schutzengel, der heiligen Erzengel Michael, Gabriel, Rafael und aller Engel gefeiert.

Handelt es sich um Glaubensvorstellungen der Vergangenheit?

Sicherlich sind die Christen verpflichtet, ihre Aufgabe in dieser irdischen Welt ernst zu nehmen. Aber darf man deswegen schon der Meinung sein, die ganze unsichtbare Welt gäbe es nicht? Gottes Schöpfung ist unermeßlich größer, als wir ahnen. Kann man die Engel auf literarische Fiktionen reduzieren, nur weil sie in eine rationalistische Denkweise nicht hineinpassen?

Im Licht der Heiligen Schrift glaubt die Kirche, daß es Engel gibt. Sie sind Geschöpfe Gottes, „unsterbliche, mit Erkenntnis und Freiheit begabte" Wesen. Als Diener Gottes haben sie Anteil am Heilswerk. Sicherlich darf man bei den bildhaften Vorstellungen und Ausdrucksweisen früherer Zeiten nicht stehenbleiben. Aber auch heute noch vollzieht sich das Wirken der Engel *im Dienst Christi.* Täglich vereint sich die Kirche mit ihrem Lob, wenn sie in der Eucharistiefeier singt: „Heilig, heilig, heilig ... Erfüllt sind Himmel und Erde von deiner Herrlichkeit." Die Engel sind Gott nahe und den Menschen nahe.

Existiert der Satan?

Dämonen, böse Geister oder Mächte des Bösen spielen in den meisten Religionen eine Rolle. Noch größer ist ihre Bedeutung bei gewissen magischen Praktiken, wie sie von Gruppen betrieben werden, die übersinnliche Erfahrungen suchen, und von Sekten, die sich als Diener Satans bezeichnen. Auch heute, selbst in einer technisch hochentwickelten Gesellschaft, läßt okkulte Magie sich gut verkaufen. Sie verstärkt das Geschäft mit der Angst. Schlimmer noch, sie verbreitet den Glauben, daß die Welt von Satan geschaffen sei und regiert werde.

Was vermögen wir gegen den Satan?

Wenn wir bekennen, daß Gott alles geschaffen hat, „die sichtbare und die unsichtbare Welt", dann bejahen wir, daß geistige Wesen existieren, und lehnen den Glauben ab, daß sie aus sich existieren, gleichsam als Götter. Alles ist Gott *unterworfen*, also auch die unsichtbare Welt. Deshalb sieht die Überlieferung in Satan und in den Dämonen Wesen, die von Gott gut erschaffen wurden und durch ihren eigenen Willen böse wurden.

Das Neue Testament spricht von bösen „Mächten und Gewalten", denen der Mensch gegenübersteht und ausgesetzt ist. Aber wenn es davon spricht, will es zeigen, daß Christus der *Sieger über das Böse* ist und daß er uns der Gewalt des Satans entreißt.

Das hebräische Wort „Satan" bedeutet „Widersacher". Auf griechisch heißt es „diabolos" (davon das deutsche „Teufel"), der „Verwirrer" und „Ankläger". Jesus beginnt sein öffentliches Leben in der Wüste, in die der Geist Gottes ihn treibt. Hier wird er vom Satan in Versuchung geführt; der geht sogar so weit, daß er zu Jesus sagt: „Wenn du mich anbetest ..." Aber er wird von Jesus entlarvt und besiegt. Satan bringt die Jünger in Versuchung; er ergreift Besitz von Judas; er stellt die Menschen, jeden einzeln und alle gemeinsam, auf die Probe; er wird endgültig besiegt beim Jüngsten Gericht.

Was ist seine Macht?

Gott hat den Menschen *frei* erschaffen, das heißt mit einer ursprünglichen Fähigkeit, sich für das Gute zu entscheiden und das Gute zu tun. Diese Freiheit wurde durch die Sünde, unsere eigene und die unserer Umgebung, entstellt und durch Christus wieder erneuert.

Die Kirche fordert uns auf, „dem Teufel Widerstand zu leisten" (1 Petr 5,9), allem, was List, Lug und Trug ist, denn Satan versucht das Herz des Menschen zu manipulieren und seine Freiheit zu fesseln. Sie fordert uns auf, wachsam zu sein und zu beten, damit wir nicht in der Versuchung fallen. Sie spricht vom Geheimnis des Bösen mit solchem Realismus, weil sie an Christus, den Sieger über das Böse, glaubt. Verbunden mit dem auferstandenen Christus, gewinnt der Getaufte die Kraft, am Sieg Christi über das Böse in sich selbst und in der Welt teilzuhaben.

Christlicher Geist ist entschieden optimistisch: *Im Herrn* werden weder das Böse noch der Tod das letzte Wort haben. Eine dumpf resignierende Schicksalsergebenheit ist nicht christlich.

Der eine Herr Jesus Christus, Gottes eingeborener Sohn

Wer ist Jesus Christus? Eine aktuelle Frage

Bei Christen aller Gruppierungen zeigt sich heute ein neues Interesse an Jesus. Aufgrund ihrer persönlichen Erfahrungen, ihrer ganz verschiedenen Lebenssituationen und Aufgaben fragen sie sich: „Wer ist er eigentlich? Was für eine Rolle spielt er in der Geschichte?" Dieses Interesse beschränkt sich nicht auf die christliche Welt; auch Juden und Muslime, Atheisten und Agnostiker befassen sich mit der Gestalt Jesu.

Eine Frage auf verschiedenen Ebenen

Die Bezeichnung „Jesus Christus" ist für uns ganz geläufig. So machen wir uns vielleicht nicht mehr klar, daß Jesus auf verschiedenen Verständnisebenen und Glaubensstufen mit verschiedenen Titeln – Christus, Herr, Sohn – bezeichnet wurde. Wie sind die Jünger und die ersten Christen diesen langen Weg des Glaubens gegangen?

„Jesus", ein geläufiger Name

„Jesus" ist ein geläufiger Name in Israel. Er bedeutet „Gott rettet". Jesus stammt aus einer einfachen jüdischen Familie in Nazaret, einem kleinen galiläischen Dorf, von dem man sich damals fragte, ob da etwas Gutes herkommen könnte.

Was ist das für ein Mensch, der Macht hat, Sünden zu vergeben?

Die Zeitgenossen, konfrontiert mit diesem außergewöhnlichen Menschen und seinem aufsehenerregenden Zeugnis, stellten sich auf seine Seite oder gegen ihn. Viele haben ihn bewundert, manche sind ihm gefolgt. Sie erkannten ihn als den, der nicht nur das Reich Gottes ankündigte und die Kranken heilte, sondern auch die Sünden vergab. Sünden vergeben, das kann aber nur Gott. Wer ist also dieser Mensch? Die Jünger wurden Zeugen, wie sich Jesus dem Gesetz und dem Tempel gegenüber verhielt. Sie entdeckten seine besondere Beziehung zu Gott, den er mit einem vertraulichen Wort bezeichnet: „Abba", das heißt Vater oder eher „Papa".

Jesus kündigt nicht nur an, daß das Reich Gottes kommen wird, sondern gibt auch zu verstehen, daß das Reich Gottes bereits *da ist.* Obwohl er nicht ausdrücklich sagt, daß er Gott ist, läßt sich aus seinem Verhalten und aus seiner Verkündigung das „Geheimnis" seiner Person erahnen. So kommt es, daß die Jünger immer eindringlicher nach seinem Wesen fragen: „Was ist das für ein Mensch?" (Mk 4,41).

Nach dem Tod und der Auferstehung Jesu und aufgrund der österlichen Begegnungen mit dem Auferstandenen entdecken die Jünger, die durch das Todesurteil und die Hinrichtung ihres Meisters völlig verwirrt waren: Er lebt! Gott hat ihn auferweckt; in ihm triumphiert das Leben über den Tod. Im Licht dieser Erfahrung und der Verheißungen des Alten Bundes beginnen sie, sich an alles zu erinnern, was Jesus seit Beginn seines öffentlichen Lebens gesagt und getan hat. Vor allem durch die Gabe des Geistes Gottes an Pfingsten begreifen die Apostel, wie sehr sich Gott mit seiner ganzen *Heilsmacht* in Jesus geoffenbart hat. „Im Namen Jesu" werden sie predigen und Wunder wirken, taufen und Sünden vergeben.

„Von Maria wurde Jesus geboren, der der Christus genannt wird" (Mt 1,16)

„Christus" ist ein griechisches Wort, es bedeutet „der, der die Salbung empfangen hat", und entspricht dem hebräischen Ausdruck „Messias". Die Jünger haben diesen Titel Jesus gegeben, weil sie ihn als den erkannten, den die Schriften angekündigt hatten: Er ist der *Gesalbte Gottes.* Der Vater ist es, nicht die Menschen, der seinen Geist über ihn ausgegossen und ihn damit zum Erlöser bestimmt hat. Jesus ist *der* Christus. Wir erwarten keinen anderen Messias, und wir erkennen keinen anderen Heilbringer an. Kein anderer kann uns erlösen; durch einen einzigen sind wir erlöst, durch Jesus Christus: Das ist unser Glaube.

Ist der Christ ein anderer Christus?

Durch Taufe und Firmung hat jeder Christ die Salbung empfangen; so nimmt er teil am Leben und an der Sendung Christi. Deshalb heißen seit den ersten Zeiten der Kirche jene, die an Jesus Christus glauben und auf seinen Namen getauft sind, ihrerseits „Christusse, Christen": Sie sind gesalbt mit dem „Öl der Freude", um den Armen die Frohe Botschaft zu bringen. Gott ist es, der sie salbt und sendet. Wenn wir in der Eucharistie Leib und Blut Christi empfangen, werden wir in noch tieferer Weise zu „Christus-Trägern".

„Einer ist der Herr: Jesus Christus“ (1 Kor 8,6)

Herr ist, wer über alles verfügt. Israel nannte so seinen Gott, weil Jahwe sein Volk erschaffen hat und weil er alles erschaffen hat. Er ist der Herr der Welt und aller Völker; gegenüber den politischen Mächten und den Götzen ist Jahwe der einzige Herr.

Die ersten Christen bezeichnen Jesus, der gestorben und auferstanden ist, als „den Herrn“; damit erkennen sie an, daß ihm das Herrsein Gottes selbst zukommt. Jesus ist Quelle des Lebens. Sterbend gab er uns sein göttliches Leben. Er hat „alle Feinde unter seine Füße gelegt“: das Böse, das Leiden und den Tod.

Wir bekennen, daß Jesus „der einzige Herr“ ist, der einzige, der Recht auf unseren Gehorsam im Glauben hat, denn er hat sich zum Knecht aller gemacht. „Darum hat Gott ihn über alle erhöht ... damit jeder Mund bekennt: Jesus Christus ist der *Herr*“ (Phil 2, 9–11).

„Gottes eingeborener Sohn“

Wenn wir sagen, daß Jesus der Herr ist, bekennen wir seine Gottheit. Gott hat sich in der Menschheit Jesu geoffenbart. Jesus Christus erweist sich als „der Sohn“, denn Gott ist auf einzigartige Weise „sein Vater“, der alles, was ihm zu eigen ist, dem Sohn übergeben hat. Wenn Jesus Gott als seinen Vater offenbart, offenbart er damit zugleich, daß er der Sohn ist (Joh 5, 19–30). Er ist Gottes „einziger Sohn“ („eingeborener Sohn“, Joh 1, 14), das heißt, der Vater hat in einzigartiger Weise seine ganze Liebe an ihn verschenkt. Der Sohn besitzt dasselbe göttliche Wesen wie der Vater und der Heilige Geist: „Gott von Gott ... wahrer Gott vom wahren Gott, gezeugt, nicht geschaffen, eines Wesens mit dem Vater“ (Credo). Durch die Taufe werden wir „an Kindes Statt angenommene“ Söhne und Töchter Gottes, denn wir erhalten „Anteil an der göttlichen Natur“ (2 Petr 1,4).

„Licht vom Licht“

Das Licht ist Symbol des Glücks, der Freude und des Lebens. Es kommt von Gott: Jesus ist „Licht vom Licht“. Gott ist keine Beschränkung oder Bedrohung, kein Spielverderber für den Menschen. Im Gegenteil, er schenkt das Leben. Jesus ist das wahre Licht: er kämpft gegen die Finsternis, und jeder Getaufte ist aufgefordert, die „Werke der Finsternis abzulegen“ (Röm 13,12), um im Licht, in der Wahrheit und Gerechtigkeit zu leben.

Er ist Mensch geworden

Warum wurde Jesus nicht wie alle anderen Menschen gezeugt?

Jesus ist Gabe Gottes, eine unvergleichliche Gabe: empfangen durch den Heiligen Geist, geboren von der Jungfrau Maria. Das ist der Kern der Frohen Botschaft, die auf den ersten Seiten des Evangeliums nach Matthäus und Lukas zum Ausdruck kommt. Aufgrund der Heiligen Schrift bekennt die Kirche Marias Jungfräulichkeit. Jesus wurde von ihr geboren, obwohl sie keinen Mann „erkannte“ (Lk 1,34), das heißt, mit keinem Mann in ehelicher Gemeinschaft zusammenwohnte.

Die jungfräuliche Geburt Jesu ist nicht nur ein Zeichen, daß „für Gott nichts unmöglich ist“ (Lk 1,37). Sie sagt vor allem, *wer* das verheißene Kind ist. Sie führt uns mitten in das Geheimnis der Person Christi.

„Er hat Fleisch angenommen von der Jungfrau Maria“: Warum diese Sprache?

In Jesus hat Gott unser Fleisch angenommen. Im Hebräischen bezeichnet das Wort „Fleisch“ den ganzen Menschen in seiner *Hinfälligkeit,* die ganze Person, insofern sie schwach und vergänglich ist. Im Leib seiner Mutter geformt, wurde Jesus nackt geboren; Maria und Josef liebten ihr Kind, das wie alle Menschenkinder lachte und weinte. In ihm nahm Gott die Augen eines Kindes an, und mit seinen kleinen Füßen mußte Jesus lernen, die Wege der Menschen zu gehen. Von Maria lernte er sprechen, von Josef erlernte er seinen Beruf. „Christus hat alle Altersstufen des Menschen durchschritten, und so bringt er allen Menschen die Gemeinschaft mit Gott“ (Irenäus). Er kannte Hunger, Versuchung, Leiden, Verlassenheit. In allem ist er uns gleich geworden, ausgenommen die Sünde.

Das „Ja“ Marias

Das Evangelium stellt uns Maria als die Mutter des Sohnes Gottes vor. Die ganze Kindheit Jesu sollte sich in ihrer Nähe vollziehen. Als Gott sie bei der Verkündigung anspricht, erwartet er ihr „Ja“ und darin das Ja der ganzen Menschheit. Aber Maria kann nur „ja“ sagen aufgrund der Gnade Gottes; ihre Antwort entspricht dem „Ja“ Jesu Christi zu seinem Vater. Deshalb macht sich die ganze Kirche die Antwort Marias betend zu eigen: „Mir geschehe nach deinem Wort.“

Warum wurde Maria vor der Erbsünde bewahrt?

Die vorbehaltlose Bereitschaft Marias war nur möglich durch die zuvorkommende Liebe Gottes. Ihr Herz ist frei von der Erbsünde, sie ist dem Bösen in keinerlei Weise verfallen, sie ist nicht im geringsten egoistisch auf sich selbst bezogen. Maria ist erlöst durch den, den sie geboren hat und der für alle Menschen, auch für sie, gestorben ist. Vor aller Zeit hat Gott Maria erwählt, die Mutter seines Sohnes zu werden. Deshalb ist sie *„voll der Gnade“:* Die Liebe Gottes hat sie von Anfang an, seit dem Augenblick ihrer Empfängnis erfüllt und vor aller Sünde bewahrt. Das ist das Geheimnis, das wir voll Freude am 8. Dezember, dem Fest der ohne Erbsünde empfangenen Jungfrau und Gottesmutter Maria, feiern.

„Allzeit reine Jungfrau ...“

Wenn wir von Marias Reinheit, ihrer „unbefleckten Empfängnis“, sprechen, ist damit nicht, wie viele denken, der Akt gemeint, durch den Maria von ihren Eltern gezeugt wurde, und ebensowenig die jungfräuliche Empfängnis Jesu. Es handelt sich um die Bewahrung vor der Erbsünde seit dem ersten Augenblick ihres Lebens, um die Reinheit ihrer ungebrochenen Ausrichtung auf Gott. Diese Gnade ist ein Geschenk des Vaters an Maria.

Gegrüßet seist du, Maria, voll der Gnade, der Herr ist mit dir.
Du bist gebenedeit unter den Frauen,
und gebenedeit ist die Frucht deines Leibes, Jesus.
Heilige Maria, Mutter Gottes, bitte für uns Sünder
jetzt und in der Stunde unseres Todes. Amen.

„Magnificat!“

Maria ist nichts aus sich selbst, alles verdankt sie der Gnade. Deshalb besingt die Kirche im „Magnificat“ die Wunder, die der Herr an ihr getan hat. Sie erkennt ihre Berufung an Maria, die als erste an Jesus glaubte und ihn von Gott empfing. Sie erkennt in Maria die „Neue Eva“, die erste Glaubende, der die Frucht der Erlösung zuteil wurde.

Meine Seele preist die Größe des Herrn,
und mein Geist jubelt über Gott, meinen Retter.
Denn auf die Niedrigkeit seiner Magd hat er geschaut.
Siehe, von nun an preisen mich selig alle Geschlechter!
Denn der Mächtige hat Großes an mir getan,
und sein Name ist heilig.
Er erbarmt sich von Geschlecht zu Geschlecht
über alle, die ihn fürchten.
Er vollbringt mit seinem Arm machtvolle Taten;
er zerstreut, die im Herzen voll Hochmut sind;
er stürzt die Mächtigen vom Thron und erhöht die Niedrigen.
Die Hungernden beschenkt er mit seinen Gaben
und läßt die Reichen leer ausgehn.
Er nimmt sich seines Knechtes Israel an
und denkt an sein Erbarmen, das er unsern Vätern verheißen hat,
Abraham und seinen Nachkommen auf ewig.

„Heilige Maria, Mutter Gottes"

Daß Maria die Mutter Jesu von Nazaret ist, kann man begreifen. Aber daß eine Frau „Mutter Gottes" ist, das geht über unser Begreifen! Für die ersten Christen ist Jesus nicht ein gewöhnlicher Mensch, der sich zum Sohn Gottes gemacht hätte; er ist der Sohn Gottes, der Mensch wurde. Jesus Christus ist ganz Gott und ganz Mensch, ohne Vermischung und ohne Trennung. Maria, seine Mutter, ist Mutter Gottes, weil Jesus, ihr Kind, Sohn Gottes ist. Wir feiern dieses Geheimnis acht Tage nach Weihnachten, am ersten Tag des Jahres, am Fest der Gottesmutter Maria.

Maria im Herzen der Kirche

Maria steht nicht über der Kirche, sondern in ihr als die *erste Erlöste.* Die Kirche erblickt in ihr ihr eigenes Geheimnis.

Maria und die Kirche sind einander ähnlich. Wie in Maria Jungfräulichkeit und Mutterschaft untrennbar vereint sind, so ist es auch in der Kirche. Maria empfängt den Sohn des Vaters im Glauben und durch den Heiligen Geist. Auf ähnliche Weise werden von der Kirche Menschen zum göttlichen Leben, als Söhne und Töchter Gottes, geboren im Glauben und in der Taufe kraft des Heiligen Geistes.

Maria, die Mutter Gottes, ist auch *unsere Mutter,* weil Christus am Kreuz sie für Johannes und durch ihn für alle Jünger als Mutter eingesetzt hat: „Siehe, deine Mutter!" – „Frau, siehe, dein Sohn!" (Joh 19,27.26).

Das ganze Volk Gottes wendet sich an Maria

Die Marienverehrung muß sich von unbiblischen Vorstellungen lösen, die aus ihr eine Art überirdisches Wesen gemacht haben oder einen kraftlos passiven, unterwürfigen Menschen, den Inbegriff einer entfremdenden Religiosität. Im Gegenteil, Maria ist ein Spiegel für die Hoffnung und Sehnsucht der Menschen unserer Zeit.

So ist ihre Jungfräulichkeit keine Abwertung der Ehe, und ihr „Ja"-Wort bedeutet eine selbstbewußte, mutige Entscheidung.

Diese Frau wagt, vom Heiligen Geist erfüllt, zu verkünden, daß Gott die Einfachen und die Unterdrückten erhöht und die Mächtigen vom Thron stürzt. Sie ist eine starke Frau, die Armut, Leid, Flucht und Verbannung erfahren hat. Wenn die Christen sich, vom Geist des Evangeliums angetrieben, dafür einsetzen, daß Kräfte der *Befreiung* im Menschen und in der Gesellschaft wirksam werden, finden sie in Maria Vorbild und Hilfe.

In ihrer *Mutterschaft* ist Maria nicht nur auf ihren Sohn bezogen. Am Fuß des Kreuzes gewinnt ihre Liebe eine universale Dimension.

Überall in der Welt wenden sich Menschen an Maria mit dem Gruß des Engels: „Gegrüßet seist du, Maria, voll der Gnade." Das Angelus-Gebet, die Wallfahrten, der Rosenkranz und Millionen von angezündeten Kerzen künden das Lob der Völker. Zahllose Bilder und Figuren stellen Maria dar, wie sie uns Christus zeigt, den Weg zu ihm und ihn als den Weg zum Vater.

Der Engel des Herrn

Der Engel des Herrn brachte Maria die Botschaft,
und sie empfing vom Heiligen Geist. Gegrüßet seist du, Maria ...

Maria sprach: Siehe, ich bin die Magd des Herrn;
mir geschehe nach deinem Wort. Gegrüßet seist du, Maria ...

Und das Wort ist Fleisch geworden
und hat unter uns gewohnt. Gegrüßet seist du, Maria ...

Bitte für uns, heilige Gottesmutter,
daß wir würdig werden der Verheißung Christi.

Lasset uns beten. – Allmächtiger Gott, gieße deine Gnade in unsere Herzen ein. Durch die Botschaft des Engels haben wir die Menschwerdung Christi, deines Sohnes, erkannt. Laß uns durch sein Leiden und Kreuz zur Herrlichkeit der Auferstehung gelangen. Darum bitten wir durch Christus, unseren Herrn. Amen.

Der Rosenkranz

Jedes Gesätz beginnt mit dem Vaterunser. Es folgt zehnmal das Ave Maria; nach dem Namen „Jesus" wird jedesmal das entsprechende Geheimnis eingefügt. Das Gesätz schließt mit dem „Ehre sei dem Vater".

Eröffnung

Im Namen des Vaters ... Ich glaube an Gott ... Ehre sei dem Vater ...
Vater unser ... Gegrüßet seist du, Maria ...

Jesus, der in uns den Glauben vermehre
Jesus, der in uns die Hoffnung stärke
Jesus, der in uns die Liebe entzünde Ehre sei dem Vater ...

Die freudenreichen Geheimnisse

Jesus, den du, o Jungfrau, vom Heiligen Geist empfangen hast
Jesus, den du, o Jungfrau, zu Elisabet getragen hast
Jesus, den du, o Jungfrau, (in Betlehem) geboren hast
Jesus, den du, o Jungfrau, im Tempel aufgeopfert hast
Jesus, den du, o Jungfrau, im Tempel wiedergefunden hast

Die schmerzhaften Geheimnisse

Jesus, der für uns Blut geschwitzt hat
Jesus, der für uns gegeißelt worden ist
Jesus, der für uns mit Dornen gekrönt worden ist
Jesus, der für uns das schwere Kreuz getragen hat
Jesus, der für uns gekreuzigt worden ist

Die glorreichen Geheimnisse

Jesus, der von den Toten auferstanden ist
Jesus, der in den Himmel aufgefahren ist
Jesus, der uns den Heiligen Geist gesandt hat
Jesus, der dich, o Jungfrau, in den Himmel aufgenommen hat
Jesus, der dich, o Jungfrau, im Himmel gekrönt hat

Er wurde für uns gekreuzigt

Nur durch den Tod am Kreuz erlöst?

Das ganze Leben Jesu war eine Quelle des Heils, denn alles, was er sagte und tat, fand Gottes Gefallen. Im Glaubensbekenntnis wird sein irdisches Dasein in seinem Leiden und seiner Kreuzigung zusammengefaßt. Die Kirche will uns damit sagen: Der Tod Jesu ist nicht bloß eine Frage seines prophetischen Wirkens. Tod und Auferstehung des Herrn sind die Grundlage unseres Heils. Jesus nimmt die äußerste Erniedrigung auf sich; so beweist er seine grenzenlose Liebe zu den Menschen und seinen unwandelbaren Gehorsam zum Vater, der ihn gesandt hat. „Darum hat Gott ihn erhöht ..., damit alle ihr Knie beugen vor dem Namen Jesu" (Phil 2,9.10).

Oft wird der Tod Jesu als ein Geschehen angesehen, das ihm tragischerweise widerfahren sei. Man stellt sich vor, Gott würde seinen Sohn in den Tod schicken. Man achtet mehr auf die Grausamkeit der Kreuzigung als auf die Liebe, die Jesus darin zeigte. Uns erlöst aber nicht der Tod Jesu, sondern seine unbedingte *Liebe,* die für uns den Tod auf sich nimmt und die sich im Tod offenbart.

„Er kam in sein Eigentum, aber die Seinen nahmen ihn nicht auf" (Joh 1,11). Dieses Drama enthüllt die tragische Dimension der ganzen Menschengeschichte: Die Liebe Gottes wird von den Menschen verworfen.

Warum hat der Vater den Tod seines Sohnes nicht verhindert?

Der Vater wollte nicht verhindern, daß sein Sohn, wahrer Mensch unter den Menschen, das Schicksal erleidet, dem seine Brüder und Schwestern in einer Welt ausgesetzt sind, der die Liebe gleichgültig ist. Die ganze Liebe des Vaters ist gegenwärtig in seinem Sohn, seinem Geliebten, der leidet. In Jesus erscheint uns Gott als einer, der den Menschen niemals verläßt und der mit uns geht *bis ins tiefste, äußerste Leiden hinein.*

„Haben nicht andere Menschen mehr gelitten als Jesus?"

Leid und Tod – jeden Tag grausame Wirklichkeit für Tausende von Männern und Frauen überall in der Welt. Viele sterben für gerechte Anliegen, für die Rechte des Menschen. Warum kommt dann dem Tod Jesu soviel Bedeutung zu? Sein Tod ist nicht nur der eines Gerechten, der erniedrigt, gequält und geopfert wurde. Weil Jesus Gottes Sohn ist, darum ist sein Tod kein Tod unter vielen.

Wer liebt, leidet mehr, gerade wegen seiner Liebe. Und niemand liebt uns so, wie Gott uns liebt!

Wer läßt uns den Sinn des Kreuzes erkennen?

Wenn wir außer acht lassen, daß Gott sich uns am Kreuz offenbart, laufen wir Gefahr, das Christentum auf einen edelgesinnten Humanismus zu reduzieren. Es wäre nicht mehr, als daß ein Mensch eine bessere Welt bauen wollte und dabei zu Tode kam. Dann aber müßte man von einer gescheiterten Hoffnung reden, nicht von Erlösung.

Erst der Geist des Vaters und des Sohnes machte es möglich, daß die Apostel den Sinn des Todes Jesu am Kreuz verstanden. Dies wurde ihnen an Pfingsten offenbar.

Worin ist der Tod Jesu einzigartig?

Die Evangelien beschreiben uns den Tod Jesu als eine Offenbarung Gottes in seinem Sohn.

In Anlehnung an alttestamentliche Verheißungen schreibt Matthäus, daß in dem Augenblick, da Jesus stirbt, „Tote ihre Gräber verließen" (Mt 27,52–53). Dieser Satz hat Bedeutung für den Glauben. Er zeigt uns, daß der, der am Kreuz stirbt, nicht nur ein Mensch ist: er ist der Herr der Lebenden und Toten! In ihm *offenbart sich Gott.* Durch ihn wird der Tod besiegt und triumphiert das Leben. Johannes sagt mit einem tiefsinnigen Ausdruck, daß Jesus sterbend am Kreuz den Geist „übergab" (Joh 19,30). Der Geist Gottes wird uns mitgeteilt, da der Sohn sterbend seinen Geist aushaucht. Der Tod Jesu ist einzigartig, weil der Sohn Gottes einzigartig ist.

Warum ist das Kreuz Christi Quelle des Heils?

Alles, was Jesus gesagt und getan hat, wird an diesem Kreuz besiegelt. Der Tod Jesu ist nicht zu verstehen, wenn er von seinem Leben getrennt wird: „Ich bin gekommen, daß die Menschen *das Leben* haben und es *in Fülle* haben" (Joh 10,10). Dieses Leben ist das Leben Gottes selbst. Nicht ein Leben, das mit dem Tod endet, sondern ein Leben, das über den Tod hinausgeht. Jesus ist vor dem Tod nicht zurückgewichen; er ist ihm im Namen des Lebens entgegengetreten. Er ist das Leben.

„Niemand entreißt mir mein Leben, sondern ich gebe es aus freiem Willen hin. Ich habe Macht, es hinzugeben, und ich habe Macht, es wieder zu nehmen", sagt Jesus im Gleichnis vom Guten Hirten (Joh 10, 18). Sicherlich haben viele Hirten nach dem Beispiel ihres Meisters ihr Leben für ihre Schafe hingegeben. Aber wer von ihnen hat Macht, es wieder zu nehmen? Wer ist Herr des Lebens? Johannes betrachtet das Geheimnis des Todes Jesu am Kreuz und sieht aus der geöffneten Seite Jesu Wasser und Blut entströmen. Das Wasser ist Quelle des Lebens: es kündigt die Taufe an. Das Blut ist das Leben: es kündigt die Eucharistie an.

Was bedeutet: Jesus „erlöst" uns durch seinen Tod?

Der Reichtum des in Jesus Christus geoffenbarten Geheimnisses Gottes ist so groß, daß es sich schwerlich in menschliche Worte fassen läßt. Mit den Aposteln suchten die ersten Christen nach vergleichbaren Bildern und Begriffen. Die Schriften des Neuen Testaments sprechen von *„Loskauf"* und *„Erlösung"*, um das Opfer und die Hingabe Jesu an seinen Vater auszusagen. Das sind sehr treffende Worte für den, der weiß, was es bedeutet, einen Sklaven freizulassen oder den Kaufpreis zu bezahlen, damit dieser die Freiheit erhält. Jesus Christus bezahlt *mit seiner Person.* Er erlöst uns aus Liebe. Und seine Liebe kann durch nichts aufgehalten werden, nicht durch Gleichgültigkeit und Ablehnung und selbst nicht durch den Tod.

„Nur schwerlich wird jemand für einen Gerechten sterben.
Gott aber hat seine Liebe zu uns darin erwiesen,
daß Christus für uns gestorben ist,
als wir noch Sünder waren" (Röm 5,7.8).

Ist der Tod Jesu ein Opfer?

Warum beten die Christen mit den Worten: *„Lamm Gottes, du nimmst hinweg die Sünde der Welt ..."*, bevor sie den Leib und das Blut Christi, des Gestorbenen und Auferstandenen, empfangen?

Die Kreuzigung Jesu erschien den ersten Christen als die Erfüllung des Opfers des Pascha-Lammes (Joh 19,36). Die Jünger erlebten, wie sich das erschütternde Ereignis des Todes Jesu außerhalb der Stadt Jerusalem gerade in dem Augenblick vollzog, als man im Vorhof des Tempels die Lämmer schlachtete, um das Pascha zu feiern. Für uns Christen ist Jesus Christus das Pascha-Lamm schlechthin.

Mit der Passion Jesu ging auch das prophetische Wort bei Jesaja in Erfüllung: „Wie ein Lamm, das man zum Schlachten führt ... so tat auch er seinen Mund nicht auf" (Jes 53,7). In diesem Lied sühnt der „leidende Gottesknecht" für die Verfehlungen des Volkes und führt die untreu gewordenen und zerstreuten Schafe wieder zur Einheit zusammen.

Die ersten Christengemeinden, die der Verfolgung entgegensahen, haben Lieder auf das Lamm gesungen, das geopfert wurde, aber siegreich triumphiert, das verwundet wurde, aber aufrecht steht (Offb 5)! Die Kirche wiederholt diese Lieder jede Woche beim Abendgebet.

Habt ihr ein Kruzifix? Dann schaut auf den Gekreuzigten und glaubt!

Das Kreuz wird so oft banalisiert, daß wir es als einen bloßen Zierat ansehen können, ohne davon betroffen zu sein. Und dabei macht es uns das Ausmaß der Sünde des Menschen offenbar, der fähig ist, auf Liebe mit Haß zu antworten. Es zeigt uns Gottes Angesicht, sein durchbohrtes Herz, aus dem die Gnade entspringt.

Es sagt uns, daß jeder Jünger, der Jesus nachfolgen will, unweigerlich auf Gleichgültigkeit, Verachtung, Kreuz stoßen wird, aber auch – in Christus – zum Sieg gelangen wird. Das Kreuz ist keine Schule der Resignation; das Leiden wird nicht glorifiziert. Es muß bekämpft oder getragen werden in Liebe. Denn was hierin offenbar werden soll, ist Liebe.

Das Kreuz ist nicht das letzte Wort. Aber ohne das Kreuz – für den, der den Kampf in sich selbst und in der Welt flieht – gibt es keinen Sieg über den Tod.

Das Kreuz ist das Zeichen des Christen. Er macht es über sich, um sich mit Leib und Seele in der Haltung der Liebe zu Gott und zu den anderen Menschen zu bestärken. Die Eltern bringen ihren Kindern das Kreuzzeichen bei und zeichnen es gern auf deren Stirn. Mit demselben Zeichen des Kreuzes nehmen wir Abschied von unseren Toten und geben sie in Gottes Hand.

Er ist auferstanden von den Toten

Der Schrei des Glaubens!

Viele, die mit dem Tod Jesu zu tun bekamen, waren dem Geschehen nicht gewachsen und machten eine schlechte Figur: Kajaphas, Pilatus, Judas, Petrus ...

Die Apostel waren bei der Kreuzigung voller Angst und Feigheit. Im Gegensatz dazu geben sie furchtlos und mutig Zeugnis für die Auferstehung des Herrn: „Gott hat ihn zum Herrn und Messias gemacht, diesen Jesus, den ihr gekreuzigt habt!" ruft Petrus am Pfingsttag aus.

Was heißt Auferstehung Christi?

Die Auferstehung Christi ist ein realer Vorgang. Aber dieses wirkliche Geschehen hat zwei Seiten. Einerseits besitzt die Auferstehung eine uns zugängliche *geschichtliche* Dimension. Sie hinterläßt eine konkrete Spur in der Geschichte des Menschen: das leere Grab, die Erscheinungen, die Verkündigung des Glaubens durch die Apostel ungeachtet des drohenden Todes und die Geburt der Kirche. Andererseits ist die Auferstehung der für uns *unzugängliche* Vorgang, durch den Gott Jesus von Nazaret von den Toten zum Leben auferweckt und in seine „Herrlichkeit" aufnimmt. Das wird deutlich, wenn wir bekennen, daß Jesus „zur Rechten des Vaters sitzt" und daß Gott „ihn zum Herrn gemacht hat".

Dieses Geheimnis von Ostern, da Jesus aus dieser Welt in die Herrlichkeit des Vaters „hinübergeht", beginnt in der Stunde, da Jesus stirbt. „Vater, verherrliche deinen Sohn!" (Joh 17, 1).

Warum hat Gott ihn auferweckt?

Gott handelt an den Menschen nicht wie ein Wundertäter, um verblüfftes Staunen zu wecken. Er tut alles in Weisheit und aus Liebe. Jesus ist gestorben, weil er uns liebte. Deshalb hat Gott ihn auferweckt, ihn erhöht und ihm die Herrlichkeit gegeben, die seinem Sohn zukommt. „Gott hat den Herrn auferweckt; er wird durch seine Macht auch uns auferwecken" (1 Kor 6, 14).

Worauf stützt sich der Glaube der Apostel an die Auferstehung?

Das Handeln Gottes, der seinen Sohn auferweckt, entzieht sich unserer nachprüfenden Feststellung. Kein Evangelium beschreibt uns, wie die Auferstehung Jesu vor sich gegangen ist.

Die vier Evangelien sprechen von der Entdeckung des *leeren Grabes.* Deshalb ruft Maria von Magdala: „Man hat den Herrn aus dem Grab weggenommen, und wir wissen nicht, wohin man ihn gelegt hat" (Joh 20, 2). Das leere Grab ist ein sehr sprechendes Zeichen, das auf das Geheimnis verweist. Dieses indirekte Zeichen enthüllt seine ganze Bedeutung im Licht der *Botschaft* der Engel: „Was sucht ihr den Lebenden bei den Toten?" (Lk 24, 5).

Er ist erschienen: Was bedeutet das?

Die Erscheinungen bezeugen sinnenhaft erfahrbar die Gegenwart des Auferstandenen. Jesus ist aber nicht mehr der, *den man sieht,* weil er an diesen Ort kommt, oder der, den man nicht mehr sieht, weil er schon zu einem anderen Ort aufgebrochen ist. Der Auferstandene ist der, *der sich sehen läßt:* er „erscheint" oder entzieht sich den Blicken, sei es in Jerusalem oder in Galiläa, im Abendmahlssaal oder auf dem Weg nach Emmaus, weil er *immer mit uns* ist, selbst wenn wir ihn nicht sehen.

Die Gegenwart des Auferstandenen entzieht sich unseren leiblichen Augen. Deshalb hat sich Jesus den ersten Zeugen sichtbar gemacht. Die Berichte von den Erscheinungen erzählen charakteristische Erfahrungen und überliefern sie uns in katechetischem Zusammenhang. Es lassen sich zwei Arten von Erscheinungen unterscheiden: vor einzelnen (den Frauen, Maria von Magdala und den Emmausjüngern) und vor den Aposteln (vom Osterabend bis zur Himmelfahrt, sowohl in Jerusalem wie in Galiläa).

Fundament der Kirche

Die Erscheinungsberichte der zweiten Gruppe sprechen von einer Sendung der Apostel zur Mission: „Geht zu allen Völkern und macht alle Menschen zu meinen Jüngern" (Mt 28,19); „Wie mich der Vater gesandt hat, so sende ich euch" (Joh 20,21).

Paulus und Lukas berichten uns von einer Erscheinung vor Petrus allein (1 Kor 15,5; Lk 24,34). In diesem Zeugnis geht der Osterglaube des Petrus dem der Elf voraus; der Glaube an den Auferweckten ist das Fundament der Kirche. Andere Berichte sprechen vom ungläubigen Zweifel der Elf zusammen mit Petrus, dann vom Erkennen des Auferstandenen und von der Aussendung zur Mission.

Die Erscheinungsberichte zeigen, wie die Kirche aus dem Geist, der Quelle des Glaubens an den Auferstandenen, geboren wird und wie sie sich *auf den gemeinsamen Glauben der Apostel* stützt.

Ist die Auferstehung Jesu Ergebnis der Einbildung der Apostel?

Ist die Auferstehung Jesu vielleicht das Produkt des Glaubens der Apostel? Die Evangelien stellen uns die Auferstehung als ein Geschehen dar, das die Apostel überrascht, das sich ihnen aufdrängt, obwohl es ihnen unglaublich vorkommt. So halten sie, als die Frauen ihnen die Botschaft von der Auferstehung bringen, deren Rede für Geschwätz und glauben sie nicht (Lk 24,11). Als Jesus selbst ihnen erscheint, können sie nicht daran glauben und sind bestürzt (Lk 24,37–41). Thomas glaubt nichts von dem, was man ihm erzählt, bis Jesus sich auch ihm zeigt. Auf dem Weg nach Damaskus begegnet Paulus dem Auferstandenen, und diese Erfahrung überwältigt ihn allem Eifer zum Trotz, mit dem er die Gläubigen erbittert verfolgte.

Was bedeutet „abgestiegen in das Reich des Todes"?

Durch seinen Tod und seine Auferstehung rettet Jesus die *ganze* Menschheit. Die Christen der Ostkirchen stellen den Tod und die Auferstehung oft als Abstieg in das *Reich der Toten* dar. Hier geht Christus hinein, beladen mit der Sünde der Menschen, deren Spur sich in seinen Wundmalen zeigt.

Er sucht die Verstorbenen aller Zeiten auf, alle, die in der Finsternis, im Schatten des Todes wohnen: Adam, Eva, die Patriarchen, die Könige, Juden und Heiden ... In der Mitte dieser Ikonen erscheint Christus, strahlend von Licht, als der Herr des Lebens. Ihm strecken sich die Hände entgegen. Seine Hand entreißt sie dem Tod. Die zerschlagenen Tore und die zerbrochenen Schlösser zeigen die Kraft und Dynamik des Geistes gegen die Tore und Riegel, die uns im Tod gefangenhalten.

„Abgestiegen in das Reich des Todes, aufgefahren in den Himmel"

Der Abstieg Jesu ins Totenreich betont, daß Jesus wirklich gestorben ist. Sein Aufsteigen zum Himmel, wo er „zur Rechten Gottes sitzt", bedeutet, daß er „Herr" ist: Er herrscht mit dem Vater, nachdem er den Tod besiegt hat.

„Seines Reiches wird kein Ende sein", bekennen wir im Credo. Das heißt, daß die Herrschaft Jesu nicht nur räumlich, sondern auch zeitlich keine Grenzen kennt. Für unser tägliches Leben bedeutet dies, daß alles, auch unsere Vergangenheit und unsere Zukunftspläne ihren Sinn im Auferstandenen finden. So steht unser Leben ganz und gar unter dem Schutz des Herrn.

Ändert die Auferstehung Christi die Geschichte und das Leben der Menschen?

Christus ist in einem bestimmten Augenblick der Geschichte auferstanden, aber in gewisser Weise wartet er noch, um in der Geschichte vieler Menschen „aufzuerstehen". Das ist eine „Auferstehung", die sich nicht ohne die Menschen vollzieht.

Gott findet sich mit dem Tod des Menschen nicht ab. Er will auch nicht, daß sich der Mensch damit abfindet. Im Gegenteil, er fordert ihn auf, mitzuwirken an der Befreiung von aller tödlichen Macht, die aus dem Egoismus des Menschen stammt.

Der Mensch müßte gegenüber dem Tod resignieren, wenn er nur auf die Realitäten dieser Welt setzte. Denn die Welt, sich selbst überlassen, enthält keinen Keim der Unsterblichkeit.

In Jesus, der gestorben und auferstanden ist, sind die Menschen eingeladen, mit Mut und Verantwortung am Handeln Gottes teilzunehmen; er ist ein Gott, der lebt, ein *Gott der Lebendigen.*

Dort, wo man sich aus Liebe mit denen solidarisiert, die in Not sind, geschieht auch heute in gewisser Weise Auferstehung Christi. Dort, wo der Glaube zu einem wirksamen Eintreten für Gerechtigkeit führt und wahre Friedensbereitschaft eingibt, weicht der Tod zurück, und das Leben Christi setzt sich durch. Dort, wo einer stirbt, der im Glauben, in der Liebe und in der Aufnahme seines Leidens gelebt hat, bringt die Auferstehung Christi die Hoffnung auf ein neues Leben.

Er wird wiederkommen in Herrlichkeit

Warten wir noch auf die Wiederkunft Christi?

Das Glaubensbekenntnis der ersten Christen ist auf die Wiederkunft des Herrn ausgerichtet: „Komm, Herr Jesus!“ Dieser Ausruf am Ende des Neuen Testaments ist die ungeduldige Antwort auf die Verheißung des Herrn: „Ja, ich komme bald“ (Offb 22, 20). Sollten wir so sehr an die Werte der gegenwärtigen Welt gefesselt sein, daß wir diese Ungeduld verloren haben und daß wir an der Notwendigkeit zweifeln, das Kommen des Herrn zu erwarten?

„Wir wollen nicht schlafen, sondern wach sein" (1 Thess 5,6)

Jede Nacht erheben sich Tausende von Mönchen und Ordensschwestern vor Tagesanbruch, um das Stundengebet zu singen. Durch ihre Berufung und ihr ganzes Leben warten sie auf das Kommen des Herrn; sie erwarten es für die Kirche und für die Welt. Sie wachen, um die Menschheit aus dem Schlaf zu wecken, damit sie voll Freude dem Herrn entgegengehen kann. Sie warten auf die Sonne, die uns jeden Tag „aus der Höhe besucht" (Lk 1,78) durch die Situationen des Lebens, die menschlichen Begegnungen und die Sakramente hindurch. Hat er nicht gesagt: „Ich bin bei euch alle Tage bis zum Ende der Welt" (Mt 28,20)?

Eine hartnäckige Erwartung!

Jedes Jahr bereitet sich die Kirche während des Advents (das Wort bedeutet „Ankunft") voller Sehnsucht auf das Kommen Christi in der Feier des Weihnachtsgeheimnisses vor. Das Weihnachtsfest ist nicht nur Erinnerung an die Geburt Jesu, es feiert auch seine Gegenwart heute und kündigt sein endgültiges Kommen am Ende der Zeit an. Auch wenn wir im Glauben viele Formen seines Kommens entdecken können, so sind sie doch alle abhängig von dem letzten Kommen des Herrn zum universalen Gericht.

Wie ist das Gericht Gottes zu verstehen?

Wenn die Heilige Schrift sagt, daß Gott die Welt richtet, bekennt sie, daß er „König" ist, daß er das Weltall regiert und die Geschichte auf das Heil aller Menschen hinführt. Das Gericht Gottes ist vergleichbar mit einer Unterscheidung zwischen dem, was im Menschen und in der Welt beständig und was nichtig ist. Es wird oft mit einem läuternden Feuer verglichen. Richten heißt also nicht nur feststellen, was gut und was böse ist; im Gericht kommt auch das Gute zum Vorschein und zur Geltung, so wie das Feuer die Schlacken ausscheidet.

Werden wir einzeln gerichtet?

Wenn wir sagen, daß Gott die Geschichte lenkt und daß Jesus Christus der Herr ist, so ist damit zunächst der Vorrang des *allgemeinen* Gerichts ausgesagt, das mit dem Ende der Zeit, mit dem letzten Kommen Christi zusammenhängt. Das *besondere* Gericht jedes einzelnen findet während unseres ganzen Lebens statt, bei unseren wichtigen Entscheidungen und auch im Augenblick des Todes. Das besondere Gericht läßt sich nur im Hinblick auf ein universales Gericht am Ende der Zeit ganz verstehen.

Die Gegenwart Gottes richtet uns jeden Tag auf: „Wenn auch unser äußerer Mensch aufgerieben wird, der innere wird Tag für Tag erneuert" (2 Kor 4,16). Alles, was wir für den Herrn leben und leiden, ist nicht umsonst! In jeder, auch der härtesten Situation wird die Kraft der Hoffnung recht behalten über die Mächte des Bösen, die nicht von Gott kommen.

„Freut euch im Herrn zu jeder Zeit! Der Herr ist nahe" (Phil 4,4.5)

Die Haltung, die wir dem Gericht Gottes gegenüber, der Quelle des Heils haben sollen, ist darum nicht zuerst Furcht, sondern Vertrauen.

Jedoch verschweigt die Bibel uns nicht, daß es auch ein Gericht der Verurteilung gibt und daß das Ende der Zeit auch ein Tag der Not sein wird für den, der das Heil Gottes hartnäckig ablehnt. Der Böse wird verurteilt, der Gute belohnt werden. Was wir fürchten müssen, ist, daß unser Glaube eingeschlafen, unsere Bekehrung nicht vollzogen, unsere Liebe erkaltet und unser Leben mehr auf Sand als auf Felsen gebaut ist. Was wir erhoffen und erbitten wollen, ist die Gnade Gottes, daß sie unser Herz aus Stein Tag um Tag in ein Herz aus Fleisch wandelt: ein Herz, das fähig ist, ihn voller Freude aufzunehmen, in ungeduldiger Erwartung seines Kommens und seines heilbringenden Gerichts.

Werden wir recht daran getan haben zu glauben?

Von den Zeiten der Apostel bis in unsere Tage leidet die Kirche Gewalt und Verfolgung. „Und wenn das alles umsonst war?" sagen die Skeptiker. Ist es der Mühe wert, um des Glaubens willen Spott und Hohn und vielleicht den Tod auf sich zu nehmen?

Jesus sagt den Jüngern: „Fürchtet euch nicht vor denen, die den Leib töten, die Seele aber nicht töten können, sondern fürchtet euch vor dem, der Seele und Leib ins Verderben der Hölle stürzen kann." Und er fügt hinzu: „Wer sich nun vor den Menschen zu mir bekennt, zu dem werde auch ich mich vor meinem Vater im Himmel bekennen. Wer mich aber vor den Menschen verleugnet, den werde auch ich vor meinem Vater im Himmel verleugnen" (Mt 10,28.32–33).

Hält unser Glaube der Prüfung stand?

Nicht jedes Zeugnis führt zwangsläufig bis zum Blutvergießen. Nicht jeder wird im strengen Sinn Zeuge (auf griechisch: Märtyrer) des Glaubens. Aber zu allen sagt Jesus: „Wer mein Jünger sein will, der verleugne sich selbst, nehme täglich sein Kreuz auf sich und folge mir nach ... Wer sich meiner und meiner Worte schämt, dessen wird sich der Menschensohn schämen, wenn er in seiner Hoheit kommt und in der Hoheit des Vaters und der heiligen Engel" (Lk 9,23.26).

„Wer sein Leben um meinetwillen verliert, der wird es retten" (Lk 9,24)

Auch heute verleiht uns die Verbundenheit mit Christus Antriebskraft und Mut. Wenn wir unser Leben auf den Glauben bauen, bauen wir auf *Fels*. Der Auferstandene, den wir in unser Leben aufnehmen, bleibt beim Vater; und dort, wo er ist, werden auch wir sein. Wenn wir uns den Menschen brüderlich zuwenden und wenn wir uns von Hab und Gut lösen, werden wir mit allen, die ihr Leben auf den Glauben gebaut haben, Gott empfangen. Die Kirche ist „Versammlung Gottes", aber in vollem Maß erst am Ende der Zeiten!

Worüber werden wir gerichtet werden?

Die Christen werden über ihren *Glauben* an Christus, über ihre *Hoffnung* in und trotz allem, über die *Liebe* gerichtet werden, die die Kirche aufbaut und die sich der Armen und Leidenden annimmt.

Gott richtet nicht wie die Menschen; er schaut nicht zuerst auf unsere Taten, sondern vor allem auf die Liebe, die wir in unser Tun gelegt haben. Zu allen, die aus der Liebe Gottes gelebt haben, wird Jesus sagen: „Kommt her, die ihr von meinem Vater gesegnet seid, nehmt das Reich in Besitz, das seit der Erschaffung der Welt für euch bestimmt ist. Denn ich war hungrig, und ihr habt mir zu essen gegeben; ich war durstig, und ihr habt mir zu trinken gegeben; ich war fremd und obdachlos, und ihr habt mich aufgenommen; ich war nackt, und ihr habt mir Kleidung gegeben; ich war krank, und ihr habt mich besucht; ich war im Gefängnis, und ihr seid zu mir gekommen." Dann werden sie – und wir – antworten: „Herr, wann haben wir dich hungrig gesehen und dir zu essen gegeben, oder durstig und dir zu trinken gegeben? Und wann haben wir dich fremd und obdachlos gesehen und aufgenommen, oder nackt und dir Kleidung gegeben? Und wann haben wir dich krank oder im Gefängnis gesehen und sind zu dir gekommen?" Und er wird uns antworten: „Was ihr für einen meiner geringsten Brüder getan habt, das habt ihr *mir* getan" (Mt 25, 34–40). Für uns Menschen des 20. Jahrhunderts meint dieser Aufruf nicht nur die persönliche Bekehrung, sondern auch die Umformung der Strukturen unserer Gesellschaft.

Nach der Liebe werden wir gerichtet werden. Aber unser Herz kann sich auch verhärten; der Herr warnt uns: „Was ihr für einen dieser Geringsten nicht getan habt, das habt ihr auch mir nicht getan" (Mt 25, 45). Solches Gericht ist eine Verurteilung. Die Bibel zeigt, wie Gott persönlich betroffen ist, wenn seine Liebe verachtet wird.

Richtet uns Gott, oder richten wir uns selbst?

Das letzte Gericht gehört Gott. Er übergibt es, wem er will. Sein Erbarmen wird immer über unser Verdienst hinausgehen: *Seine Liebe* geht uns nach bis in die Finsternis. Aber er kann uns auch richten, weil wir seine Liebe verachtet haben.

Was erscheint uns schrecklicher: daß Gott uns richtet oder daß andere uns richten oder daß unser eigenes Gewissen uns richtet? Wo das Gewissen uns manchmal gnadenlos anklagt, kommen Gottes Gnade und Erbarmen uns zuvor. Wo schonungslose Einsicht Menschen in Verzweiflung treiben könnte, will Gott in uns die *Hoffnung* wecken.

„In seiner Gegenwart werden wir unser Herz beruhigen,
denn wenn das Herz uns auch verurteilt –
Gott ist größer als unser Herz, und er weiß alles" (1 Joh 3, 19–20).

Wann wird der Menschensohn kommen?

Der Zeitpunkt, da der Menschensohn kommt, bleibt das Geheimnis des Vaters im Himmel. Das Kommen ist so sicher wie die Morgenröte, aber die Stunde ist unbekannt. Selbst Jesus erklärt, daß er sie nicht weiß (vgl. Mk 13, 32). Das Evangelium sagt also nichts darüber; den genauen Zeitpunkt bestimmen weder Jesus noch die Menschen, er ist das Geheimnis des Vaters.

Es ist deshalb nicht christlich, berechnen zu wollen, wann dieses Ereignis eintrifft. Der Christ kennt nur eine einzige Haltung, die der Erwartung des Tags des Herrn entspricht: immer *bereit* zu sein. Immer drängt die Zeit, wenn es darum geht, Gutes zu tun. Das Gute darf nicht aufgeschoben werden, weil der Herr sich mit seinem Kommen scheinbar Zeit läßt.

Die Kirche ist aufgerufen, *wachsam zu sein* mit jener Liebe, die das Herz der Geliebten wachhält:

„Ich schlief, doch mein Herz war wach.
Horch, mein Geliebter klopft" (Hld 5,2).

Nehmen wir die Forderung ernst, bereit zu sein?

Das Gleichnis von den zehn Jungfrauen erzählt uns vom verzögerten Kommen des Herrn. Alle gingen mit ihren Lampen zur Begegnung mit dem Bräutigam, und alle wurden müde und schliefen ein, als ein Ruf sein Kommen ankündigte. Fünf von ihnen waren *töricht* und hatten kein Öl in ihren Lampen mitgenommen; fünf von ihnen waren klug: Ihre Lampen waren mit Öl gefüllt, dem Sinnbild der Hoffnung und der Wachsamkeit.

Während die Törichten Öl holten, kam der Bräutigam. „Die bereit waren, gingen mit ihm in den Hochzeitssaal, und die Tür wurde zugeschlossen ..." (Mt 25,10).

Glaube, Hoffnung und Liebe nicht aufschieben

Diese Warnung richtet sich nicht nur an jeden einzelnen, sondern auch an die Gemeinschaft der Christen. Deshalb sagt Jesus zu den Jüngern: „Seid also wachsam! Denn ihr wißt weder den Tag noch die Stunde" (Mt 25,13).

Dafür sorgen, daß die Lampe brennend bleibt, heißt auch, die Warnung des Herrn an die Kirche hören: „Ich werfe dir vor, daß du deine erste Liebe verlassen hast" (Offb 2,4), und auf seinen Ruf achten:

„Ich stehe vor der Tür und klopfe an.
Wer meine Stimme hört und die Tür öffnet,
bei dem werde ich eintreten,
und wir werden Mahl halten,
ich mit ihm und er mit mir" (Offb 3,20).

Wir glauben an den Heiligen Geist

Wer ist der Heilige Geist?

Oft wenden wir uns an Gott, den Vater, oder an Jesus. Aber an den Geist? Wir können nicht an den Vater und den Sohn glauben, ohne gleichzeitig, im gleichen Vorgang an den Geist zu glauben: „Er wird mit dem Vater und dem Sohn zugleich angebetet und verherrlicht", sagt das Glaubensbekenntnis.

Der Geist ist selbst Gott. Er ist eine eigene göttliche Person, und ihm läßt sich eine eigene Weise zuschreiben, in der Welt und in der Geschichte zu wirken. Er ist Lebenshauch. Nach der Auferstehung macht er Jesus gegenwärtig. Er erfüllt die Glaubenden, lehrt sie und führt sie in „alle Wahrheit" ein; er ist ihr „Anwalt", ihr „Halt" in der Verfolgung.

Der Heilige Geist verweist nicht auf sich selbst: Er läßt uns Jesus lieben, er wendet uns dem Vater zu, er bringt uns zueinander in Beziehung, denn er ist Quelle der Gemeinschaft. Mit dem Vater und dem Sohn erschafft er die Welt und wirkt das Heil aller Menschen.

Wir verkünden, daß er *Herr ist* und *lebendig macht,* denn er ist der Geist Jesu Christi, des auferstandenen Herrn.

„Im Namen des Vaters und des Sohnes und des Heiligen Geistes"

Mit der Anrufung des Vaters, des Sohnes und des Heiligen Geistes, begleitet vom Kreuzzeichen, beginnt alles christliche Beten. Wir beten ausdrücklich im Glauben an den Vater, den Sohn und den Heiligen Geist. Und so wie wir am Ende eines echten Gesprächs uns gedrängt fühlen, danke zu sagen, so erweisen wir *Ehre dem Vater,* der uns seinen Sohn gibt, *dem Sohn,* der sich für alle hingibt, und *dem Heiligen Geist,* der in uns wohnt und uns den Vater und den Sohn erkennen läßt.

Ehre sei dem Vater und dem Sohn und dem Heiligen Geist,
wie im Anfang, so auch jetzt und alle Zeit und in Ewigkeit.
Amen.

Wir sind nicht nur unbeteiligte Zeugen dieser Beziehung, die die drei göttlichen Personen zu einem einzigen Gott vereint. Wir sind auch ihre *Wohnung,* und wir leben mitten in ihren Beziehungen.

„Wenn jemand mich liebt ..., wird mein Vater ihn lieben, und wir werden zu ihm kommen und bei ihm wohnen" (Joh 14,23).

Der Geist ist es, der in uns betet und der uns „Vater" rufen läßt, da wir aus uns nicht würdig sind, seine Kinder genannt zu werden.

Was für Erfahrungen macht die erste christliche Gemeinde?

Nach dem Tod Jesu waren die Apostel voller Enttäuschung nach Hause gegangen. Nach seiner Auferstehung verheißt der Herr ihnen den Geist. Am Pfingsttag macht die Jüngergemeinde eine umwerfende, befreiende Erfahrung: Die Gabe des Geistes gibt ihr die Kraft, Furcht und Zweifel zu überwinden und sich zu Jesus zu bekennen. Die Geistsendung ist begleitet von aufsehenerregenden Zeichen (Bekehrung, Wunder ...), aber auch von weniger spektakulären Zeichen wie Freude, geschwisterliche Liebe und Mut in der Verfolgung.

Der Geist ist eine *bleibende Gabe* an die Kirche. Er verweist auf Jesus, den Auferstandenen, und erinnert uns an alles, was der Herr gesagt hat (Joh 14,26).

An Pfingsten werden die Apostel von Menschen verstanden, die aus den verschiedensten Gegenden gekommen waren. Jeder versteht sie in seiner Sprache. Das ist ein Zeichen für die *universale* Berufung der Kirche. Alle Völker werden in Jesus Christus versammelt. Die Sendung des Heiligen Geistes wird zum Ausgangspunkt für die *Mission* der Kirche: Eine unwiderstehliche Dynamik macht aus einer Handvoll Männer, die durch die Hinrichtung ihres Meisters enttäuscht waren, Glaubensboten, die trotz aller Gefahren voll Freude an ihre Arbeit gehen.

Woran erkennen wir das Wirken des Heiligen Geistes?

Bei den Aposteln und allen, die Gottes Geist empfangen, entfalten sich neue Gaben, das Heil anzukündigen: die Gabe des Redens, die Gabe des Heilens, die Gabe des Dienens und noch viele andere. Die auffälligsten sind nicht unbedingt die wichtigsten. Wenn die verschiedenen Gaben Konkurrenzneid unter den Christen hervorrufen, entsprechen sie nicht mehr ihrem Ursprung, Gabe Gottes zu sein, und nicht mehr ihrem Ziel, der Einheit, zu dienen. Christen mißbrauchen sie dann für den Geist der Spaltung, der in der Welt und in der Kirche immer am Werk ist.

„Die Frucht des Geistes aber ist Liebe, Freude, Friede, Langmut, Freundlichkeit, Güte, Treue" (Gal 5,22).

Sicher wirkt der Heilige Geist meistens im stillen, aber er läßt sich auch in auffälliger Weise wahrnehmen im Mut der Märtyrer und in der Fähigkeit zur Erneuerung der Kirche, welchen geschichtlichen Krisen oder herrschenden Mächten sie auch unterworfen sein mag.

„Löscht den Geist nicht aus" (1 Thess 5,19)

Durch die Taufe und die Firmung sind wir die Wohnung des Heiligen Geistes geworden, Sauerteig, der den Teig durchdringen soll. Durch den Geist ist Gott wirklich *mit uns,* „uns näher als wir uns selbst" (Augustinus). Durch ihn wirkt Gott auch *in der Geschichte.* „Der Geist weht, wo er will" (Joh 3,8). Er wirkt *in der Kirche* durch das Wort Gottes und die Sakramente, aber er spricht auch durch jeden Menschen guten Willens. Er erneuert ebenso das Angesicht der Erde wie den inneren Menschen.

„Was befleckt ist, wasche rein, Dürrem gieße Leben ein,
heile du, wo Krankheit quält.
Wärme du, was kalt und hart, löse, was in sich erstarrt,
lenke, was den Weg verfehlt." (Aus der Pfingstsequenz)

„Er hat gesprochen durch die Propheten"

Der Prophet ist ein *Sprecher* Gottes.

Von Anfang an spricht der Heilige Geist im Herzen des Menschen, in der Schöpfung und in den Ereignissen, im menschlichen Gewissen und in der Geschichte jenes Volkes, aus dem Gott Abraham, Mose, David und so viele Propheten hervorrief ... Aber das Volk Gottes hat

ein verhärtetes Herz; es ist nicht bereit, dem Bund gemäß zu leben. Die Könige setzen ihre Sicherheit auf Reichtum und ihr Vertrauen auf Waffen. Der Kult wird zur Lüge: Gott werden Opfer dargebracht, die Armen aber werden ausgebeutet, für ein Paar Sandalen verkauft. Das Gesetz wird zu einer Last, die man loswerden will (Am 2,6).

Der Geist, der von Gott kommt, ist heilig

In diesem „halsstarrigen Volk mit verhärtetem Herzen" künden die Propheten den „neuen Bund" an (Jer 31,31). Sie rufen zur Gerechtigkeit auf, aber deren Erfüllung können sie nicht herbeiführen; das wird durch den kommenden Messias geschehen. Gott bereitet und heiligt sein Volk. Er spricht von einem Geist, der in die Herzen kommen wird: „Ich schenke euch ein neues Herz ... ich lege meinen Geist in euch" (Ez 36,26.27). Jesus steht in dieser Reihe der Propheten. Aber auf ihm ruht, in ihm wohnt der Heilige Geist in einzigartiger Weise, und so kann er als das Wort Gottes erkannt werden, das Fleisch geworden ist.

Er spricht zu uns in der Heiligen Schrift

Die Abfassung der biblischen Bücher erstreckt sich über mehrere Jahrhunderte. Selbst wenn diese aufgeschriebene Überlieferung Ausdrucksformen aus den umgebenden Kulturen übernimmt, ist sie die Frucht des Glaubens Israels und das Werk des göttlichen Geistes.

Wir sagen, *die ganze Schrift ist heilig und „inspiriert"*. Das bedeutet, daß die Verfasser der biblischen Bücher geschrieben haben, weil Gott sie erwählt und unter die eingebende Kraft, die Einwirkung (Inspiration) des Heiligen Geistes gestellt hat. Jeder hat aber mit seiner Begabung und seiner Begrenzung geschrieben, in verschiedenen literarischen Gattungen, innerhalb der Mentalität und Kultur seiner Zeit. Doch sind diese Worte von Menschen gleichzeitig *Wort Gottes.*

„Hört ihr heute sein Wort?"

Tag um Tag schöpft die Kirche aus der Heiligen Schrift wie aus einer Quelle. Sie findet hierin die Gnade und den Mut, zu beten, zu kämpfen und zu leiden, zu vergeben. In den biblischen Schriften spricht der Heilige Geist zu uns: „Ach, würdet ihr doch heute auf seine Stimme hören" (Ps 95,8). Und er heiligt uns, wenn wir das Wort Gottes mit Glauben aufnehmen.

Wie macht der Heilige Geist die Überlieferung „lebendig"?

Die Christen haben einen Interpreten, der ihnen die Schrift auslegt, sie lebendig und aktuell macht. Das ist der Heilige Geist, von dem Jesus ankündigte: „Er wird euch an alles erinnern, was ich euch gesagt habe" (Joh 14,26). Ohne ihn wäre die Schrift toter Buchstabe und die Kirche ohne Seele.

Die Überlieferung der Apostel wird in der Kirche weitergegeben unter dem lebendigmachenden Wirken des Geistes. Die Überlieferung wird im Laufe der Zeit tiefer erfahren und verstanden, weil das *Volk Gottes* sie lebt, sie durchdenkt und im Herzen bewahrt (Lk 2,19.51) und weil sie von jenen weitergegeben wird, die als *Nachfolger der Apostel* ein „sicheres Charisma der Wahrheit" (Über die göttliche Offenbarung, 8) empfangen haben. So führt der Geist die Kirche zur Fülle der Wahrheit.

Wie antworten die Christen auf den Ruf des Heiligen Geistes?

Die Christen sind aufgerufen, im Licht des Evangeliums auf alle Zeichen zu achten, in denen die Bedürfnisse und die Sehnsüchte der Menschen von heute zum Ausdruck kommen. Der Geist lehrt uns, die Zeichen zu erkennen, mit denen Gott in der Geschichte zu uns spricht, und darauf mit *Glauben, Hoffnung und Liebe* zu antworten. Das Leben des Kardinals Joseph Cardijn ist ein Beispiel für ein aufmerksames Achten auf die Zeichen der Zeit. „Sehen, urteilen, handeln", sagte er. Er hat in der Arbeiterjugend das Bewußtsein für ihre Würde als Mensch und Bild Gottes geweckt.

Erkennen wir im Heiligen Geist die Zeichen der Zeit?

Die „Zeichen der Zeit" sind Ereignisse, in denen die Christen im Licht des Glaubens eine Ankündigung des kommenden Gottesreiches erkennen. Diese Zeichen offenbaren uns die Gegenwart Jesu Christi mitten unter uns. Der Geist bewirkt, daß wir die Gegenwart des Herrn wahrnehmen, daß wir sie entdecken in jeder Geste der Zärtlichkeit, in jedem Werk der Gerechtigkeit, in jedem Schrei aus Not und Leid.

Die Geschichte ist voll von der Gegenwart Christi. Aber in ihr sind auch Gegenkräfte wirksam. Im Glauben *erkennt* der Christ den Anruf des göttlichen Geistes durch die Ereignisse hindurch wie Veränderungen in der Gesellschaft, wissenschaftliche Entdeckungen, technische Fortschritte, wirtschaftliche Krisen, Kampf für Gerechtigkeit, die Frauenbewegung, das Phänomen der Sekten, das Gespräch zwischen Muslimen und Christen oder zwischen Christen und Marxisten, Arbeitslosigkeit, Nord-Süd-Gefälle, Ost-West-Konflikt …

Alle diese Vorgänge müssen unvoreingenommen in ihrer geschichtlichen, sozialen, wirtschaftlichen und wissenschaftlichen *Realität* gesehen werden; aber sie beschränken sich nicht nur auf die Dimension, die von den Wissenschaften beschrieben wird. Es ist Recht und sittliche Pflicht aller Menschen, zu unterscheiden, was im Licht ihres Gewissens gut und was böse ist. Der Heilige Geist wirkt in jedem Menschen guten Willens, der sein Gewissen formt und nach seinem Gewissen handelt. Der christliche *Glaube* läßt uns alles auf eine neue Weise sehen und führt unseren Verstand zu Lösungen, die ganz dem Willen Gottes und der Berufung des Menschen entsprechen.

Komm, Heiliger Geist, erfülle die Herzen deiner Gläubigen,
und entzünde in ihnen das Feuer deiner Liebe.

Sende aus deinen Geist, und alles wird neu geschaffen,
und du erneuerst das Antlitz der Erde.

Gott, du hast die Herzen der Gläubigen durch die Erleuchtung des Heiligen Geistes gelehrt. Gib, daß wir in diesem Geist erkennen, was recht ist, und allezeit seinen Trost und seine Hilfe erfahren.

Die Kirche

„Jesus Christus ja, Kirche nein"

Viele unserer Zeitgenossen würden gern mit Jesus zu tun haben, einem Propheten in Wort und Tat. Aber die Kirche!

Zweifel, Enttäuschungen, Verletzungen, der scheinbare Graben zwischen Christus und der Kirche, die Last äußerer Riten, die dunklen Schatten der Geschichte, die Kompromisse mit der Macht und mit dem Geld, die Hierarchie und das Volk der Christen, die oft so wenig christlich sind: so viel Zwiespältigkeit und Schwäche, aber auch voreingenommene Betrachtungsweisen und einseitige Urteile, die daran hindern, das wahre Gesicht der Kirche zu entdecken. Sie ist gleichzeitig sichtbar und unsichtbar, menschlich und göttlich, Kirche auf Erden und Kirche, erfüllt von Gütern des Himmels.

Kennen wir die Kirche?

„Wenn ich dich Tag und Nacht beobachtete", sagt eine Dichterin, „wenn ich dir überall folgte, wohin du gehst, wenn ich das Herz deiner Gedanken und deines Herzens durchdringen könnte, ich würde dich noch nicht kennen; ich werde dich erst erkennen, wenn ich dich liebe."

Die Kirche lieben? Sie lieben und dann erst urteilen? Sie hat uns durch die Jahrhunderte hindurch im Glauben getragen und uns unter Freude und Schmerzen geboren. Sie hat uns Nahrung gegeben und wachsen lassen im Glauben. Wie sehr erfüllen wir ihr Inneres mit Undank und Gleichgültigkeit?

Die Kirche lieben, weil Christus sie geliebt hat und sich für sie hingegeben hat; die Kirche lieben, wie Christus sie heute liebt – das heißt, sich Mühe geben, daß sie wird, wie er sie will.

Wer spricht von der Liebe Christi zu seiner Kirche?

Gott, sagt die Bibel, liebt uns *wie eine Mutter,* die niemals ihr Kindlein vergißt und sich der Frucht ihres Schoßes erbarmt (Jes 49,15–16). Er liebt uns *wie ein Vater,* der, als er seinen Sohn heimkommen sieht, ihm entgegengeht, ihn umarmt und küßt (Lk 15,20).

Zwischen Christus und seiner Kirche besteht eine noch geheimnisvollere Liebe, die uns ins innerste Wesen Gottes führt. Es ist die *Liebe des Bräutigams zu seiner Braut.*

> „An jenem Tag – Spruch des Herrn – traue ich dich mir an auf ewig; ich traue dich mir an um den Brautpreis von Gerechtigkeit und Recht, von Liebe und Erbarmen, ich traue dich mir an um den Brautpreis meiner Treue: Dann wirst du den Herrn erkennen" (Hos 2,18.21–22).

Die Kirche lebt „im Glauben an den Sohn Gottes, der sie geliebt und sich für sie hingegeben hat" (vgl. Gal 2,20). Diese bräutliche Liebe ist ganz persönlich. Sie ist voller Zärtlichkeit. Sie spiegelt sich auf dem Antlitz der Braut.

Sehr schön, wird man erwidern, aber die Wirklichkeit? Die erste Wirklichkeit der Kirche ist, daß sie sich von Christus geliebt weiß. Das allein kann sie anziehend machen: daß sie Zeichen für die zärtliche Liebe und für die Gerechtigkeit Gottes ist.

Hat Jesus eine Kirche gewollt? Wurde sie vielleicht nach seinem Tod von Menschen erfunden?

Jesus lebte nicht isoliert, für sich allein. Als Jude geboren, gehörte er zu einem Volk, das durch eine Überlieferung geprägt war, die Überlieferung vom Bund, den Gott nicht mit einzelnen, sondern mit einem *Volk* geschlossen hat. Als Jesus am Ufer des Jordan auftrat, verkündete er: Das Reich Gottes ist nahe. Dieses Reich ist nicht rein geistig, unsichtbar; es *erscheint* in einem Volk, das neu geworden und zusammengeführt ist und so zum Zeichen für eine kommende Welt wird, die jetzt schon beginnt.

Jesus wählt aus seinen Jüngern die Zwölf aus. Zwölf ist eine Zahl, die *Ganzheit* versinnbildet, so wie die zwölf Söhne Jakobs die Ganzheit des auserwählten Volkes, die zwölf Stämme Israels, darstellen.

Die Wahl von zwölf Aposteln kündet ein neues Volk, die Versammlung aller Menschen an. Denn in Jesus ist das Heil für alle gekommen.

Unter den Zwölf erhält Petrus von Jesus – und nicht von Menschen – die Aufgabe, im Glauben „seine Brüder zu stärken". Jesus bestimmt ihn zum Fels der Einheit: „Du bist Petrus, und auf diesen Felsen werde ich meine Kirche bauen, und die Mächte der Unterwelt werden sie nicht überwältigen" (Mt 16,18).

Wie ist das Verhältnis zwischen Jesus und den Jüngern?

Im Judentum und in anderen Religionen wählt der Schüler seinen Lehrer, der Jünger seinen Meister: Er entscheidet, zu wem er gehen will. Bei Jesus und seinen Jüngern ist es völlig anders. Jesus ist es, der *beruft.* Sein Ruf ergeht frei, unerwartet, aber so eindringlich, daß er eine freie, totale und unbedingte Hingabe an seine Person verlangt. Dieser Ruf führt dazu, daß mit den bisherigen Lebensverhältnissen gebrochen wird, denn die Jünger werden nicht für sich selbst erwählt, sondern um ausgesandt zu werden: *„Apostel“* bedeutet *„Gesandter“.*

Die Wurzel der Kirche reicht weiter als bis zu Jesus

Für die Kirche, wie Jesus sie gewollt hat, ist er gestorben. „Aber er sollte nicht nur für das (jüdische) Volk sterben, sondern auch, um die versprengten Kinder Gottes wieder zu sammeln“ (Joh 11,52). Um sie zur Einheit zusammenzubringen, zu sammeln! Nicht zu einer gestaltlosen, gleichförmigen Masse, sondern zu einem Volk, das aus Menschen besteht, die in Gottes Augen verschieden und einmalig sind.

Das (griechische) Wort für „Kirche" bedeutet „einberufene Versammlung". Die Kirche wird von Gott in der Einheit des Heiligen Geistes berufen. Gott hat sie nach seinem Bild und Gleichnis gewollt: eine Gemeinschaft der Liebe und der Personen wie in Gott selbst. Gott hat sie gewollt, und er schenkt sie uns. Der dreifaltige Gott – ein Gott in der Gemeinschaft der Personen – bewirkt diese Versammlung, er ist ihre *Quelle.* Die Kirche hat ihren Ursprung in der Dreifaltigkeit. Je mehr sie dieses große Geheimnis der Liebe, der gegenseitigen Wertschätzung und Gemeinschaft ausstrahlt, desto mehr wird uns der Sinn der Dreifaltigkeit vertraut werden.

Wer bildet die Kirche?

Die Kirche ist *mit allen aufzubauen.* Besonders mit denen, die krank, heimatlos, arm oder hilflos sind, das heißt mit den Notleidenden. Auf den ersten Blick scheinen sie uns nichts zu bieten zu haben. In Wirklichkeit werden sie uns von Jesus Christus als seine Brüder *gegeben,* und durch sie erhalten wir Zugang zu ihm. Selbst jene, die reich an Besitz sind, leiden oft an einer anderen Art von Armut: an der Armut, nichts geben und nichts empfangen zu können ...

Die Gemeinschaft zwischen „Reichen" und „Armen" ist wesentlich für die Kirche als das Volk, in dem Gott Menschen aller Lebensalter, aller sozialen Schichten, aller Rassen versammelt: Menschen, die normalerweise keine Brüder und Schwestern wären, wenn sie sich nicht als Kinder desselben Vaters verstehen würden.

Wo wird das Geheimnis der Kirche gelebt?

Die christliche *Familie* ist nach dem Bild der göttlichen Dreifaltigkeit eine Gemeinschaft von verschiedenen Personen. Deshalb sieht das Zweite Vatikanische Konzil sie als eine „kleine Kirche", als „Hauskirche" an. Ihre Berufung ist es, ein Haus der Liebe zu sein, eine offene Gemeinschaft, ein Zeichen für das Reich Gottes in einer zersplitterten Welt, in der so viele Männer und Frauen, Kinder und Alte unter Einsamkeit und Mangel an Zuwendung leiden. Vereint durch die Gnade des Ehesakraments, sind die Ehepartner überzeugt: Uns wird *die Liebe Gottes selbst mitgeteilt,* damit wir durch die Schwierigkeiten des täglichen Lebens hindurch die Macht dessen bezeugen können, der uns vereint hat. Wie die große Kirche hat die „kleine Kirche" teil am „Dienst der Evangelisierung".

Die Kirche verwirklicht sich vor allem in *jeder Diözese* durch die Gemeinschaft *aller Gemeinden* untereinander und um ihren Hirten: Jesus Christus, den der Bischof darstellt.

Wie wurde sich die Kirche ihres Geheimnisses bewußt?

Viele sagen: „Wozu ist ein Mittler zwischen Gott und den Menschen nötig?" Aber die Kirche ist keine Zwischeninstanz, kein Mittler: sie ist der lebendige Leib Christi!

Im Blick auf konkret erlebte Situationen (wie zum Beispiel Glaubensverbreitung, Bruderliebe, Spaltungen, Irrlehren, Verfolgungen) sprechen die Apostel und Evangelisten von der Kirche als einem in Christus geoffenbarten Geheimnis, das kein Bild ganz zum Ausdruck bringen kann. Die Kirche ist gleichzeitig Weinberg des Herrn, Braut Christi, Leib Christi, Tempel des Heiligen Geistes, himmlische Stadt ...

Warum wird das Gottesvolk und ein Gebäude mit dem gleichen Wort bezeichnet?

Die Kirche als Bauwerk ist auch ein Bild, ein Abbild jener Kirche, deren „lebendige Bausteine" wir selbst sind. Gott geweiht, so wie das Volk der Getauften, gehört sie dem Herrn.

Das Kirchengebäude, das aus der schöpferischen Kraft eines gläubigen Volkes hervorgegangen ist und von ihm als Leib Christi bewohnt wird, bringt ein Geheimnis zum Ausdruck, das die „Armen" verstehen. Das Volk Gottes selbst stellt ja den wahren „Tempel des Heiligen Geistes" dar. Dieses Volk, das unaufhörlich von Gott versammelt wird, damit es sein Wort hört und die Eucharistie feiert, wird in die Welt gesandt, um hier Zeichen der göttlichen Gegenwart zu sein. So ist die in einer Gemeinde aus Steinen gebaute Kirche Zeichen der *Gegenwart Gottes* in diesem Ort.

Wie ist die Kirche entstanden?

Die Kirche wurzelt in der Verkündigung Jesu. Die Jünger sind der Kern, um den sich das neue Volk Gottes sammelt. Nachdem Jesus am Kreuz gestorben war, hat Gott die Sendung seines Sohnes und den Glauben der Jünger durch die *Auferstehung* Jesu und durch die *Gabe des Geistes* bestätigt.

Unter dem Eindruck dieser Ereignisse sammelt sich die Gruppe der Apostel, die sich nach dem Tod Jesu zerstreut hatte, aufs neue. Sie bildet von nun an eine „christliche", das heißt eine auf Christus, den Gestorbenen und Auferstandenen, gegründete Gemeinschaft.

Die Kirche beginnt mit der Gemeinde in Jerusalem, die Zeuge des Oster- und Pfingstgeschehens geworden war. Sie sollte sehr bald den Schmerz erleben, daß sich jüdische und christliche Gemeinschaft voneinander trennten. Aus der Geisttaufe hervorgegangen, versteht sich die Kirche als das „neue Israel", das alle versammelt, die bereit sind, sich durch Jesus Christus retten zu lassen. Sie ist voller Hochachtung und Dankbarkeit gegenüber dem auserwählten Volk, dem Gott die Verheißungen, die heiligen Schriften und die Hoffnung des Menschengeschlechts anvertraut hat.

Bischöfe, Priester, Diakone und Laien: Welche Dienste üben sie in der Kirche aus?

Petrus und die Apostel sind immer unter uns. Es sind die Bischöfe in Gemeinschaft mit dem, der als Bischof von Rom den Vorsitz hat: Petrus zusammen mit seinen Brüdern im Bischofsamt.

Die *Bischöfe* stehen nicht allein. Wie Jesus sammeln sie Menschen. Sie leben in einem Volk, sie sind zu seinem Dienst da. Um die einzelnen Bischöfe hat sich seit jeher das Kollegium der *Priester* gebildet, das am bischöflichen Amt teilhat. Bischöfe und Priester wiederum sind Teilhaber am Priestertum Jesu Christi, er ist der eine und einzige Hohepriester und Mittler zwischen Gott und den Menschen.

Die Sorge für die Armen hat die Kirche von Anfang an gekennzeichnet. Deshalb setzten schon die Apostel *Diakone* ein, das heißt „Diener". Ihre Aufgabe ist es, sich vor allem um die Notleidenden zu kümmern, die auf die helfende Liebe der Kirche hoffen.

So steht die Hierarchie – Bischöfe, Priester und Diakone – nicht über dem Volk Gottes, sondern im Volk Gottes und in seinem Dienst. In der Kirche haben die *Laien* die besondere Berufung, das Reich Gottes *in der Welt* zu bezeugen. Überall, wo das Evangelium wachsen soll (in der Welt der Familie, Arbeit, Freizeit, Bildung, Forschung, Politik usw.), sind sie aufgerufen, für das neue Leben einzutreten.

Zwischen der Hierarchie – den Bischöfen, Priestern und Diakonen, die das Weihesakrament empfangen haben – und den Laien besteht eine wahre Gleichheit. Denn die *Taufe* verleiht allen im Volk Gottes die gleiche Würde, aber die *Aufgaben* sind verschieden und nicht austauschbar.

Die eine Kirche

Gabe und Aufgabe zugleich

Die Kirche ist *bereits* das, „was zu sein sie berufen ist", denn sie ist durch Gott selbst in der Einheit von Vater, Sohn und Geist versammelt. Und doch ist sie zugleich *noch nicht* vollkommen eins. Sie ist unterwegs zu ihrer Einheit, dabei bewegt und bestärkt sie der Heilige Geist.

Was hat die Eucharistie mit der Einheit zu tun?

Die eine Kirche liegt darin begründet, daß sie der Leib Christi ist. Bei der Feier der Eucharistie erhalten die Gläubigen Gemeinschaft am Leib und Blut des einen Herrn. Die Eucharistie ist die Quelle und die Grundlage der Einheit der Kirche, denn Jesus Christus ist es, der die Kirche hierzu versammelt. Die Kraft der Einheit liegt nicht in ihr, sondern *in Christus.*

Schadet die Einheit der Verschiedenheit?

Bereits im ersten Jahrhundert war die Einheit der Kirche bedroht. Den Christen, die durch Parteilichkeit und Überheblichkeit gespalten waren, hält Paulus den Vergleich zwischen Kirche und Leib vor Augen. In einem Leib gibt es verschiedene Glieder und Organe (1 Kor 12, 12–30). Alle tragen dazu bei, diesen Leib zu bilden. Was wäre der Leib, wenn alles „Ohr" oder „Hand" wäre? Deshalb schadet Verschiedenheit der Gaben des Heiligen Geistes nicht der Einheit. *Die Verschiedenheit ist ein Reichtum.* Er kommt dem ganzen Leib zugute im Austausch der Gaben, in der gegenseitigen Verbundenheit und Abhängigkeit der Glieder. Aber die Kirche wird vom Apostel nicht nur mit einem Leib verglichen, sie ist der Leib Christi! „Ist denn Christus zerteilt?" fragt Paulus (1 Kor 1, 13).

Wie verwirklicht sich die Einheit der Kirche?

Die Versuchung ist groß, die Kirche mit einem Staat zu vergleichen und sie ausschließlich als eine durchorganisierte Gesellschaft anzusehen, bei der die Einheit vor allem in Ordnungsbegriffen aufgefaßt wird. Die Kirche erscheint dann als ein zentralisiertes System: Einheit ist abhängig von einer Autorität, die von oben nach unten ausgeübt wird, vom Papst über die Bischöfe, die Priester bis schließlich zu den Laien. Diese Vorstellung von Einheit herrschte vor allem in einer Epoche, in der die Kirche sich als eine eigene, unabhängige Gesellschaft definieren mußte, um sich vom Zugriff der Staatsgewalt zu befreien.

In Wahrheit läßt sich die Kirche nur von ihrem „Inneren" her verstehen: Sie ist eine *Gemeinschaft zwischen Gott und den Menschen* und *der Menschen untereinander.* Diese Einheit der Kirche, die Verschiedenheit einschließt, erscheint vor allem in der *Ortskirche* (Diözese oder Bistum). In ihr ist die eine Kirche Gottes ganz verwirklicht. Die Diözese ist nicht ein *Teil* der Kirche – wie ein Teil in einem Puzzle, unvollständig und nur ein Teilstück eines übergeordneten Ganzen.

Jede Diözese stellt das Ganze des Volkes Gottes dar und besitzt alle Kennzeichen des Leibes Christi. Deshalb sprachen die ersten Christen von der „Kirche Gottes, die in Korinth ist", „in Ephesus"; heute würde man sagen „die Kirche Gottes, die in Köln ist" oder „in Wien" oder „in Genf". Die Einheit der Gesamtkirche ergibt sich aus der Gemeinschaft aller Ortskirchen untereinander und mit dem Nachfolger des Petrus. Das bedeutet einen um so größeren Reichtum, als jede Ortskirche durch die Besonderheit der Christen geprägt ist, aus denen sie besteht.

Was ist Ökumenismus?

Gott will, daß die an ihn Glaubenden ein *einziges* Volk bilden. Ökumenismus ist die vom Heiligen Geist geweckte Bewegung der Annäherung unter den verschiedenen Kirchen, die sich aufgrund von Mißverständnissen, Fehlverhalten, Auseinandersetzungen in der Vergangenheit getrennt haben. Besonders in unserer Zeit werden sich die Christen immer mehr bewußt, wie sehr ihre Spaltungen dem Willen Gottes widersprechen. Immer mehr suchen die getrennten Kirchen nach der Einheit des einen Leibes Christi.

Die Einheit ist gleichzeitig *Aufgabe* und *Gabe* Gottes an seine Kirche. Sie unterdrückt nicht die verschiedenartigen Wahrnehmungsweisen und Ausprägungen innerhalb der einen apostolischen Überlieferung, die den Christen gemeinsam ist.

Warum geht die Ökumene nicht schneller voran?

Sich versöhnen heißt nicht, „so tun, als ob man nicht uneins wäre". Man kann nicht in dreißig Jahren Jahrhunderte der Trennung und der Mißverständnisse ungeschehen machen, in denen gegenseitiges Unverständnis, Mißtrauen und manchmal sogar offene Feindschaft herrschten. Die Annäherung der Christen kann nicht auf Kosten der Wahrheit geschehen, aber die Sehnsucht nach gegenseitigem Verständnis und brüderlicher Zusammenarbeit ist sicherlich eine der größten Gnaden dieses Jahrhunderts.

Was können wir hierbei tun?

Die Ökumene macht um so mehr Fortschritte, je mehr sich ein jeder zu Christus und zum Evangelium bekehrt.

Jede Spaltung im Leib Christi ist ein *Leiden.* Aber ein Leiden, das *Christus heilen kann;* es ist kein blindes Schicksal.

Jedes Jahr halten die Kirchen vom 18. bis 25. Januar eine „Gebetswoche zur Wiedervereinigung der Christen". Diese Woche ist auf der ganzen Welt durch intensives Gebet, Begegnungen und Gottesdienste von Christen der verschiedenen Kirchen gekennzeichnet; hier kommen unsere ständigen Bemühungen um Annäherung besonders zum Ausdruck.

Wir können auch dadurch mitarbeiten, daß wir den sozialen Frieden fördern und gemeinsam denen helfen, die in Not sind; so geben wir durch unsere gemeinsamen Bemühungen Zeugnis für eine echte christliche Nächstenliebe. Die gemeinsame Teilnahme an der eucharistischen Feier, die Eucharistiegemeinschaft zwischen den getrennten Kirchen und kirchlichen Gemeinschaften ist die Frucht der Einheit; sie kann nicht als ein Mittel gebraucht werden, um eine Einheit zu verwirklichen, die im Glauben noch nicht erreicht ist.

Die heilige Kirche

Besteht die Kirche nicht aus Sündern?

Weil die Sünder – und das sind wir alle – wirkliche Glieder der Kirche sind und es trotz ihrer Sünde bleiben, ist von unserer Sünde die ganze Kirche betroffen. Der ganze Leib Christi leidet darunter, der ganze Tempel des Heiligen Geistes gerät dadurch ins Wanken. Die Kirche ist nicht deshalb „heilig", weil sie über dem Sünderdasein ihrer Mitglieder stehen würde; sie ist eine Gemeinschaft von Sündern. Die Kirche ist heilig, weil ihr Urgrund der heilige Gott ist. Die Heiligkeit Gottes strahlt aus; sie teilt sich denen mit, die sich ihm zuwenden. Im Neuen Testament kann der Ruf zu dieser Heiligkeit nur in Jesus Christus, dem „Heiligen Gottes" (Mk 1,24), gehört werden. Er hat sich geopfert, auf daß die Menschen geheiligt würden (Joh 17,19). Heiligkeit geht also nicht allein auf unser sittliches oder religiöses Verhalten zurück, sondern auf das Handeln Gottes. Er ist es, der uns heiligt.

Die Heiligkeit, die der Geist Gottes uns bei der Taufe mitteilt, ist nicht ein Geschenk, das nur dem einzelnen zuteil wird. Ein ganzes Volk ist durch das Blut Christi in den Bund mit Gott eingetreten. In Jesus hat Gott sich mit Sündern verbunden; durch seinen Geist hat er aus dem, „was nicht sein Volk war" (vgl. Röm 9,25), sein Volk gemacht. Alle Sünden der Welt können diesen göttlichen Plan der Heiligung der Kirche nicht zum Scheitern bringen.

Die Kirche ist heilig: Dürfen wir das glauben?

Wir brauchen nicht davor zurückzuschrecken, mit Paulus zu sagen, daß die Glieder der Kirche heilig sind aufgrund der Heiligkeit Gottes, der sie gerettet und geliebt hat. Diese Heiligkeit führt niemals zu selbstgerechter Verschlossenheit. Sie schenkt eine große Offenheit gegenüber Gott, der Welt und den anderen.

Die Kirche ist auch darum heilig, weil sie die *Braut Christi* ist, mit dem sie eins ist. Gereinigt durch das Blut Christi und durch das Bad der Taufe, werden wir unaufhörlich neu belebt, gekräftigt und erquickt durch die Eucharistie und die Versöhnung; sie machen uns dem Herrn ähnlich.

Was heißt Gemeinschaft der Heiligen?

Seit den ersten Zeiten der Kirchen beten die Christen für die Toten und bringen die Eucharistie für die Verstorbenen dar; sie beten auch zu den Heiligen, sie bitten um ihre Fürsprache und Hilfe. Durch diese gegenseitige Liebe und Hilfe sind wir ihnen nahe und mit ihnen verbunden. Das nennen wir *die Gemeinschaft der Heiligen.* Die Toten sind uns nahe, weil sie Christus nahe sind. In der Eucharistie begegnen wir ihnen wieder zusammen mit Maria, den Aposteln und allen Heiligen, denn dort sind wir in Gemeinschaft mit dem, durch den und für den sie leben.

Kann Beten anderen helfen?

Die Gemeinschaft der Heiligen vereint alle Glieder des Leibes Christi, im Himmel und auf Erden, in der Vergangenheit und Gegenwart, von einem Ende der Erde bis zum anderen. So wissen auch die Einsamsten, daß sie niemals allein sind. Wer leidet, kann gewiß sein, daß die Annahme und Hingabe der Not seines Lebens dem ganzen Leib Christi zugute kommt. Wer stirbt, weiß, daß die Kirche ihn in den Tod hinein begleitet und ihn danach in der Herrlichkeit Christi erwartet. Darum sind die Kranken in unseren Wohnungen und Krankenhäusern oft die größten Beter zusammen mit denen, die aufgrund besonderer Berufung ihr ganzes Leben dem Gebet geweiht haben. Die das Evangelium mit Tränen säen und die mit Jubel ernten, sie wissen: Mut und Freude ihres Glaubens und die Wirksamkeit ihrer Sendung verdanken sie dem ganzen Leib Christi.

Heiligkeit als Kinder Gottes

Gott will, daß alle Menschen heilig werden, denn alle sind berufen, seine Kinder zu sein und so an seiner Heiligkeit teilzuhaben. Auch wenn wir den Ruf Gottes nicht immer hören, Gott hört uns, wenn wir beten: „Vergib uns unsere Schuld, wie auch wir vergeben unsern Schuldigern." Denn unsere Heiligkeit als Kinder des Vaters ist ja immer eine Heiligkeit von Kindern, denen Schuld vergeben wurde.

Die vielen Gesichter der Heiligkeit

Diese Heiligkeit nimmt im konkreten Leben der Christen vielfältige Formen an. Männer und Frauen erfahren die Berufung, *das Evangelium zu verkünden.* Aus diesem Antrieb entstehen neue Initiativen, Gruppen von Jugendlichen, religiöse Gemeinschaften. Andere sehen die Verzweiflung der Welt und spüren: Hier sind wir gefragt, hier werden wir gebraucht, hier sollen wir die christliche *Hoffnung* wecken. Sie sagen sich: Hier sind Menschen unterdrückt, gefangen, in Not, verzweifelt; versuchen wir, sie zu befreien, sie aufzusuchen, ihnen beizustehen, sie zu trösten. Christen setzen sich ein in Bewegungen für Frieden, Gerechtigkeit, Menschenrechte. Der Heilige Geist weckt unzählige Gaben der Heiligkeit in allen Lebensbereichen; alle diese Gaben sind durchdrungen von jener einzigartigen Liebe; die er in unsere Herzen ausgießt. Alle Christen sind berufen, ihre politische und soziale Verantwortung ohne ängstliche Zurückhaltung wahrzunehmen. Der Geist öffnet auch die Augen für das Bedürfnis an menschlicher Wärme und *Liebe* in der Gesellschaft. Manche machen aus ihrem Haus einen Zufluchtsort für vielerlei Not; andere finden sich zu einer Gemeinschaft zusammen, die miteinander lebt und sich ganz in die Nachfolge Jesu stellt.

Was ist eine Spiritualität?

Aus der Empfänglichkeit für den Geist Gottes und seine verschiedenen Gaben entstehen verschiedene geistliche Familien: Männer und Frauen werden durch denselben Ruf zur Aktion oder zur Kontemplation, durch verwandte Erfahrungen des Geistes, durch den gleichen geistlichen Lebensstil zusammengeführt. Die Kirche kann so den neuen Situationen und den Bedürfnissen der Welt durch so verschiedene Männer, Frauen und Jugendliche hindurch gerecht werden. Daher gibt es eine Vielzahl von christlichen Spiritualitäten, die sich gegenseitig bereichern.

In allem, was geschieht und was sich neu entwickelt, das Wirken des Geistes Gottes zu unterscheiden, ist die Aufgabe aller und insbesondere der Bischöfe: „Löscht den Geist nicht aus! Prüft alles, und behaltet das Gute!" (1 Thess 5, 19.21).

Die katholische Kirche

Sind wir gern katholisch?

„Katholisch" ist nicht der Gegensatz zu protestantisch, orthodox oder anglikanisch. Das Wort besagt „universal". *Die Kirche ist katholisch,* oder sie ist nicht. Von ihrer Geburtsstunde am Pfingsttag an öffnet sie sich allen Rassen, Sprachen, Völkern und Nationen. Die Apostelgeschichte legt Wert darauf, uns diese neu Hinzugekommenen aufzuzählen: Parther, Meder, Elamiter ..., sie kommen von überall her. Die kleine Gruppe der Galiläer, die Apostel, wächst über sich hinaus, denn durch ihre Verkündigung wird das Feuer des Geistes bis zu den vier Enden der Erde getragen.

„Katholisch" sein: eine Gabe des Geistes

Wenn die Kirche nicht katholisch wäre, wäre sie nur eine auf sich selbst begrenzte Gruppe, eine geschlossene Gesellschaft oder eine Partei von Leuten, die zusammenkommen, weil sie zusammenpassen. Die Kirche, die Gott erweckt, ist aber dazu berufen, sich allen zu öffnen und die Gemeinschaft aller Menschen in Jesus Christus zu werden.

Katholisch sein heißt: eine *Haltung der Offenheit* haben, nicht in sich selbst verschlossen sein, in seinen Horizont, seine Gewohnheiten und Denkweisen. Es heißt: sich im Namen des Evangeliums leidenschaftlich für alle Menschen interessieren, wie ihre Mentalität, ihr Milieu, ihre Kultur auch sei. Denn wir wissen, daß die Frohe Botschaft *für alle bestimmt* ist. Mit dieser Leidenschaft leben wir in brüderlicher Gemeinschaft mit allen Kirchen.

Ein Herz, das von Glauben, Hoffnung und Liebe zu allen brennt und das nicht bei dem Gewohnten und Vertrauten stehenbleibt, ist ein Geschenk des Geistes. Aber diese Gabe wird jedem Christen anvertraut, denn keiner wird nur für sich allein getauft. Durch die Taufe hat er teil an der Mission der Kirche, die vom Herrn „zu allen Völkern" gesandt ist.

Wozu Pfarreien?

Der Sinn der territorialen Gliederung der Kirche in Diözesen und Pfarreien ist, daß die Christen aller sozialen Verhältnisse und aller Richtungen die Möglichkeit haben, in einem *für alle offenen Raum* zusammenzukommen. Alle Gruppen und Bewegungen sind aufgerufen, sich hier zu versammeln und daran mitzuwirken, daß dieser offene Raum geschaffen wird.

Alle Pfarreien sind aufgerufen, sich füreinander zu interessieren und die Anliegen aller Kirchen gemeinsam zu tragen.

Die apostolische Kirche

Ist die Kirche ihren Ursprüngen treu?

Wenn wir bekennen, daß die Kirche „apostolisch" ist, sagen wir, daß alles Wesentliche in ihr über die Apostel auf Jesus Christus zurückgeht. Auch heute leben wir über alle zeitlichen und räumlichen Entfernungen hinweg in Gemeinschaft mit den Aposteln. Dieser ununterbrochene, zuverlässige Zusammenhang wird durch die apostolische Nachfolge der Hirten, durch das Kollegium der Bischöfe garantiert, aber er wird auch durch das ganze Volk Gottes, vereint mit ihren Hirten, getragen: Von Generation zu Generation bekennen sie gemeinsam den Glauben der Apostel in der Verkündigung, in den Sakramenten und im Leben.

Die unverfälschte Bewahrung des apostolischen Erbes und die Vertiefung des Glaubens ist deshalb für die Kirche ein so wichtiges Anliegen, weil die Treue zur Verkündigung der Apostel die Garantie dafür ist, daß die Kirche die Kirche Jesu Christi bleibt.

Besitzt die Kirche Autorität über unser Gewissen?

Die Apostel haben eine wirkliche Autorität in der Kirche ausgeübt. Paulus schreibt seine Briefe, um den wahren Glauben darzulegen und irrige Meinungen abzuwehren, aber auch um Weisungen zu geben, die das konkrete Verhalten der Christen betreffen. Die Ausübung dieser apostolischen Autorität ist auch heute noch ein Dienst in der Kirche; er wird durch die Nachfolger der Apostel wahrgenommen.

Die Aufgabe des Papstes und der Bischöfe ist es, dafür Sorge zu tragen, daß die Kirche eine *geordnete Gemeinschaft* bleibt, wo alles zum Wohl *von allen* geschieht. Die Aufgabe des Kollegiums der Bischöfe und jedes einzelnen Bischofs in seiner Diözese beschränkt sich also nicht darauf, die Wahrheit des Glaubens in der jeweiligen Zeit und Situation zur Geltung zu bringen. Sie haben auch darauf zu achten, daß die Gläubigen in Gemeinschaft miteinander leben und handeln und so die Kirche aufbauen.

Diese echte Autorität gegenüber den Gläubigen vollzieht sich in aufmerksamer Offenheit. Mehr als andere muß der Bischof auf die Zeichen der Zeit achten und sich darum kümmern, was die Menschen in der Kirche bewegt. Die Autorität der Hirten erfüllt sich ihrerseits im Gehorsam gegenüber dem Wort Gottes.

Oft kann man hören: „Was die Kirche zu dieser oder jener Frage sagt, ist unhaltbar. Das kann ich nicht akzeptieren." Bevor wir uns fragen, ob *alles*, was Papst und Bischöfe sagen, richtig und unabänderlich sei, ist es gut, nach dem Maß des Vertrauens zu fragen, das wir zu den Nachfolgern der Apostel haben.

Sind die „Gebote der Kirche" noch in Kraft?

Steht es mir frei, meinen Glauben nach meinem individuellen Gewissen zu praktizieren? Christ ist, wer seinen Glauben zusammen mit anderen lebt: in seinem Zeugnis für die Gerechtigkeit, aber auch im Gebet, im Gottesdienst und in den Sakramenten. Die gottesdienstlichen Versammlungen, besonders in den Bußzeiten, bieten der Kirche Möglichkeiten, sichtbar in Erscheinung zu treten und sich in ihrem Glauben *als Gemeinschaft* zu stärken.

So versteht die katholische Überlieferung die „Gebote der Kirche" als Einladung *zur gemeinsamen Umkehr:*

- Feiere den Sonntag als „Tag des Herrn"!
- An Sonn- und Feiertagen nimm regelmäßig an der Eucharistiefeier teil!
- Am Freitag bring ein Opfer!
- Empfange regelmäßig, wenigstens aber in der österlichen Zeit, die Sakramente der Buße und des Altars!
- Hilf der Kirche und deiner Gemeinde!

Die Kirchengebote sind Weisungen: Sie rufen uns persönlich auf und stärken den Willen, am Aufbau der Kirche mitzuwirken. Mein Platz im Leben der Gemeinschaft der Kirche ist einmalig, und mein Zeugnis ist unersetzlich.

Könnte Gott seine Kirche verlassen?

Wer an die Kirche glaubt und ihr vertraut, nimmt sich die Lehre der Bischöfe und des Papstes über den Glauben und die Lebensführung zu Herzen, wenn diese sich als Hirten an die Kirche wenden. Wenn die Lehre auf diese gewöhnliche Weise – und nicht auf außerordentliche Weise etwa bei einem allgemeinen Konzil – ausgeübt wird, spricht man vom ordentlichen Lehramt.

Durch die Apostel und ihre Nachfolger stehen wir in Verbindung mit der lebendigen Überlieferung des Evangeliums. Ihr kommt eine echte Autorität zu. Der Papst und die Bischöfe werden nicht von Menschen gesandt, sondern von Jesus Christus. Ihnen ist der Geist dessen verliehen, der sie sendet. In diesem Geist sollen die Gläubigen auf die Worte der Hirten hören. Der *Kirche insgesamt* ist zugesichert, nicht von Gott verlassen zu werden. Diese Zusicherung, daß „die Gesamtheit der Gläubigen, welche die Salbung haben", die vom Herrn kommt, im Glauben nicht irren kann (Kirchenkonstitution, 12), heißt in der Überlieferung *Unfehlbarkeit der Kirche.*

Wie ist die Unfehlbarkeit des Papstes zu verstehen?

Jesus sagte zu Simon, den er „Petrus", das heißt „Fels", nannte: „Ich habe für dich gebetet, daß dein Glaube nicht erlischt. Und wenn du dich wieder bekehrt hast, dann stärke deine Brüder" (Lk 22,32). Wenn im *Papst* „als einzelnem das Charisma der Unfehlbarkeit der Kirche selbst gegeben ist" (Kirchenkonstitution, 25), so kommt ihm dieses Charisma nicht als Privatperson zu. Die Unfehlbarkeit ist ihm nur zugesichert, wenn er „ex cathedra" („vom Sitz" seiner Amtsautorität aus) spricht, das heißt als Nachfolger des Petrus, als Hirt und Lehrer aller Gläubigen, um seine Brüder und Schwestern im Glauben zu stärken. Kraft seines apostolischen Amtes verkündet er dann in einer endgültigen Entscheidung eine Lehraussage, die den Glauben und das sittliche Leben betrifft. Diese Unfehlbarkeit kommt auch dem Kollegium der Bischöfe zu, wenn ein ökumenisches *Konzil* mit und unter der Autorität des Papstes feierlich eine endgültige Entscheidung in Glaubens- und Sittenfragen trifft.

Dem Papst ist nicht der Beistand des Heiligen Geistes zugesichert, um neue Lehren zu offenbaren, sondern zusammen mit dem Kollegium der Bischöfe, die in Gemeinschaft mit ihm stehen, bewahrt er die von den Aposteln überkommene Offenbarung Gottes und legt sie aus.

Wir erwarten die Auferstehung der Toten und das Leben der kommenden Welt

Nur abwarten wäre zuwenig

Warten heißt auf etwas gespannt sein. Wir sind auf die Auferstehung gespannt. Das ist die Kühnheit unserer Hoffnung. Alles, was wir im Credo verkünden, hätte keinen Sinn, wenn es die Auferstehung nicht gäbe. Wie könnte Gott Schöpfer, Herr und Erlöser des Menschen genannt werden, wenn der Mensch dazu bestimmt wäre, einfach zu verschwinden?

Unser Glaube richtet uns entschieden auf die Zukunft aus. Diese Zukunft ist nicht das Nichts. Gott wird kommen. Von ihm sind wir dazu bestimmt, durch den Tod hindurch zur vollen Gemeinschaft mit ihm zu gelangen, der uns leben läßt.

Diese Zukunft haben alle Heiligen glühend herbeigesehnt. Doch flohen sie wegen dieser Sehnsucht nicht vor der Gegenwart oder entwerteten die Geschichte; sie gaben den Menschen das Bewußtsein für ihre *wahre Würde:* eine Würde, die jenseits des Todes zur vollen

Entfaltung kommt. Seit der Zeit der Apostel geben die Christen Zeugnis für ihren Glauben an die Auferstehung der Toten.

Ist es christlich, den Leib zu verachten?

Christen haben gerade wegen ihres Glaubens eine hohe Achtung vor dem menschlichen Leib. Gott hat uns den Leib gegeben, „geformt von der Erde" und beseelt durch seinen „Lebensatem" (Gen 2,7). In seinem Sohn hat er Fleisch angenommen aus unserer Menschheit; er wurde geboren von einer Frau; er hat Qualen und Wunden erlitten; nach der Auferstehung hat er sich lebend in seinem Leib gezeigt.

Der Leib ist von der Person des Menschen nicht zu trennen. Er gehört wesentlich zu ihm. In unserem Leib empfangen wir die Sakramente, haben wir Gemeinschaft mit dem Leib Christi und mit unseren Brüdern und Schwestern, stehen wir in Verbindung mit der ganzen Welt. Der Leib ist *heilig* wie die Person: er kommt von Gott, und er geht zu Gott. Den Leib achten heißt die Person achten.

Deshalb drängt uns unsere christliche Berufung, sich um die zu kümmern, deren Leib leidet oder verachtet wird. So ist zum Beispiel Pater Damian De Veuster aus Liebe zu den Aussätzigen ihnen ganz ähnlich geworden, zu einer Zeit, da Aussatz bekommen soviel wie ein sicheres Todesurteil war.

Welchen Wert gibt die Auferstehung unserem gegenwärtigen Leben?

Sicherlich sind wir nicht die einzigen, die Leiden lindern wollen. Aber wir haben eine Hoffnung, die den Christen kennzeichnet. In dieser Hoffnung können wir sagen: „Mein Leib wird leben, weil ich leben werde. Mein Leib steht *schon jetzt* in einem Abenteuer für Zeit und Ewigkeit."

Im Glauben an die Erschaffung und die Auferstehung achtet der Christ seinen Leib und das menschliche Leben von der Empfängnis an. Er ist berufen, von seinem Leben zu geben. Was ihm im irdischen Leben auch widerfährt, er ist getragen von der *fröhlichen Hoffnung*, daß keine Prüfung, kein Tod, nichts ihn trennen kann von der Liebe Christi (Röm 8,35).

Ist Überleben dasselbe wie Auferstehen?

Um an die Auferstehung zu glauben, ist es notwendig, *das Sterben anzunehmen* und zu sterben wie Jesus Christus. Er ist wirklich gestorben, in der ganzen Wirklichkeit seines Menschseins. Er hat nicht letzten Endes für sich überlebt wie einer, der niemandem etwas verdanken will. Sterbend hat er sein Leben in die Hände des Vaters zurückgegeben, und Gott hat ihn auferweckt.

Überleben heißt nicht nur, daß man nicht stirbt, sondern daß man „aus eigener Kraft" weiterlebt. Auferweckt werden wir aber *aus Gnade.* Auferstehen heißt: sich, Leib und Seele, von Gott empfangen.

Und die Reinkarnation?

Viele lassen sich von der Vorstellung einer Reinkarnation („Wiedergeburt") beeindrucken. Nach dem Tod, so meint man, würde der Mensch sein Leben in anderen Lebewesen weiterführen, bis er schließlich ins Nirvana eingeht. Nach dieser Sicht stellt das Leben nichts *Einmaliges und Endgültiges* dar. Es hängt nicht schon jetzt, in der Gegenwart, mit der Ewigkeit zusammen. Es ist nur eine Phase in einem Kreislauf, in dem man geboren und wiedergeboren wird, je nach seinem vorhergehenden Leben, bis zur endgültigen Läuterung. Diese Vorstellung ist mit dem christlichen Glauben *unvereinbar.*

Gibt es einen Läuterungsort?

Vor der Begegnung mit dem Tod, dessen Geheimnis unseren Verstand übersteigt, empfinden die meisten Menschen mehr oder weniger ein Verlangen, geläutert zu werden. Deshalb bringen sie Opfer dar, flehen Gottheiten an, unterwerfen sich Riten oder suchen nach Wegen, um durch Askese oder Meditation rein zu werden für die große Begegnung mit dem Tod.

Diese Sehnsucht nach *Läuterung* hat Gott ins Herz des Menschen gelegt. Diese Sehnsucht muß *verchristlicht* werden. Der Christ weiß, wie unvollkommen seine Liebe zu Gott und zum Nächsten ist, wie sehr sie der Heilung durch die Liebe Christi bedarf.

Strafe oder Läuterung?

Auf diese christliche Sehnsucht nach Heilung antwortet Gott mit seinem Erbarmen. Die Läuterung nach dem Tod hat weder Zeit noch Ort. Sie ist ein Vorgang, in dem die Liebe Gottes das völlig tilgt, was daran hindert, in seiner Gegenwart *ganz und gar glücklich* zu sein.

Gibt es die Hölle?

Der Mensch verfällt der Hölle, der bewußt und frei jede Beziehung zu Gott und zu den anderen verweigert. Die Hölle existiert, denn der Mensch hat die Möglichkeit, sich von seinem Stolz „gefangennehmen" zu lassen. Die Hölle ist die *Folge der Verweigerung der Gnade* oder des Erbarmens Gottes.

Der Mensch kann nicht aus eigener Kraft in die Gegenwart Gottes gelangen; aus Gnade und Liebe gewährt ihm Gott Zugang zu seiner Nähe. Wenn der Mensch sich verweigert, richtet Gott über diese Weigerung. Darum versteht die Bibel die Hölle auch als Strafe.

Wurde Maria mit ihrem Leib „in den Himmel aufgenommen"?

Maria hat das Wort Gottes in ihrem Herzen aufgenommen und Jesus, dem Sohn Gottes, den Leib bereitet. Der Vater hat sich ihr mit besonderer Liebe zugewandt und sie am Ende ihres irdischen Lebens „mit Leib und Seele" mit dem Tod und der Auferstehung seines und ihres Sohnes verbunden. In ihr schaut die Kirche auf ihre eigene Zukunft. Dieses Geheimnis feiern wir am 15. August, am Fest der *Aufnahme Marias in den Himmel.*

Wohin geht die Menschheit?

Die Liebe, die wir zu Gott und zueinander haben, schwindet nicht im Augenblick des Todes, sondern sie wird bewahrt und *erlöst* durch Jesus Christus, der beim Vater lebt. Deshalb bleiben wir, wenn Menschen sterben, in Gemeinschaft mit ihnen, weil sie in der Liebe des Vaters leben. Die Verstorbenen behalten ihre liebende Verbindung zu uns und erwarten uns mit Jesus Christus im „himmlischen Jerusalem". Das Evangelium spricht von einem geschwisterlichen Leben bei Gott, von einem Festmahl, zu dem wir alle eingeladen sind, von einer Schau Gottes von Angesicht zu Angesicht.

Was uns angeht, so hat unsere Auferstehung, sagt Paulus, bereits begonnen, denn der Geist des Auferstandenen beseelt uns. Aber sie ist noch nicht offenbar.

Haben die Verstorbenen bereits an der Auferstehung teil?

In Jesus Christus lebend, haben die Toten Anteil an seiner Auferstehung. Aber wir erwarten die Auferstehung *aller* am „Jüngsten Tag", denn noch ist nicht die ganze menschliche *Gemeinschaft* zur vollen Entfaltung des Leibes Christi vereint.

Die Läuterung der Verstorbenen schließt ein Leiden ein, das aus der *Liebe* kommt. Die Verstorbenen leiden darunter, noch nicht die Nähe Gottes empfangen zu können. Sie rechnen mit unserer Solidarität und unserem Gebet, damit sie, von den Folgen ihrer Sünden geheilt, in der Gemeinschaft mit Gott ihre Vollendung finden.

Das Reich Gottes beschränkt sich nicht auf das Reich der Menschen

Im Evangelium sind Gesundheit, Frieden, Gerechtigkeit und Erbarmen Ankündigung für das kommende Reich Gottes. Der Einsatz für Gerechtigkeit, für eine entsprechende Umwandlung der Gesellschaft und ihrer Strukturen ist für die Kirche wesentlich. Aber ihre Sendung beschränkt sich nicht auf die sozialen und politischen Aufgaben in der Geschichte. Die Schöpfung ist der Kirche anvertraut. Die Kirche ist in der Welt und für die Welt. Aber sie ist auch unterwegs zum „Jerusalem oben".

Wo Jesus Christus ist, dort ist die Kirche. Der auferstandene Christus ist unter uns, aber seine verherrlichte Gegenwart *übersteigt die Geschichte.* Die irdische Kirche pilgert durch die Geschichte *in Gemeinschaft* mit der himmlischen Kirche, die bereits in der Herrlichkeit Christi versammelt ist.

Wenn wir in der Welt leben und kämpfen, sind wir also nicht allein; wir sind durch die gleiche Liebe und den gleichen Lobpreis mit der Kirche vereint, die wir noch nicht sehen. Das erfüllt mit einer Freude, die uns eigen ist; sie stärkt die Kraft unserer Hoffnung. Unsere Liebe zu den Menschen ist um so *verpflichtender,* als wir wissen, daß wir „Mitbürger der Heiligen" sind und daß unsere Heimat im „Himmel" ist.

„Gott bereitet uns eine neue Wohnstätte und eine neue Erde, auf der die Gerechtigkeit wohnt, deren Seligkeit jede Sehnsucht nach Frieden in den Herzen der Menschen erfüllt und übertrifft" (Pastoralkonstitution, 39). *Jetzt schon* bereiten wir uns darauf vor, dieses Geschenk Gottes zu empfangen.

Amen!

Schlußpunkt?

„Amen", ein ganz kurzes Wort. Der Gregorianische Choral unterlegt diesem Ruf manchmal so viele Noten, daß man mehrmals atmen muß, um sie alle zu singen.

„Amen": Gibt es ein sinnentleerteres Wort? Läßt es nicht an die Ungeduld denken, daß nach einer zu langen Rede endlich das Ende kommt? „Zu allem ja und amen sagen": Die Wendung bezeichnet sprichwörtlich eine schwächliche Haltung.

„Amen" bedeutet: „Ja, das ist *sicher,* das steht *fest,* daran glaube ich!" Was gibt es Schlimmeres, als sich auf jemand nicht verlassen zu können, oder als einen Freund, der einen im Stich läßt? Amen, das ist ein ganzes Credo in Kleinstausgabe. Dieser von Freude und Kraft erfüllte Ausruf charakterisiert unsere Gottesdienste und Gebete. Er ist kein totes Ende, sondern ein lebendiges Echo: Mit diesem Ruf antworte ich, daß ich glaube. Das Amen, mit dem das Credo schließt, bekräftigt unsere Zustimmung zum Wirken des Vaters, des Sohnes und des Heiligen Geistes in der Kirche.

„Der Leib Christi" – „Amen"

Beim Empfang der Kommunion erhält das „Amen" seine volle Bedeutung. Im Heiligen Geist sagen wir „ja", das „Ja" Christi. Das Wort wird begleitet durch die Geste der geöffneten Hand, Zeichen für das Herz eines Armen, denn allein das Herz eines Armen kann sich auf einen anderen als auf sich selbst verlassen.

Zweiter Teil

Den Herrn feiern

Das Gebet öffnet uns für Gott und die Welt

Beten – warum eigentlich?

Was wäre eine Liebe, die nicht immer wieder lebendig zum Ausdruck käme, wenigstens unausgesprochen, aber oft auch ausgesprochen? Was wäre Glaube ohne Gebet, ohne das lebendige Band, das uns mit Gott verbindet? Ohne Gebet bleibt Gott ein abstraktes, entferntes Wesen, mehr tot als lebendig.

Im Gebet erkennt der Christ seinen Schöpfer und Erlöser an. Jede Bewegung, die den Menschen Gott zuwendet, ist vom Heiligen Geist eingegeben. Durch ihn kommt der Glaubende zur Bewunderung, zur Anbetung, zum Lobpreis, zum Bekenntnis seiner Schuld oder seiner Not, zur Bitte um Gnade oder um Vergebung. Sind Liebe und Vergebung nicht ebenso notwendig zum Leben wie das tägliche Brot?

Beten – etwas für Kinder?

Ein Mensch wird erwachsen, wenn er seine Eltern anzuerkennen vermag. Er beginnt alles das zu sehen und anzuerkennen, was er von anderen empfangen hat. Dadurch wird er reif, entfaltet sich und wird fähig zu neuen Beziehungen.

Die Freude des Christen liegt genau darin, sich an den Vater *mit dem Herzen eines Kindes* zu wenden: mit einem Herzen, das für Gottes Wirken aufgeschlossen und verfügbar ist. Diese Freude ist kein

bloßes Gefühl. Manchmal fühlt sich der Christ unfähig zum Gebet. Er kommt in die Nacht des Zweifels oder der Sünde; Gott scheint ihm fern. Und doch weiß er, daß der Heilige Geist, der durch die Gnade der Taufe in ihm wohnt, nicht aufhört, in ihm zu beten, wie groß seine Armut auch sei.

Ist das Gebet eine Art Kapitulation?

Das Gebet ist eine Tat der Freiheit und des Vertrauens. Es macht uns frei, und es macht uns zu Hingabe und Dienst bereit. Es verändert uns, und dadurch verändert es die Welt. Der Mensch, der keinen Gott kennt außer sich selbst, will besitzen und beherrschen. Das Gebet aber weckt in uns „die gleiche Gesinnung, die in Christus Jesus war" (Phil 2, 5). Es stärkt uns in der Liebe und drängt zum Zeugnis. Es erfüllt uns mit Gottes zärtlicher Zuwendung zu den Schwachen und kräftigt unseren Mut, die Mächte des Bösen in uns und in der Welt zu überwinden.

Die Welt sehnt sich nach dieser göttlichen Zärtlichkeit und Kraft. Wer wird sie ihr geben? Jene, deren Inneres davon brennt.

Antwortet Gott auf unsere Gebete?

Oft fragen wir: „Was macht Gott gegen die Ungerechtigkeit?" Er erweckt Männer und Frauen, die aufstehen; Gläubige, die, von seinem Geist ergriffen, bereit sind, sich um der Gerechtigkeit willen einzumischen und aufzureiben; Menschen der Versöhnung. Er läßt aus den Betern Tausende von Heiligen und Zeugen erstehen, die gewöhnlich unbekannt bleiben, die aber in der Menge der Menschen als Sauerteig wirken.

Gott erhört uns nicht immer, wie wir es gern hätten, aber alles, was unser Leben ausmacht, liegt ihm am Herzen. Er ist nicht abhängig von unseren Bitten. Er weiß besser als wir, was wir brauchen, noch bevor wir ihn darum bitten.

Wo finden wir die Zeit zum Beten?

Wie die Liebe verlangt das Gebet beherzten Mut: die Entschiedenheit, regelmäßig den Lauf des von Arbeit, Sorgen, Vergnügen und Leiden so vollen Lebens zu unterbrechen, um sich Zeit zur Liebe zu lassen, Zeit, um Gott zu lieben und sich von ihm lieben zu lassen. Dabei kommt es nicht zuerst auf die Dauer an, sondern auf die Intensität des Innewerdens: Ich lebe ganz in deiner Gegenwart.

Die eigentliche Frage heißt nicht so sehr: wissen, wie wir Zeit finden, Gott in unser voll besetztes Leben hineinzunehmen, sondern: suchen, wie wir mitten im Alltag in seiner Gegenwart leben können.

Kann man nicht ebenso gut für sich allein beten?

Das öffentliche und gemeinsame Gebet des Volkes Gottes ist eine wesentliche Aufgabe der Kirche. Von Anfang an hielten die Getauften „fest an der Lehre der Apostel und an der Gemeinschaft, am Brechen des Brotes und an den Gebeten" (Apg 2, 42). Das gemeinsame Gebet besitzt eine besondere Würde: „Wo zwei oder drei in meinem Namen versammelt sind, da bin ich mitten unter ihnen", sagt Jesus (Mt 18, 20).

Das ganze Leben heiligen

Aus einer Reihe von Quellen wissen wir, daß die ersten Gläubigen entsprechend der jüdischen Überlieferung zu festen Zeiten beteten. Diese gemeinsamen Gebete bildeten sich allmählich zum *„Stundengebet“* aus. Seine Aufgabe ist es, den ganzen Tag und das ganze menschliche Tun zu heiligen. Diese ununterbrochene Überlieferung wird in den Ordensgemeinschaften bewahrt, die sich bei Tag und bei Nacht versammeln, um Gott das Lob und die Fürbitte der Kirche darzubringen.

Ist das „Stundengebet“ etwas für alle?

Zu den verschiedenen Zeiten des Tages beten die Priester das „Brevier“, die „Feier des Stundengebets“ genannt, eine Sammlung von Psalmen, Schriftlesungen, Gebeten. Das Stundengebet ist aber auch ein Angebot für das ganze Volk Gottes. In manchen Kirchen zum Beispiel kommen Christen in der Mittagspause oder nach Büroschluß zusammen, um sich dem Gebet der Kirche anzuschließen.

Glaubende drängen nach gemeinsamem Gebet

In der Welt nehmen Millionen von Christen an der Feier der Sakramente teil und pflegen Gebetsformen, die dem schlichten Glauben des Herzens Ausdruck verleihen und Nahrung geben: Rosenkranz, Kreuzweg, Wallfahrten, Prozessionen, Anbetung des Allerheiligsten ... In Familien kommen Eltern und Kinder zusammen, um im Anschluß an das Sonntagsevangelium oder anhand einer Kinderbibel über ihren Glauben zu sprechen. Da und dort finden sich Freunde oder Nachbarn zu gemeinsamem Gebet, zum Beispiel zum Hausgottesdienst im Advent und in der Fastenzeit. Vielfach entstehen Gebetskreise und Gebetsgemeinschaften. Sie sind ein Licht für jene, die den Weg des Glaubens, des persönlichen Gebets und der geschwisterlichen Gemeinschaft suchen.

Persönliches Gebet, Gebet der Kirche

Das persönliche Gebet wird getragen und genährt durch das Gebet der Kirche, und das Herz öffnet sich den weltweiten Anliegen.

Der Getaufte, der betet, betet immer und vor allem als *Glied am Leib Christi.* Mag er krank oder einsam sein, gefangen oder verlassen, mag er an der Bushaltestelle beten, im Zug oder in seinem Zimmer, es ist die ganze Kirche, die in ihm betet: die Kirche des Himmels und die auf Erden, die Kirche an allen Orten und die Kirche aller Zeiten, der Vergangenheit, der Gegenwart und der Zukunft. Was für eine Quelle des Vertrauens und der Freude, daß wir uns als Glieder ein und desselben Leibes, des Leibes des Herrn, verstehen! Unser Gebet ist „das Gebet Jesu Christi“, das er dem Vater darbietet.

Beten mit der Hilfe der Heiligen Schrift

Das schönste Gebet der Kirche ist die Hingabe Jesu Christi an seinen Vater in der Eucharistie. Jeden Tag und besonders am Sonntag vergegenwärtigt die Kirche dieses „Geheimnis des Glaubens“ und lädt uns dabei ein, auf das Wort Gottes zu hören. Es ist wichtig, sich vor der Messe darauf vorzubereiten, indem man zum Beispiel vorher die biblischen Lesungen im Meßbuch liest und in der folgenden Woche betend darüber nachdenkt, um tiefer in das Wort Gottes einzudringen. Zwar finden wir das Wort Gottes auch in einer Bibelaus-

gabe, aber wenn wir sie aufschlagen, fragen wir uns oft: „Wo anfangen?" Die Kirche schlägt wie eine Mutter jeden Tag für uns das Buch der Heiligen Schrift auf. Sie legt uns einen ganz einfachen Weg ans Herz: beten mit den biblischen Lesungen der Tages- und besonders der Sonntagsmesse; so können wir uns mit allen christlichen Gemeinden in der Welt vereinen und im Rhythmus des Kirchenjahres leben.

Der Leser findet an entsprechenden Stellen in diesem Buch eine Reihe von Gebeten eingefügt, die in der christlichen Überlieferung besonders geschätzt wurden, vor allem das *„Vater unser"*.

Beten mit Maria

Die Kirche betet wie Maria, die die Verkündigung hört; die beim Besuch bei Elisabet die messianische Freude besingt und verkündet; die das fleischgewordene Wort zur Welt bringt; die bei der Darstellung im Tempel Jesus dem himmlischen Vater darbringt; die für die Menschen bei der Hochzeit von Kana bittet; die sich unter dem Kreuz mit der Hingabe ihres Sohnes vereint und die im Abendmahlssaal zusammen mit den Aposteln und Gläubigen sehnsuchtsvoll das Kommen des Geistes erwartet. Wenn die Kirche betet, folgt sie dem Weg, den Maria eröffnet hat.

Gebete

Am Morgen

Vater im Himmel,
wir danken dir für das Leben,
das du uns gibst.
Segne diesen Tag!
Laß durch unser Verhalten und Tun
dein Reich wachsen.
Dein Geist wirke in uns und in der Welt.
Darum bitten wir dich
durch deinen geliebten Sohn Jesus Christus.

Am Abend

Vater im Himmel,
wir danken dir für diesen Tag,
den du uns gegeben hast,
und für alle, die uns begegnet sind.
Vergib uns, wo wir Böses getan
und Gutes unterlassen haben.
Schenke uns dein Erbarmen und deinen Frieden.
„Vater, in deine Hände lege ich meinen Geist."

Vor dem Essen

Segne uns, Herr, und segne dieses Mahl,
die Frucht der Erde und der menschlichen Arbeit.
Was wir zu uns nehmen,
mache uns froh zu deinem Dienst
und bereit zum Teilen. Amen.

Nach dem Essen

Wir danken dir, Herr, für dieses Mahl,
das unsere Kräfte erneuert
und uns miteinander verbindet.
Deine Güte stärke in uns
Glaube, Hoffnung und Liebe. Amen.

Um Glauben

Ich glaube an dich, mein Gott,
Vater, Sohn und Heiliger Geist.
Dein Wort ist Wahrheit,
und dein Gebot schenkt Freiheit.
Deine Liebe erlöst die Menschen und die Schöpfung.
Ich glaube an die Kirche,
sie gibt uns dein Wort und deine Liebe.
Sie ist Christi Leib, und wir sind seine Glieder.
In diesem Glauben will ich leben und sterben.

Um Hoffnung

Ich hoffe auf dich, mein Gott,
Vater, Sohn und Heiliger Geist.
Du hast uns geschaffen nach deinem Bild und Gleichnis.
Du hast uns die ganze Schöpfung anvertraut.
Du verläßt die Menschen nicht,
in aller Not und Bedrängnis bist du uns nahe.
Du bist voller Liebe und Erbarmen
zu jedem Sünder, der umkehrt.
In diesem Vertrauen will ich leben und sterben.

Um Liebe

Ich liebe dich, mein Gott,
Vater, Sohn und Heiliger Geist,
du Quelle aller Liebe.
Ich liebe dich von ganzem Herzen und über alles,
und ich liebe meinen Nächsten wie mich selbst
aus Liebe zu dir.
In dieser Liebe will ich leben und sterben.

Um Reue

Vater, ich habe gegen dich gesündigt.
Deine Liebe läßt mich meine Schuld bereuen.
Durch den Tod und die Auferstehung deines Sohnes
befreie mich von meinen Sünden.
Durch die Kraft deines Heiligen Geistes
will ich jetzt in Liebe, Wahrheit und Gerechtigkeit leben.
In dieser Reue will ich leben und sterben.

Worte und Zeichen Gottes

Wir brauchen Gesten

Was wäre die Zärtlichkeit der Eltern zu ihren Kindern, die Freundschaft und Solidarität in der Not, die Liebe der Verliebten und der Verheirateten, die Sorge für die Kranken, wenn wir nur das Wort hätten? In den wichtigsten Augenblicken des Lebens, gleichviel ob sie von Freude oder von Schmerz erfüllt sind, bedarf das Wort der Zeichen und Gebärden, der Gesten, um das Herz des Menschen anzurühren. So kennt auch die Kirche „sprechende" Gesten.

Wirkendes Wort und sprechendes Zeichen

Worte vermögen zu „treffen", sie machen betroffen, sie können verletzen oder heilen, besonders wenn Zeichen sie begleiten, in denen Liebe und Zärtlichkeit, Verachtung oder Gleichgültigkeit zum Ausdruck kommen.

Gott berührt uns durch sein Wort und seine Gesten. Seine Hände, sagt die Bibel in dichterischer Sprache, haben uns nach seinem Bild geformt. Sie erzählt, wie er sein Volk „mit starker Hand und ausgestrecktem Arm" befreite. Gott kann uns berühren, weil er uns nahekommt. Er hat unsere menschliche Natur angenommen, um ganz mit uns verbunden zu sein. Durch die Hand Jesu heilt er, segnet er, vergibt er, weiht er ...

Gibt es ein größeres Zeichen als Jesus Christus?

Wenn Gott Zeichen gibt, kommt er uns Menschen, die in Leib und Seele leben, entgegen. Er zerstört nicht, er erhebt. Das schönste Zeichen des Vaters ist, daß er seinen Sohn gesandt hat. Das lateinische Wort „sacramentum" bedeutet unter anderem „feierlicher Treueid mit Hilfe eines glaubwürdigen Zeichens". Deshalb sagen wir, daß *Jesus Christus das Ursakrament* ist; er ist die lebendige Begegnung von Gott und Mensch. *Die Kirche* ist ihrerseits *das Sakrament der Gegenwart Christi* unter uns. Jedes ihrer Sakramente ist Wort und Zeichen des Heils: Der Herr läßt uns zum Leben wiedergeboren werden; er stärkt uns und vergibt unsere Sünden; er versöhnt uns mit Gott und untereinander; er vereint Mann und Frau in der Ehe; er versammelt sein Volk an seinem Tisch und gibt sich selbst als Speise; er richtet die Kranken auf; er bestellt Hirten für sein Volk.

Verändern die Sakramente wirklich das Leben des Gläubigen?

Wer ein Sakrament spendet, muß die *Absicht* haben, *das zu tun, was die Kirche tut.* Selbst wenn er ein Sünder ist, verliert das Sakrament nichts von seinem Wert, denn der Herr ist es, der durch das sakramentale Zeichen hindurch handelt. Wenn Petrus, Paulus oder Judas tauft, „ist es Christus, der tauft", sagt Augustinus.

Was uns umformt, ist die Begegnung mit dem Auferstandenen. In den Sakramenten wirkt der Heilige Geist, den er sandte: Durch den Geist können wir dem Herrn in den sakramentalen Worten und Zeichen begegnen. Er selbst wirkt das Heil und erneuert unser Leben. Die Begegnung mit dem Auferstandenen setzt aber den Glauben dessen voraus, der das Sakrament erbittet (wenn – wie bei Taufe und Firmung eines unmündigen Kindes – ein persönlicher Glaube nicht möglich ist, tritt an seine Stelle der Glaube der Kirche). Jesus konnte dort kein Heilszeichen wirken, wo man nicht an ihn glaubte (vgl. Mk 6,5).

Wenn wir uns in den Gottesdiensten innerlich und äußerlich selbst kaum beteiligen, ist es dann nicht so, daß sie bei uns ein Gefühl der Leere hinterlassen? Wer wirklich liebt, sucht sich mit Leib und Seele auf die Begegnung mit dem vorzubereiten, den er liebt. Der Christ bereitet sich innerlich darauf vor, Christus zu begegnen. Ein „von innen her" gelebter Gottesdienst wird uns auf die Dauer nicht unverändert lassen ...

Wie wird der Auferstandene gegenwärtig?

„Ich bin bei euch alle Tage bis zum Ende der Welt", sagt der Herr (Mt 28,20).

Fragen wir uns nicht manchmal, wie wir zum Auferstandenen gelangen können? In Wirklichkeit ist er es, der uns entgegenkommt, dort, wo wir sind. *Die Kirche,* der Leib Christi, macht ihn in unserer Geschichte auffindbar. Sie tut es durch die *Verkündigung des Wortes* und durch die *Spendung der Sakramente:* Taufe, Firmung, Eucharistie, Buße, Krankensalbung, Ehe und Weihe.

Der Herr ist nicht nur im Wort und in den Sakramenten gegenwärtig, sondern auch in der *Versammlung,* die er zusammenruft, und im *Priester,* der in seinem Namen handelt.

Wir feiern den Herrn; wir feiern auch, daß der Ruf des Vaters uns zusammengeführt hat. Die Verkündigung der Frohen Botschaft erfüllte alle mit Freude, die umkehrten und dem Herrn glaubten. Diese Freude der ersten Stunde ist auch unsere Freude. Wir glauben nicht „jeder für sich", sondern der Glaube bringt die Menschen zueinander; er führt uns zusammen, so wie die Jünger und die Menge des Volkes bei der Predigt des Petrus am Pfingsttag „zusammenströmten". Auch heute kommt unsere Freude, daß Gott mit uns ist, zum Ausdruck in Gesängen, Hymnen und Psalmen.

Die Eucharistie

In der Eucharistie ist Jesus Christus, auch über die Gottesdienstfeier hinaus, bleibend gegenwärtig unter den Gestalten von Brot und Wein. Deshalb wird das Altarssakrament im Tabernakel aufbewahrt, um es den Kranken und Sterbenden bringen zu können, dann aber auch, damit die Gläubigen zu dem im Sakrament gegenwärtigen Herrn beten können. Diese Anbetung verbindet uns mit seinem österlichen Geheimnis; sie schenkt Gemeinschaft mit dem Opfer Christi, dessen „bleibendes" Sakrament die Eucharistie ist. Wer in „geistiger Weise" kommuniziert oder den Leib Christi außerhalb der Messe empfängt, bringt seine Sehnsucht nach der vollen Teilnahme an der Eucharistiefeier zum Ausdruck.

Die Eucharistie ist Quelle und Höhepunkt des ganzen christlichen Lebens. Das Gebet der Gläubigen wird durch die Gegenwart Christi in unseren Kirchen geweckt und getragen: „Der Meister ist da und ruft dich" (Joh 11,28). Diese Gegenwart macht aus unseren Kirchen einen Ort der Begegnung mit dem Herrn. „Er, der uns ruft, ist treu" (1 Thess 5,24).

Hat Jesus alle sieben Sakramente eingesetzt?

Alle Sakramente haben ihren Ursprung in Jesus Christus, der gestorben und auferstanden ist; er wollte, daß sein Leben durch die Zeichen seiner Kirche weitergegeben wird. Das heißt nicht, daß wir für jedes einzelne Sakrament Ort, Zeitpunkt und Worte seiner Einsetzung angeben könnten.

Die Einsetzung der *Eucharistie* wird von den Evangelisten Matthäus, Markus und Lukas ebenso wie von Paulus (1 Kor 11,23) klar bezeugt. Was die *Taufe* angeht, so wissen wir, daß Johannes vor Jesus taufte, aber die Taufe des Johannes ist von der Taufe „auf den Namen Jesu Christi" (Apg 2,38) verschieden. „Ich habe euch nur mit Wasser getauft", sagt der Täufer, „er aber wird euch mit dem Heiligen Geist taufen" (Mk 1,8). Die apostolischen Schriften (Evangelien, Briefe, Apostelgeschichte) bezeugen, daß die Taufe auf den Namen Jesu den Heiligen Geist verleiht (vgl. Apg 19,1–7). Sie berichten mehrmals, daß Jesus die Apostel beauftragte, zu taufen, und ihnen auch die

Vollmacht gab, *Sünden zu vergeben.* Diese Macht, die Gott allein besitzt, hat der auferstandene Jesus den Aposteln übertragen.

Über die anderen Sakramente liegen nicht so ausdrückliche Zeugnisse vor. Die apostolischen Schriften sprechen von einer *Handauflegung* bei denen, die zu einem besonderen Dienst beauftragt werden, von einer *Salbung* der Kranken und von der christlichen *Ehe* als einem Geheimnis, das mit Christus und der Kirche zusammenhängt.

„Der Heilige Geist . . . wird euch alles lehren und euch an alles erinnern, was ich euch gesagt habe" (Joh 14, 26).

Die Erfahrungen der ersten Christen führten zum Nachdenken über die Taten und Worte Jesu. So hat die Kirche, was das Sakrament der *Firmung* angeht, erlebt, daß die Gabe des Geistes – über die Taufe hinaus – in einem von ihr getrennten Zeichen geschenkt werden kann (vgl. Apg 8, 14–17). Die *Ehe* liegt schon in der Schöpfungsordnung begründet. Aber indem sich die Kirche in die Worte Jesu vertiefte, die von der unverbrüchlichen ehelichen Treue sprechen, wurde sie sich des Zusammenhangs auch der Ehe mit dem Heil in Christus und damit der Besonderheit der christlichen Ehe bewußt. Jesus *heilte Kranke* und hat Apostel dazu ausgesandt, Kranke zu heilen. Die Kirche sah in diesem Geschehen leiblicher Heilung ein Zeichen für die Heilung des Herzens und die Vergebung der Sünden. Weil Jesus die Zwölf als Apostel aussandte und Petrus zum Hirten berief, versteht sich die Kirche als eine von Jesus Christus eingesetzte apostolische und hierarchische Gemeinschaft.

Die Kirche im Dienst der Sakramente

Wenn die Kirche bekennt, daß alle Sakramente von Jesus eingesetzt wurden, versteht sie das also nicht im Sinne einer ausdrücklichen und nachweislichen Anordnung. Im Glauben bringt sie zum Ausdruck: Alle diese Heilszeichen sind von Jesus gewollt und haben ihre *Quelle in Jesus.* Er selbst ist es, der tauft und firmt und der sich dem Vater für die Menschen darbringt. Er selbst vergibt die Sünden. Er selbst salbt die Kranken, um sie zu retten; er selbst besiegelt die eheliche Verbindung; er selbst teilt seine Vollmacht in der Weihe mit. Immer ist er der eigentliche Spender der Sakramente. Die Aufgabe der Kirche ist es, „Verwalter von Geheimnissen Gottes" zu sein (1 Kor 4, 1): Die Sakramente sind nicht ihr Eigentum. Daher ist sie überzeugt, daß sie keines der sieben Sakramente weglassen und keine anderen hinzufügen kann. Sie spendet sie nicht so, als ob sie deren Urheber wäre, sondern sie verkündet und übermittelt den Menschen die Gnaden, die ihr von Jesus Christus zukommen. So bleiben in allen Zeiten die Worte und Zeichen des Herrn vernehmbar, damit in jeder Epoche Männer und Frauen dem Ruf Christi antworten können, damit sie in sein österliches Geheimnis aufgenommen werden und an seiner Sendung teilhaben, bis „Gott alles in allem ist" (1 Kor 15, 28; Kol 3, 11).

Durch die Taufe wiedergeboren werden

Um die Taufe bitten?

Auch bei uns nehmen in letzter Zeit Taufen von Erwachsenen, Jugendlichen oder Kindern im Schulalter zu, weil nicht mehr wie früher die meisten kurz nach der Geburt getauft werden. Die Taufe ist ein Vorgang, der die ganze Person betrifft: Er verleiht ihr ein neues Leben. Für sich oder für sein Kind um die Taufe bitten heißt ernste Verpflichtung übernehmen. Diese Bitte geht auch die ganze Gemeinde an.

Eine Taufe der Umkehr

Die Taufe empfangen ist ein Akt aufrichtiger Demut und damit der Wahrheit. Bereits jene, die in Scharen kamen, um sich von Johannes im Jordan taufen zu lassen, bekannten ihre Sünden und baten um Vergebung; sie gaben zu, daß sie schuldbeladene Menschen waren und daß ihre Gerechtigkeit nicht aus ihren eigenen Verdiensten kommen konnte.

Johannes taufte mit Wasser und forderte dabei eine tiefgehende Veränderung der Lebenseinstellung. Die Leute fragten ihn: „Was sollen wir tun?“ Er antwortete ihnen: „Teilt Kleidung und Nahrung mit denen, die sie nicht haben; seid gerecht in euren Geschäften; verübt keine Gewalt; tut niemandem Unrecht.“ Die Einfachheit dieser Antwort ist bewegend. In der Tat, der Mensch, der dazu bereit ist, ist nicht mehr derselbe! Aber die christliche Taufe beläßt es nicht dabei.

Warum ließ sich Jesus taufen?

Jesus selbst hat sich der Taufe des Johannes unterworfen. Empfangen vom Heiligen Geist, geboren von der Jungfrau Maria, stand sein Leben vom Augenblick der Empfängnis an unter dem Wirken des Heiligen Geistes. Aber an der Schwelle seines öffentlichen Lebens, bevor er die Frohe Botschaft vom Reich ankündigt, bittet er, der ohne Sünde war, um die Taufe des Johannes. Damit stellt er sich auf die Seite der Sünder und macht sich solidarisch mit allen Menschen. Mitten in dieser Demut leuchtet die Wahrheit Jesu Christi auf.

Als Jesus aus dem Wasser steigt, verkündet die Stimme des Vaters, daß Jesus sein geliebter Sohn ist, an dem er in allem Gefallen hat, und Gottes Geist kommt auf Jesus herab. Durch die Taufe wird Jesus ausgerufen als Sohn Gottes, als vom Geist Gesalbter, als Prophet und Knecht Gottes. Seitdem gehört Jesus nicht mehr seiner Familie, sondern seinem Volk und der ganzen Menschheit. Sogleich beginnt er sein öffentliches Wirken ...

„Könnt ihr die Taufe auf euch nehmen, mit der ich getauft werde?“ (Mk 10,38)

Über die Taufe des Johannes hinaus sehnt sich Jesus nach seiner Taufe, nach seinem *Pascha,* dem Hinübergang vom Tod am Kreuz zur Auferstehung von den Toten. „Ich muß mit einer Taufe getauft werden, und ich bin sehr bedrückt, solange sie noch nicht vollzogen ist“, sagt er und spricht dabei von seinem Tod (Lk 12,50). Diese Taufe ist die *Bluttaufe.* Wenn ein Ungetaufter als Märtyrer, das heißt als Zeuge für den Glauben an Jesus Christus stirbt, hat er Anteil an dieser Taufe Jesu, an seinem Tod und wird mit ihm auferstehen.

Jesus ersehnt voller Ungeduld seine Taufe, den österlichen Hinübergang vom Tod zur Auferstehung. Der Ungetaufte lebt bereits aus dieser Sehnsucht, wenn er die Gaben sucht, die die Taufe verleiht: die Gnade, an Gott zu glauben, auf den rettenden Gott zu hoffen, Gott und den Nächsten zu lieben und die Vergebung der Sünden zu empfangen. Wenn er in der Sehnsucht nach diesen Gaben stirbt, ist sein Tod eine *Taufe der Sehnsucht,* und auch er wird mit Jesus Christus auferstehen. Dort, wo der Geist Gottes weht, dort entsteht auch göttliches Leben, und der Mensch wird Sieger über Sünde und Tod. Jesus ruft alle Menschen, die Taufe zu empfangen, die er selbst

BAPTISTA
DOMINI

empfangen hat. Wenn einer dem Ruf Jesu antwortet und sich taufen läßt, bekennt er seine Sünde und den Glauben an die Frohe Botschaft. Die Taufe besiegelt diesen Glauben; sie enthüllt die wirkliche Umkehr in der Demut des Taufbewerbers. Durch seinen Gesinnungswandel stellt sich der neue Christ dem Gericht des Vaters anheim: Gott rechtfertigt ihn aufgrund des Glaubens, er macht ihn gerecht.

Getauft im Geist und im Feuer!

„Der aber, der nach mir kommt", sagt Johannes, „wird mit dem Heiligen Geist und mit Feuer taufen" (Mt 3,11). Jesus tauft mit dem *Geist;* sein Geist macht aus uns Söhne und Töchter des Vaters. Er tauft mit *Feuer,* denn er verbrennt, was wir angebetet haben, die Götzen; er verbrennt, was wir waren, Sünder; er verbrennt das Böse in uns, unseren Egoismus, unsere Ungerechtigkeit, unseren Hochmut ... er befreit uns von der Erbsünde.

Was wird der Mensch durch die Taufe?

In der christlichen Taufe wird ein neuer Mensch, ein erlöster Mensch geboren. Der Täufling erlebt das Pascha *Christi:* Er läßt sich demütig in das Wasser eintauchen und hat so teil am Tod Christi; dadurch daß er den *Geist* Christi annimmt und das neue Leben empfängt, erhebt er sich wieder aus dem Wasser und hat teil an der Auferstehung des Herrn.

Vom *Vater* an Kindes Statt angenommen, wird der Getaufte in die Gemeinschaft der Kirche eingegliedert. Er empfängt die Würde des Laien: Er wird Mitglied des Volkes Gottes, Glied am Leib Christi, lebendiger Stein der Kirche, Tempel des Heiligen Geistes. Der „alte Mensch", der Sünde verfallen, lebte allein; der „neue Mensch", von der Sünde befreit, lebt zusammen mit seinen Brüdern und Schwestern in der christlichen Gemeinde.

Sind sich die Christen ihrer Würde bewußt?

„Christ, werde deiner Würde bewußt. Da du jetzt *der göttlichen Natur teilhaft* bist, fall nicht wieder in die Verkehrtheit deines früheren Lebens zurück. Denke daran, welchem Haupt du angehörst und wessen Leib du Glied bist. Erinnere dich, daß du der Macht der Finsternis entrissen wurdest, um in das Licht und das Reich Gottes versetzt zu werden" (Leo der Große).

Gott, die Gemeinde und der Taufbewerber ...

Drei Worte entsprechen sich in der Taufe: das Wort Gottes, das der Gemeinde und das des Taufbewerbers. Das Wort Gottes ist das Zeugnis des Vaters, der uns vergibt und an Kindes Statt annimmt, der uns durch seinen Sohn rettet und seinen Geist gibt. Dieses Wort prägt uns mit einem bleibenden unauslöschlichen Prägemal. Niemals nimmt Gott sein Wort zurück. Sind wir Kinder Gottes, sind wir es für immer. Deshalb kann man kein zweites Mal getauft werden.

Die Gemeinde bringt ihrerseits ihr Wort ein, wenn sie den Neugetauften in der Kirche Gottes empfängt. So legt sie am Beginn der Taufliturgie vor dem Taufbewerber ihr Glaubensbekenntnis ab, damit dieser sich darauf stützen kann.

Bei der Taufe spricht auch der Taufbewerber sein Wort vor Gott und vor der Gemeinde: Er *widersagt dem Bösen* und dem Satan, dann

nimmt er den Glauben derer auf, die seine Wegbegleiter waren, und spricht seinerseits das *Glaubensbekenntnis.*

Diese drei Worte zeigen, wie sehr die Taufe das Sakrament des Glaubens und der Treue ist.

Was ist für den Empfang der Taufe wesentlich?

Zum Kern der Taufspendung gehören drei Wesenselemente: das *Untertauchen* des Taufbewerbers im Wasser (oder das Übergießen seines Hauptes mit Wasser); das *Wort* des Taufspenders:

„N., ich taufe dich
im Namen des Vaters und des Sohnes
und des Heiligen Geistes."

Dazu kommt der *Glaube* des Taufbewerbers, der dieses Wort und den Glauben der Kirche annimmt (stellvertretend für ein unmündiges Kind bekennen seine Eltern und Paten den Glauben).

Die Taufe wird „Bad der Wiedergeburt" genannt, weil das Eintauchen in das Wasser uns Anteil gibt am Tod Jesu Christi und das Auftauchen aus dem Wasser Anteil an seiner Auferstehung. Die Taufe schenkt uns Teilhabe am neuen Leben Jesu Christi und an seiner Sendung. Das Wasser reinigt und versinnbildet das Leben; es erhält ausschließlich seine Bedeutung vom Wort, das die Taufe zum Heilszeichen macht und das vom Herzen des Glaubenden aufgenommen wird. Daher wird die Taufe mit Recht das Sakrament des Glaubens genannt. Sie ist das Ostern des Christen; deshalb feiert die Kirche die Taufe der Erwachsenen mit Vorzug in der Osternacht.

Und die begleitenden Riten?

Die Taufhandlung wird durch drei begleitende Riten ausgedeutet. Die *Salbung* mit Chrisam (vom Bischof geweihtes Öl) kündigt die Firmung an, die der Bischof spendet; ursprünglich wurden in der gleichen Feier unter dem Vorsitz des Bischofs Taufe, Firmung und Eucharistie, die drei Sakramente der Eingliederung in die Kirche (Initiationssakramente), gespendet.

Die *Übergabe des weißen Kleides* an den Getauften versinnbildet die Gabe des neuen Lebens im Herrn, denn, wie Paulus sagt, „ihr habt Christus (als Gewand) angelegt" (Gal 3,27). Dieses Kleid ist weiß wie das des verklärten Christus (Lk 9,29).

Der dritte Ritus ist die *Übergabe der Kerze,* die an der Osterkerze angezündet wird, denn der Herr gibt das Licht: „Jetzt aber seid ihr durch den Herrn Licht geworden" (Eph 5, 8). Deshalb wird die Taufe auch „Erleuchtung" genannt. Wer sie empfängt, soll im Licht Christi leben und es ausstrahlen. Jedes Jahr halten wir in der Osternacht eine an der Osterkerze entzündete Kerze, um uns daran zu erinnern, daß wir in diesem Licht leben und daß wir wachsam auf Jesus Christus warten, „bis er wiederkommt".

Wer kann taufen?

Spender der Taufe ist der Bischof, der Priester oder der Diakon (in Todesgefahr jeder Mensch, wenn er es ernsthaft und im Sinne der Kirche tut).

Die Paten

Die Taufpaten sind die Zeugen der Gemeinde. Sie sollen überzeugte Christen sein und selbst getauft und gefirmt sein. Der Maßstab verwandtschaftlicher oder freundschaftlicher Beziehungen allein genügt also nicht, um sie auszuwählen. Mit den Eltern sind sie aufgerufen, den Glauben des Getauften sein ganzes neues Leben lang durch ihr Beispiel und ihren Rat zu stützen.

Die Erwachsenentaufe

Der Erwachsenentaufe geht eine Vorbereitungszeit, das *Katechumenat,* voraus. In einem längeren Zeitraum soll das Anliegen des Taufbewerbers reifen und durch die Glaubensunterweisung, die Katechese, geklärt und vertieft werden, die in einer christlichen Gemeinde erteilt wird. Zum Katechumenat gehören gottesdienstliche Feiern, die die verschiedenen Stufen einer immer intensiveren Vorbereitung kennzeichnen. Solche Feiern finden gewöhnlich zu Beginn und während der Fastenzeit statt, auch in Verbindung mit Bußfeiern der ganzen Gemeinde, damit deutlich wird, daß sich alle gemeinsam zu Jesus Christus, dem Gestorbenen und Auferstandenen, bekehren.

Die Kindertaufe: Wozu verpflichten sich die Eltern?

Bei der Kindertaufe erwartet die Kirche eine entsprechende Vorbereitung der Eltern. Sie sollen sich deutlicher bewußt werden, daß ihnen die Gnade des Glaubens auch dazu geschenkt ist, ihr Kind zum Glauben zu führen. So wie beim Kind die Gaben des Herzens, der Einsicht und Vernunft, der Mitteilung und Hingabe allmählich wachsen und wach werden, so erwacht auch sein Glaube. Von unschätzbarer Bedeutung ist es daher, wenn das Kind von den Eltern lernt, sich mit dem Zeichen des Kreuzes zu bezeichnen oder zum Vater im Himmel zu sprechen, während es die ersten Worte zu seinen Eltern stammelt. Sein Kind taufen lassen heißt versprechen, es in seinem Glaubensleben zu begleiten. Deshalb erlaubt die Kirche nicht, daß man ein Kind gegen den Willen seines Vaters und seiner Mutter tauft.

Manche Pfarreien bieten den Eltern ein eigenes *Neukatechumenat* an, das heißt eine mehr oder weniger lange Zeit, in der sie ihren eigenen Glauben neu entdecken lernen, neue Verbindungen zur Gemeinde der Gläubigen knüpfen und Hilfe für die religiöse Erziehung ihrer Kinder erhalten.

Welchen Sinn hat die Taufe von Neugeborenen?

Wenn christliche Eltern ein Kind bekommen, nimmt die christliche Gemeinde, zu der sie gehören, daran Anteil. Was hindert, daß es von der Gemeinschaft der Kirche aufgenommen wird? Die Kirche ist ja nicht nur den Erwachsenen vorbehalten, als ob Gott die Kinder nicht rufen würde. Als die Jünger die Leute zurückwiesen, die selbst die Säuglinge zu Jesus brachten, daß er sie berührte, sagte er: „Laßt die Kinder zu mir kommen; hindert sie nicht daran! Denn Menschen wie ihnen gehört das Reich Gottes. Amen, das sage ich euch: Wer das Reich Gottes nicht so annimmt, wie ein Kind, der wird nicht hineinkommen" (Lk 18,15–17).

Die Taufe der Kleinkinder betont die *Geschenkhaftigkeit* der Gabe Gottes. Dabei übernehmen die Gemeinde und besonders die Eltern eine große Verantwortung, denn das *göttliche Leben,* das die Kinder empfangen haben, vermag sich ohne das Zeugnis und die Unterstützung ihrer Umgebung nicht zu entfalten.

Gefirmt werden

Was heißt um die Firmung bitten?

Wenn die Taufe vor allem den Akzent auf die Vergebung der Sünde und die Annahme an Kindes Statt legt, so geht es in der Firmung vor allem um die Gabe des Heiligen Geistes und die Eingliederung des Getauften in eine ihrer Sendung bewußte Kirche.

Um die Firmung bitten verlangt Mut, denn der Heilige Geist führt und weht, wo er will: Wir sollen den Herrn verkünden; wir sollen aus dem Schatten heraustreten, um Licht auszustrahlen, „das allen leuchtet, die im Haus sind". „Ihr seid das Licht der Welt. Eine Stadt, die auf einem Berg liegt, kann nicht verborgen bleiben" (Mt 5, 14).

Haben wir den Heiligen Geist nicht schon bei der Taufe empfangen?

Bei seiner Taufe empfängt der Christ den Heiligen Geist, auf den der Ursprung des neuen Lebens zurückgeht. Aber es gibt ein Wachstum in der Zuwendung Gottes und in der Mitteilung seines Geistes.

Jesus ist aus dem Geist geboren. Schon vom ersten Augenblick seines Lebens an stand er unter seiner bewegenden Kraft. Aber zu Beginn des öffentlichen Wirkens Jesu kam der Heilige Geist auf ihn herab, um seine Sendung zu beglaubigen.

Die Kirche ist aus dem Geist geboren, den Jesus ihr durch seinen Tod und seine Auferstehung mitgeteilt hat, um sie zu einem neuen Volk zu machen: Am Osterabend wurde sie vom Heiligen Geist erfüllt (Joh 20, 22). Aber erst am Pfingstmorgen beseelte der Geist sie mit missionarischem Mut und missionarischer Dynamik, um sein Glaubenszeugnis in die ganze Welt und durch alle Zeiten zu tragen …

Daher kann man sagen: Wenn das Ostern des Herrn gewissermaßen die Taufe der Kirche ist, so ist Pfingsten ihre Firmung. Das Ostern des Christen ist seine Taufe, und die Firmung erneuert für ihn durch den Dienst des Bischofs die Gabe von Pfingsten.

Als die Apostel beteten und die Hände auflegten …

Die Apostelgeschichte berichtet uns, daß der Heilige Geist, der der Kirche von Jerusalem gegeben wurde, durch die Apostel den Getauften von Samarien mitgeteilt wurde:

> „Als die Apostel in Jerusalem hörten, daß Samarien das Wort Gottes angenommen hatte, schickten sie Petrus und Johannes dorthin. Diese zogen hinab und beteten für sie, sie möchten den Heiligen Geist empfangen. Denn er war noch auf keinen von ihnen herabgekommen; sie waren nur auf den Namen Jesu, des Herrn, getauft. Dann legten sie ihnen die Hände auf, und sie empfingen den Heiligen Geist" (Apg 8, 14–17).

Dieses Zeugnis ist wichtig, um zu erfassen, was das Sakrament der Firmung ist. Das *Gebet* der Anrufung, daß der Geist komme (mit einem griechischen Wort „Epiklese"), und die Gabe des Geistes durch die *Handauflegung* des Firmspenders zeigen den Zusammenhang dieses Sakramentes mit Pfingsten und mit den Aposteln.

Zum Bild: Die Pfingstikone will den inneren Sinn der Herabkunft des Heiligen Geistes sichtbar machen: Gott offenbart sich als Gott-in-uns; er schafft eine neue Gemeinschaft des Glaubens; von ihr soll die Befreiung der Welt – versinnbildet durch die Figur im dunklen Tor – ausgehen.

Der Zusammenhang mit Taufe und Eucharistie

Während der ersten Jahrhunderte der Kirche folgte die Firmung unmittelbar auf die Taufe. Sie bekräftigte die Eingliederung des Christen in die Kirchengemeinschaft und bereitete ihn auf die Eucharistie vor. Diese unmittelbare Aufeinanderfolge der drei Sakramente ist noch heute so erhalten bei der sakramentalen *Aufnahme* (Initiation) eines Erwachsenen in die Kirche; ferner hat die Tradition der Ostkirche sie bewahrt. Doch erfuhr diese Ordnung im Laufe der Geschichte und entsprechend den verschiedenen Gebieten Veränderungen. Im Abendland wurde aus praktischen Gründen die Firmung, die dem Bischof (oder einem von ihm besonders beauftragten Priester) vorbehalten ist, von der durch den Priester gespendeten Taufe allmählich zeitlich getrennt. Trotzdem bleiben sie in ihrer Bedeutung eng miteinander verbunden. Deshalb fordert am Beginn der Feier der Bischof die Firmbewerber auf, ihr Taufversprechen zu erneuern, und auch daran, daß die Firmung während einer Eucharistiefeier gespendet wird, zeigt sich die Einheit der drei Initiationssakramente.

Im Volk Gottes gefirmt werden

Die Firmbewerber werden auf die Erneuerung ihres Taufversprechens durch die Gemeinde und ihre Firmhelfer vorbereitet. Während dieser Vorbereitungszeit in Gruppen lernen sie, in der Kirche und als Kirche zu leben. Bei ihrem feierlichen Glaubensbekenntnis übernehmen sie bewußt und ausdrücklich den Glauben der Kirche, in dem sie getauft wurden und der ihnen durch ihre Eltern und die Gemeinde vermittelt wurde. Sie werden erneut von Paten begleitet die, wenn möglich, dieselben wie bei der Taufe sind. Mit ihnen ist die ganze Gemeinde der Gläubigen versammelt, denn Firmung ist in besonderer Weise Ereignis der Kirche.

„Sende ihnen den Heiligen Geist"

Die *Handauflegung* ist eine Geste, ein Zeichen voll tiefer Bedeutung. Sie bezeichnet zugleich Besitzergreifung, Bevollmächtigung und Segnung.

Zusammen mit den mitfeiernden Priestern breitet der Bischof seine Hände über alle Firmbewerber aus: Diese gemeinsame Geste betont die Einheit der Priester mit ihrem Bischof in dem Amt, das sie zum Dienst des Heiligen Geistes geweiht hat. Dabei spricht der Bischof das Anrufungsgebet, daß der Heilige Geist, der auf Jesus ruht, den Firmbewerbern in Fülle gegeben werde: der Geist der *Weisheit* und der *Einsicht*, des *Rates*, der *Erkenntnis* und der *Stärke*, der Geist der *Frömmigkeit* und der *Gottesfurcht*.

Wie wird die Firmung gespendet?

Nach dieser ersten Ausbreitung der Hände über alle Firmbewerber folgt die Handlung des Bischofs bei jedem einzelnen Firmling; dabei *salbt* der Bischof ihm die Stirn mit Chrisam und spricht die *Worte:*

„N., sei besiegelt durch die Gabe Gottes, den Heiligen Geist."

Die *Salbung* ist ein wesentliches Zeichen, das den Getauften mit Christus verbindet, denn die Worte „Christus" und „Christ" bedeuten „Gesalbter". Im Volk Israel bedeutet die Salbung eine Weihe, durch die jemand als Prophet, König oder Priester eingesetzt wurde; zu dieser Sendung empfing der Geweihte den Geist des Herrn. Weil

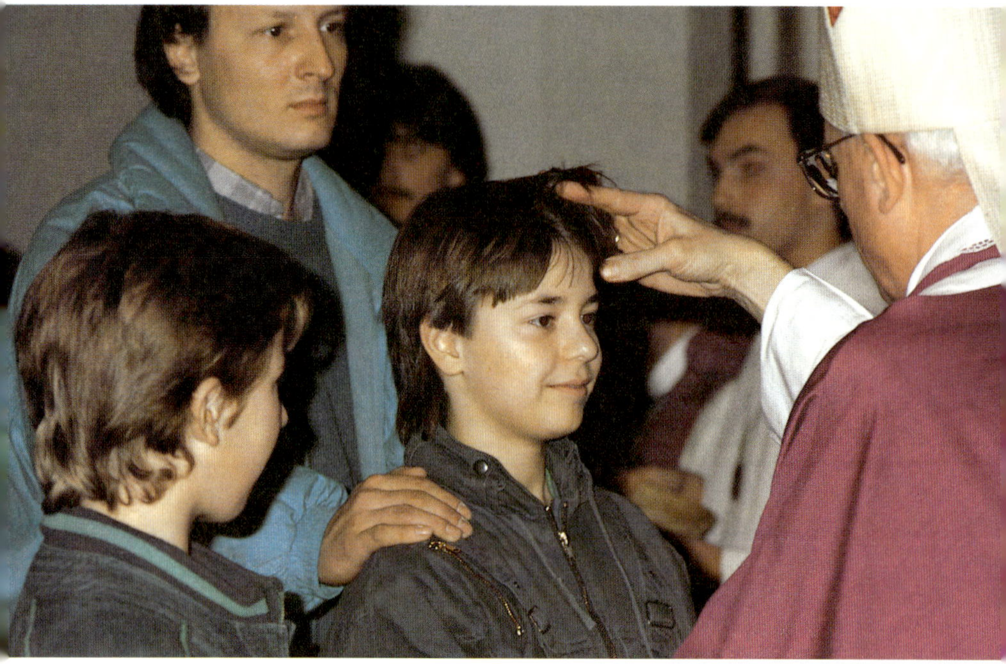

Öl reinigend und heilend, durchdringend und kräftigend ist, versinnbildet es den Heiligen Geist. Chrisam ist ein wohlriechendes Öl, das der Bischof geweiht hat und dessen Duft, den jeder zu verbreiten berufen ist, auf die Freude hinweist, aus dem Geist des Herrn zu leben. Mit diesem heiligen Öl macht der Bischof jedem Firmbewerber ein Kreuzzeichen auf die Stirn.

Durch die Salbung und das begleitende Wort empfängt der Getaufte ein unauslöschliches Prägemal: das *Siegel* des Heiligen Geistes: „Ihr tragt das Siegel des Heiligen Geistes Gottes", sagt der Apostel Paulus (Eph 4,30). Die Firmung besiegelt den Taufbund.

Wir sind besiegelt durch die Treue Gottes!

Wie die Taufe und das Weihesakrament ist die Firmung ein *Weiheritus,* der Anteil an der Sendung Jesu Christi verleiht: Um sie erfüllen zu können, gibt Gott eine *bleibende Kraft,* denn niemand wird vorübergehend zu seinem Dienst berufen. Deshalb sagt die Kirche, daß diese Sakramente ein *unauslöschliches Prägemal* hinterlassen. Sie können nur ein einziges Mal empfangen werden.

„Treu ist Gott, durch den ihr berufen worden seid
zur Gemeinschaft mit seinem Sohn Jesus Christus,
unserem Herrn" (1 Kor 1,9).
„Wenn wir untreu sind, bleibt er doch treu,
denn er kann sich selbst nicht verleugnen" (2 Tim 2,13).

Welche Sendung empfangen wir?

Eines Tages, als Jesus in die Synagoge von Nazaret kam, las er aus der Heiligen Schrift vor. In den Worten aus dem Buch Jesaja erkannte und verkündigte er seine Sendung, die jetzt auch unsere ist:

„Der Geist des Herrn ruht auf mir;
denn der Herr hat mich gesalbt.
Er hat mich gesandt,
damit ich den Armen eine gute Nachricht bringe;
damit ich den Gefangenen die Entlassung verkünde
und den Blinden das Augenlicht;
damit ich die Zerschlagenen in Freiheit setze
und ein Gnadenjahr des Herrn ausrufe" (Lk 4, 18–19).

Der Gefirmte ist jetzt vollgültiges Mitglied des Volkes Gottes, eines „Volkes von Priestern", einer „heiligen Priesterschaft". Dieses *Priestertum* ist *allen Getauften gemeinsam:* Es hat seine Wurzel in Taufe und Firmung; es kommt zum Ausdruck bei denen, die die Sakramente empfangen, die beten und Dank sagen, die ein heiliges Leben und eine tatbereite, selbstlose Liebe bezeugen. Wenn wir Mitglieder eines Volkes von Priestern sind, dann müssen die Laien – das heißt die Mitglieder dieses Volkes – aktiv an der Sendung der ganzen Kirche teilnehmen. Das ist eines der Merkmale des Apostolats der Laien in der Welt.

In welchem Alter soll die Firmung empfangen werden?

Die katholische Kirche wünscht, daß das Sakrament der Firmung – wie auch die Eucharistie – im „Vernunftalter" gespendet wird. Das heißt, daß der junge Mensch zur Vorbereitung auf die Firmung eingeladen wird, wenn er zu einem eigenen bewußten Glaubenszeugnis fähig ist. Wenn er sein Taufversprechen erneuert, soll er um das Böse wissen, dem er widersagt, und eigenverantwortlich seinen Glauben an Gott bekennen, der ihn liebt. Bei uns wird die Firmung in der Regel Jugendlichen im Alter von 12 bis 14 Jahren gespendet. Die Eltern und die Pfarrgemeinde sollen ihnen helfen, ihre Aufgabe als Gefirmte auszuüben. Dieses Zeugnis der jungen Menschen gibt dem Glauben der Eltern und der ganzen Gemeinde neue Lebendigkeit.

Das Ostern des Herrn feiern: Die Eucharistie

„Du bist mein Gott, ich will dir danken" (Ps 118, 28)

Wer darum bittet, gefirmt zu werden, ist aufgeschlossen für den Heiligen Geist. Wer den Herrn feiert, weil er uns Gutes getan, uns das Heil geschenkt hat, ist dankbar. „Eucharistie" feiern heißt „Dank sagen".

Ein undankbares Herz macht sich nichts aus dem, was es bekommen hat. Wer nicht anerkennen will, was ihm als Geschenk angeboten wird, verachtet den, der es schenkt. Ein Herz voller Dankbarkeit freut sich über das, was es empfängt, und erkennt den an, der es schenkt. Wir danken dem Vater für die Schöpfung, wir danken ihm noch mehr für seinen Sohn, der uns aus der Sünde zur Gnade, aus dem Tod zur Auferstehung gelangen läßt.

Das höchste aller Sakramente

Durch diese „Danksagung" feiern wir das Geheimnis des Glaubens, das heißt das Heilswerk Gottes. Die Eucharistie ist Quelle und Höhepunkt aller Sakramente. Während die anderen uns die Früchte des Heils vermitteln, ist uns in der Eucharistie *der Herr selbst* gegeben, die Quelle unseres Heils. Durch sie macht sich Jesus Christus seiner Kirche gegenwärtig und gibt sich uns zur Speise.

Wie schön ist es, zu einem Mahl einzuladen oder eingeladen zu sein!

Jesus hat die Eucharistie *während eines Mahles* eingesetzt. Oft hat er Mahl gehalten mit seinen Jüngern, aber auch mit anderen; in Kana, in Betanien; bei angesehenen Pharisäern oder bei nicht weniger bekannten Zöllnern, Matthäus, Zachäus ...: in guter und in „schlechter" Gesellschaft! Er ist zu den Sündern gekommen, um zu suchen, was verloren war, und um alle verstreuten Kinder Gottes zu versammeln. Das Mahl ist der Ort eines geschwisterlichen Miteinanders, wo man miteinander spricht und miteinander von derselben Speise ißt und von demselben Trank trinkt. Bei der Eucharistie sind wir eingeladen zum Tisch des Herrn, zum „Tisch der Sünder".

Wenn Jesus vom Ende der Zeiten in einem Bild spricht, gebraucht er das Bild vom Hochzeitsmahl (Mt 22, 1–14). Das Mahl ist Zeichen für die anbrechende Heilszeit und für die Gemeinschaft zwischen Gott und den Menschen.

„Ich habe mich sehr danach gesehnt, dieses Pascha-Mahl mit euch zu essen" (Lk 22, 15)

Das Letzte Abendmahl hat einen besonderen Charakter. Jesus feiert das Pascha-Mahl mit seinen Jüngern. Danach hat er sich so sehr gesehnt! Dieses Mahl am Abend vor seinem Leiden nimmt das Opfer seines Todes aus Liebe für uns und „für die Vielen" vorweg. Jesus versammelt die Zwölf und über sie hinaus die Kirche. Auch heute sehnt er sich danach, dieses Pascha-Mahl mit uns zu essen ... Die Eucharistie ist Verheißung dessen, was das messianische Mahl am Ende der Zeit sein wird, Verheißung, die schon keimhaft Wirklichkeit ist.

Ein Mahl, das anders ist als sonst

Das Pascha-Mahl feiern bedeutete zur Zeit Jesu das Pascha-Lamm zur Erinnerung an die Befreiung aus Ägypten essen. Jede Familie wählte ein fehlerloses Lamm aus und schlachtete es, ohne seine Knochen zu zerbrechen. Das Blut des Lammes hatte eine doppelte Bedeutung. Vor dem Auszug aus Ägypten hatten die Hebräer mit dem Blut die Tür ihrer Häuser bestrichen, und durch das Blut wurden sie vor dem Tod bewahrt. Beim Bundesschluß am Sinai hatte Mose sein Volk mit dem Blut des Opfers besprengt, dem *Blut des Bundes.*

Was bedeutet für uns das Pascha Jesu?

Wenn einer stirbt, den wir liebten, braucht es Jahre, um zu begreifen, was geschehen ist. Johannes, der geliebte Jünger, bedenkt den Tod Jesu und erinnert uns daran, daß man die Gebeine des Hingerichteten nicht zerschlug. Damit will er sagen, Jesus sei das Pascha-Lamm gewesen. Die anderen Evangelisten, die vom letzten Pascha-Mahl Jesu berichten, sprechen nicht vom Lamm, denn das Lamm ist Jesus Christus. Sein Blut ist „das Blut des *Neuen* Bundes", der zwischen Gott und der *ganzen* Menschheit geschlossen wird.

Pascha bedeutet „Durchgang". Das Pascha der Juden feierte den Auszug aus Ägypten. Das christliche Pascha feiert den Durchgang Jesu durch den Tod zum Leben, sein Hinübergehen aus dieser Welt zum Vater (vgl. Joh 13, 1). Dieser von Jesus Christus eröffnete Weg steht nun für die ganze Menschheit offen.

„Tut dies zu meinem Gedächtnis", sagt Jesus. Es geht nicht mehr

darum, der Befreiung aus Ägypten zu gedenken, sondern der Befreiung von der Sünde. Das Gedächtnis des Todes und der Auferstehung Jesu umschließt *Vergangenheit, Gegenwart* und *Zukunft.* Seit dem Sieg des Herrn über Tod und Sünde ist das Reich Gottes mitten unter uns gegenwärtig.

„Wenn du wüßtest, worin die Gabe Gottes besteht“ (Joh 4, 10)

Die Einsetzungsworte des Sakramentes der Eucharistie: „Das ist mein Leib, der für euch hingegeben wird ... Dieser Kelch ist der Neue Bund in meinem Blut, das für euch vergossen wird“ (Lk 22, 19.20) sind die wichtigsten Worte, die Jesus beim letzten Mahl vor seinem Leiden gesprochen hat. Am Brot und am Kelch teilhaben heißt in persönliche Gemeinschaft mit ihm eintreten, der *sich selbst* für uns hingibt. Jesus hat diese Worte den Zwölf und durch sie der ganzen Kirche übergeben. Sie bedeuten: „Ich bin da für euch.“ Seit zwei Jahrtausenden lebt die Kirche von diesem Wort und von dieser Gegenwart, ob sie im Frieden lebt oder ob sie Verfolgung, Unrecht, Verachtung erleidet ... Sie wird dieses Brot essen und aus diesem Kelch trinken bis zum Ende der Zeit, bis er kommt in Herrlichkeit.

Eine Zeichenhandlung voll Bedeutung

Die Worte Jesu sind untrennbar verbunden mit dem, was er dabei tut. Sie begleiten und deuten sein Tun: Er nahm das Brot, sagte Dank und „*brach* es“. Die Geste des Brechens ist mehr als eine praktische

Notwendigkeit. Es ist das Zeichen der Hingabe, die Jesus selbst in seiner Passion vollzieht: Er wird durch das Leiden wegen unserer Vergehen gebrochen. Das Buch des Propheten Jesaja hatte es angekündigt (Jes 53,4–5). Als Jesus nach seiner Auferstehung den Emmausjüngern erschien, erkannten sie ihn am Brotbrechen (Lk 24,13–35). Die Apostelgeschichte sagt uns, daß die Jünger festhielten am *„Brechen des Brotes"* (Apg 2,42). In den Anfangszeiten der Kirche wird die Feier der Eucharistie mit diesem Ausdruck bezeichnet.

Halten wir daran fest?

Getreu der Weisung des Herrn: „Tut dies zu meinem Gedächtnis", versammeln sich die Christen am ersten Tag der Woche (Apg 20,7; 1 Kor 16,2), um das Herrenmahl zu feiern. Die Teilnahme an der Eucharistie am Samstagabend oder Sonntag ist der wichtigste Ausdruck für den Glauben und die Gemeinschaft mit Jesus Christus, der gestorben und auferstanden ist. Die Eucharistie führt die Gläubigen zur Gemeinschaft zusammen: Sie schafft die Kirche. Deshalb erwartet die Kirche von allen Gläubigen, daß sie hieran teilnehmen. Die Teilnahme am Herrenmahl vernachlässigen heißt die Kirche verachten.

Der Verlauf der Eucharistiefeier gliedert sich in mehrere Abschnitte: *Eröffnung; Wortgottesdienst; Eucharistiefeier im engeren Sinn; Abschluß.* Jede Eucharistiefeier ist eine Erinnerung an das Osterfest, ein Zeichen der Gemeinschaft, ein Vorgeschmack der himmlischen Liturgie, eine Teilhabe am ewigen Leben: Sie zeigt, was die Welt sein wird, wenn „Gott alles in allem" ist (1 Kor 15,28).

Eröffnung

Die Kirche: von Gott zusammengerufene Versammlung

Die Feier beginnt mit dem Kreuzzeichen, denn im Namen des Vaters, des Sohnes und des Heiligen Geistes sind wir versammelt, und in diesem Namen vollzieht sich die Liturgie. Was wäre die Feier, wenn Gott nicht in der Mitte der Versammlung wäre und den Vorsitz führte! Deshalb begrüßt der Bischof oder der Priester die Versammlung und sagt: „Der Herr sei mit euch."

Die Kirche ist ein Volk von Sündern, die Vergebung gefunden haben und immer wieder der Vergebung bedürfen. Im Vertrauen auf Gottes Erbarmen folgt das Allgemeine Schuldbekenntnis und die Bitte um Vergebung. So kann dann die Gemeinde Christus als dem wahren Herrn und Gott huldigen: „Kyrie, eleison – Herr, erbarme dich."

„Wir loben dich, wir preisen dich, wir beten dich an"

Freude ist die Frucht der Vergebung. An allen Sonn- und Festtagen (außer in der Advents- und Fastenzeit) wird darum das Gloria gesungen: „Ehre sei Gott in der Höhe ..." Der Priester lädt die Gemeinde ein, still zu beten, dann faßt er alles zusammen im Tagesgebet: daß Gott in uns den Glauben, die Hoffnung und die Liebe vermehre, daß er uns Geist und Herz öffne, damit wir sein Wort in uns aufnehmen können.

DIEU

Wortgottesdienst

„Er weckt mein Ohr, damit ich auf ihn höre wie ein Jünger“ (Jes 50, 4)

Im Wortgottesdienst ist es der Herr, der spricht. Die *erste Lesung,* gewöhnlich aus dem Alten Testament, stellt das Geheimnis Christi und seiner Kirche im voraus dar und verkündet es. Die *zweite Lesung,* aus der Apostelgeschichte, den Apostelbriefen oder der Offenbarung des Johannes, läßt uns die apostolische Predigt vernehmen. Die dritte Lesung ist das *Evangelium,* die Frohe Botschaft Jesu Christi. Die Lesungen des Sonntags sind auf drei Jahre aufgeteilt (A, B, C), in deren Verlauf wir vor allem die Evangelien nach Matthäus, Markus und Lukas lesen, während das Evangelium nach Johannes jedes Jahr in der Weihnachts-, Fasten- und Osterzeit verwendet wird.

In der Homilie oder Predigt legt der Priester oder der Diakon den Christen die Bedeutung des eben verkündigten Wortes Gottes für heute dar. Danach bekennen wir (an Sonntagen und Hochfesten) alle gemeinsam stehend unseren Glauben und sprechen das Credo der Kirche.

Der Wortgottesdienst schließt mit den Fürbitten, in denen wir den Vater (oder Jesus Christus) für die Kirche, für die Welt, für unsere Gemeinde und uns selbst anrufen. So bereiten wir uns darauf vor, in die Eucharistie, die große Danksagung, mit weit geöffneten Herzen einzutreten.

Eucharistiefeier

Mit welchem Herzen bereiten wir den Tisch des Gottesreiches?

Das Hören des Gotteswortes mündet in die *Eucharistiefeier* im engeren Sinn. Wir gehen vom Tisch des Gotteswortes zum Tisch des Herrenleibes. Die Gaben, Brot und Wein, werden dem Priester gebracht, der sie entgegennimmt und vor den Vater hinträgt. Die Gläubigen verbinden sich mit der Gabenbereitung; in Brot und Wein bringen sie sich selbst dar. Nach einer Tradition, die bis in die Zeit der Apostel zurückgeht (Apg 2, 42–45), spenden dabei die Gläubigen von ihrem Hab und Gut für die Bedürfnisse der Armen und der Gemeinde; denn wer sich zum „Brotbrechen“ versammelt, sieht sich auch eingeladen zum brüderlichen Teilen.

Ein wunderbarer Tausch

Die Gabenbereitung schließt mit dem *Gabengebet.* Der Priester bittet, der Herr möge unsere Gabe annehmen, zur Gabe ewigen Lebens verwandeln und uns selbst zur lebendigen, dem Herrn wohlgefälligen Opfergabe machen. Es ist eine Bitte um den „wunderbaren Tausch“ zwischen Gott und den Menschen, durch den wir der göttlichen Natur teilhaft werden.

Vom Lobpreis zur Anbetung

Dann beginnt das *Eucharistische Hochgebet.* Wiederum begrüßt und versammelt der Priester die Teilnehmer mit den Worten: „Der Herr sei mit euch!“ Der Herr, der zu seinem Volk im Wortgottesdienst gesprochen hat, will gegenwärtig werden unter dem Zeichen von Brot und Wein. Jesus ist der *Priester,* der uns zusammenführt, denn er ist es, der sein Leben hingibt. Er ist auch die *vollkommene Opfergabe,* denn durch ihn sind wir ein für allemal geheiligt (vgl. Hebr 10,10).

In der *Präfation* kommt der lobpreisende Dank an den Vater zum Ausdruck, der uns geschaffen und in seinem Sohn, Jesus Christus, unserem Herrn, neu geschaffen hat. Hierin stimmt die ganze gottesdienstliche Gemeinde ein mit dem Hymnus der Anbetung: „Heilig, heilig, heilig ist der Herr!"

Anrufung des Heiligen Geistes über die Gaben

Der Priester breitet die Hände über das Brot und über den Wein aus und ruft dabei den Vater an, daß er seinen Geist sende. Dieses Gebet heißt „Epiklese" (Anrufung): „Sende deinen Geist auf diese Gaben herab und heilige sie, damit sie uns werden Leib und Blut deines Sohnes, unseres Herrn Jesus Christus" (Zweites Hochgebet).

Konsekration: Der Herr ist wirklich gegenwärtig

Der *Einsetzungsbericht* ist in das Eucharistische Hochgebet eingefügt:

> „Denn am Abend, an dem er ausgeliefert wurde und sich aus freiem Willen dem Leiden unterwarf, nahm er das Brot und sagte Dank, brach es, reichte es seinen Jüngern und sprach: Nehmet und esset alle davon: Das ist mein Leib, der für euch hingegeben wird.
> Ebenso nahm er nach dem Mahl den Kelch, dankte wiederum, reichte ihn seinen Jüngern und sprach:
> Nehmet und trinket alle daraus: Das ist der Kelch des neuen und ewigen Bundes, mein Blut, das für euch und für alle vergossen wird zur Vergebung der Sünden. Tut dies zu meinem Gedächtnis."

Wir gedenken nicht eines Abwesenden, sondern dessen, der der Lebendige ist

Das Heilswerk des Herrn ist das große „Geheimnis des Glaubens", das wir voller Dank verkünden. Das eucharistische *Gedächtnis* aktualisiert und vergegenwärtigt das einmalige Opfer Christi am Kreuz. Aber der Tod des Herrn ist nicht zu trennen von seiner Auferstehung und Heimkehr zum Vater, bei dem er ewig lebt. Die Eucharistie ist die Gedächtnisfeier des ganzen Pascha-Mysteriums, an dem wir teilhaben. Die ganze Versammlung ruft aus:

> „Deinen Tod, o Herr, verkünden wir,
> und deine Auferstehung preisen wir,
> bis du kommst in Herrlichkeit."

Der Priester nimmt das Gebet auf und bringt mit der ganzen Kirche den Leib und das Blut Christi dem Vater dar.

Gebet um den Geist Gottes

In der Herzmitte des Geheimnisses der Eucharistie ruft der Priester den Vater an, daß er seinen Heiligen Geist auf die versammelte Gemeinde herabsende, „damit wir ein Leib und ein Geist werden in Christus" (Drittes Hochgebet).

Gedenke, Herr

Es folgen drei *Fürbittgebete:* für den Papst, die Bischöfe und das ganze Volk Gottes; für die Toten; für die versammelte Gemeinde und die Lebenden. Wir bitten Maria und die Heiligen, die große Gemeinschaft der Kirche im Himmel und auf Erden, für uns einzutreten beim Vater.

Das Eucharistische Hochgebet gipfelt in einer kurzen und dichten „Eucharistie": ein dankender Lobpreis des Vaters durch, in und mit Jesus Christus in der Einheit des Heiligen Geistes.

„Selig, die zum Hochzeitsmahl des Lammes geladen sind"

Nach diesem abschließenden Lobpreis (Doxologie) beginnt die Kommunionfeier. Das gemeinsam gebetete oder gesungene *„Vater unser"* eröffnet den Friedensgruß, der die geschwisterliche Liebe der Gläubigen untereinander zum Ausdruck bringt, und bereitet sie auf die Kommunion mit Christus vor.

Das Brotbrechen, das der Priester wie Jesus vollzieht, ist das Zeichen, an dem die Emmausjünger den Herrn erkannt haben.

Wer darf hintreten zum Tisch des Herrn?

Kommuniongemeinschaft mit Jesus Christus halten heißt vor allem ihn gläubig erkennen als „das Lamm Gottes, das hinwegnimmt die Sünde der Welt". Ohne Glauben, ohne Prüfung des Gewissens, ohne sorgfältige Vorbereitung zur Kommunion gehen hat schwere Folgen. Paulus äußert sich dazu in ernsten Worten:

> „Wer also unwürdig von dem Brot ißt und aus dem Kelch des Herrn trinkt, macht sich schuldig am Leib und am Blut des Herrn. Jeder soll sich selbst prüfen; erst dann soll er von dem Brot essen

und aus dem Kelch trinken. Denn wer davon ißt und trinkt, ohne zu bedenken, daß es der Leib des Herrn ist, der zieht sich das Gericht zu, indem er ißt und trinkt" (1 Kor 11,27–29).

Unwürdig das Brot des Herrn essen und den Kelch des Herrn trinken heißt gegen die Gnade unserer Taufe verstoßen, durch die wir Kinder Gottes und Gläubige des Herrn geworden sind. Wir sind nicht würdig, wenn wir gedankenlos kommunizieren oder ohne durch das Sakrament der Buße im Fall einer schweren Sünde versöhnt worden zu sein.

Es ist wichtig, die Kinder in der Familie und in der christlichen Gemeinde gut vorzubereiten, den Leib des Herrn mit gläubigem Herzen zu empfangen. Es genügt nicht, daß sie einmal darauf vorbereitet wurden. Sie müssen auch immer wieder erleben können, wie ihre Eltern und die Gemeinde sich dadurch vorbereiten, daß sie sich ständig um ein Leben nach dem Evangelium bemühen.

Die Frucht dieses Sakraments: Leben in Fülle

Am österlichen Geheimnis Jesu Anteil erhalten heißt mit dem Herrn sterben und auferstehen.

Diese Speise schenkt *Leben über den Tod hinaus:* „Wer mein Fleisch ißt und mein Blut trinkt, hat das ewige Leben ... Jeder, der mich ißt, wird durch mich leben" (Joh 6,54.57).

Im Lauf der Eucharistiefeier haben wir inständig Gott um *Vergebung* angerufen: „Herr, erbarme dich", „Ich bekenne Gott, dem Allmächtigen ..." „Nachlaß, Vergebung und Verzeihung unserer Sünden ...", „Schau nicht auf unsere Sünden ...", „Sprich nur ein Wort, so wird meine Seele gesund". Die Gemeinschaft mit dem Leib Christi läßt die Sünden nach und vereinigt uns mit ihm. Denn „wer sich an den Herrn bindet, ist e i n Geist mit ihm" (1 Kor 6,17).

Die Eucharistie, die Gabe Jesu Christi, des Gestorbenen und Auferstandenen, ist die Quelle für alle Kräfte der *Heilung.* Die Kirche versichert, daß der Leib des Herrn wirklich den ganzen Menschen heilt. Die anderen Sakramente der Heilung wie Taufe, Buße und Krankensalbung schöpfen aus dieser lebendigen Quelle.

Jede Kommunion mit dem Leib Christi ist zugleich Kommunion *mit unseren Brüdern und Schwestern.* Das eine Brot, gebrochen und geteilt, festigt die Einheit in der Liebe. Die Eucharistie ist das „Zeichen der Einheit" und das „Band der Liebe"; sie ist das „Brot des Lebens", gebrochen für eine *neue Welt,* Sakrament des Teilens und des christlichen Lebens in Fülle.

Bei der Austeilung der Kommunion sagte bereits Augustinus zu jedem einzelnen: „Werde, was du empfängst: Leib Christi." Auf diese Einladung und Aufforderung antworten wir im Glauben: „Amen."

Wird die Eucharistie mit dem Herzen eines Armen vor Gott empfangen, schenkt sie uns Kraft. Wird sie zutiefst gelebt, bringt sie Früchte im Alltag des Lebens. So wie Paulus in einem Augenblick des Jubels sagt: „Nicht mehr ich lebe, sondern Christus lebt in mir" (Gal 2,20).

Wenn wir versucht sind, zu sagen: „Die Eucharistie ist so weit weg von unserem Leben", müßten wir uns dann nicht vielmehr eingestehen, daß unser Leben noch zu weit von der Eucharistie entfernt ist?

Entlassung der Gemeinde

„Gehet hin in Frieden"

Die Feier schließt mit dem Segen und dem Entlassungsruf: „Gehet hin in Frieden." Von dem alten lateinischen Ruf: „Ite, missa est – Gehet, es ist Entlassung" stammt das Wort „Messe" für die Eucharistiefeier. Es erinnert den Christen an „Mission", an seine „Sendung" in die Welt.

Buße: sich mit Gott versöhnen lassen

„Gott ist voll Erbarmen" (Eph 2,4)

Das Sakrament der Buße ist das Zeichen für die Versöhnung mit Gott und mit der Gemeinde. Es richtet den Sünder auf, es wandelt ihn tiefgehend um. Es ist eine Quelle der Freude und der Erneuerung für die Kirche.

Die Gleichnisse des Erbarmens, das Gleichnis vom verlorenen Sohn und vom wiedergefundenen Schaf, betonen die Freude Gottes bei der Umkehr des Sünders und die Aufmerksamkeit, die er ihm entgegenbringt: „Freut euch mit mir; ich habe mein Schaf wiedergefunden, das verloren war. Ich sage euch: Ebenso wird auch im Himmel mehr Freude herrschen über einen einzigen Sünder, der umkehrt, als über neunundneunzig Gerechte, die es nicht nötig haben umzukehren" (Lk 15,6–7).

Und Jesus betont: „Ich sage euch: Ebenso herrscht auch bei den Engeln Gottes Freude über einen einzigen Sünder, der umkehrt" (Lk 15,10).

Die Sündenvergebung ist eine Gabe Jesu an die Sünder und an die Welt

Am Abend vor seinem Leiden nimmt Jesus die Hingabe seines Lebens voraus. Er reicht seinen Jüngern den Kelch mit den Worten: „Trinkt alle daraus; das ist mein Blut, das Blut des Bundes *(Versöhnung)*, das für viele vergossen wird zur *Vergebung der Sünden*" (Mt 26,27.28). Am Kreuz vergibt Jesus sterbend seinen Henkern, und in ihm, in der Hingabe des Sohnes an den Vater, hat Gott die Welt mit sich versöhnt (2 Kor 5,19).

Das Kreuz des Herrn ist die Ikone unserer Versöhnung. „Wenn einer sündigt, haben wir einen Beistand beim Vater: Jesus Christus, den Gerechten. Er ist die Sühne für unsere Sünden, aber nicht nur für unsere Sünden, sondern auch für *die der ganzen Welt*" (1 Joh 2,1–2).

Jesus überträgt den Aposteln die Macht, Sünden zu vergeben

Die Macht, Sünden zu vergeben, hat Gott allein. Als der Auferstandene am Osterabend seinen Aposteln erscheint, gießt er über sie seinen Geist aus; sie sollen in seinem Namen die Sünden vergeben können. Der erste Auftrag, den sie erhalten, ist also Sünden vergeben, und die Macht dazu überträgt ihnen Jesus, wenn er sagt:

> „Wie mich der Vater gesandt hat, so sende ich euch ... Empfangt den Heiligen Geist! Wem ihr die Sünden vergebt, dem sind sie vergeben; wem ihr die Vergebung verweigert, dem ist sie verweigert" (Joh 20,21–23).

Heute ist dieser Dienst der Versöhnung den Bischöfen und über sie den Priestern anvertraut. Bei der Weihe werden sie durch die Kirche dazu bevollmächtigt entsprechend dem Wort Jesu: „Alles, was ihr auf Erden binden werdet, das wird auch im Himmel gebunden sein, und alles, was ihr auf Erden lösen werdet, das wird auch im Himmel gelöst sein" (Mt 18,18).

„Die Liebe Christi drängt uns. Laßt euch mit Gott versöhnen!" (2 Kor 5, 14.20)

Die Taufe hat uns zu Gliedern am Leib Christi, zu Brüdern und Schwestern untereinander gemacht. Durch die Eucharistie haben wir Gemeinschaft mit dem Herrn und untereinander. Aber machen wir nicht alle die Erfahrung, daß die Bande dieser Einheit sich durch unsere Unterlassungen und Verfehlungen lockern und lösen? Jede Sünde ist ein Riß, ein Bruch der Bindungen, die uns zusammenhalten und einen: Es geht wenig oder gar nichts mehr zwischen uns und Gott, zwischen uns und den anderen. Die Folgen der Sünden sind erheblich. Sie betreffen nicht nur unser persönliches Leben. Sich gegen Gott entscheiden heißt zu der Verwirrung beitragen, die durch die Sünde in die Kirche und in die Welt gekommen ist und weitergeht. Die Sünde hat kosmische Auswirkungen. Das wird uns durch das Kreuz Christi offenbar.

Warum bei einem Priester beichten?

Die Getauften bilden einen einzigen Leib in Christus. So wie die Heiligkeit des einen geheimnisvoll allen anderen zugute kommt, so schaden die Sünden jedes einzelnen dem ganzen Leib. Daher stellt der Priester beim Bußsakrament nicht nur *Christus* dar, durch den Gott uns mit sich versöhnt. Er vertritt auch die *christliche Gemeinde,* der wir geschadet haben; durch den Dienst des Priesters werden wir wieder in ihre volle Gemeinschaft eingegliedert. Kann es etwas Schlimmeres für ein Glied geben, als abzusterben, als vom Leib getrennt zu werden? Deshalb *heilt* das Sakrament der Buße nicht nur den *Sünder,* sondern schenkt auch der *Kirche* neue Lebenskraft, denn „wenn ein Glied leidet, leiden alle Glieder mit; wenn ein Glied geehrt wird, freuen sich alle anderen mit ihm. Ihr aber seid der Leib Christi, und jeder einzelne ist ein Glied an ihm" (1 Kor 12,26–27). Der Beichtende, der sein Herz einem Priester öffnet, weiß, daß er mit einem anderen Sünder spricht, dem ebenfalls von Christus vergeben wurde; er spricht zu ihm als einem Bruder, aber auch als dem Vertreter Jesu Christi, des Freundes der Sünder.

In der Kirche umkehren

Heute werden im allgemeinen zwei Formen der sakramentalen Bußfeier geübt: die Feier der Versöhnung für einzelne, die jederzeit gehalten werden kann (Einzelbeichte), und die gemeinschaftliche Feier der Versöhnung mit Bekenntnis und Lossprechung von einzelnen (gemeinsame Bußfeier verbunden mit Einzelbeichte). Diese gemeinsamen Bußfeiern finden vor allem in den besonderen Zeiten der Umkehr und Buße wie Fastenzeit und Advent statt oder als Vorbereitung auf ein besonderes kirchliches Fest.

In der gemeinsamen Bußfeier kommt der kirchliche Charakter des Sakraments deutlich zum Ausdruck. Vier Stufen kennzeichnen den Ablauf:

1. Als Antwort auf den Ruf Christi und der Kirche versammelt sich die Gemeinde im Bewußtsein, daß wir Sünder sind und alle der

Umkehr bedürfen. Vereint mit ihrem Hirten, bittet sie Gott, ihr wahre Umkehr zu gewähren.

2. Gemeinsam hören die Gläubigen das Wort Gottes, bedenken in seinem Licht ihr Leben und beten füreinander.

3. Wer das Bußsakrament zu empfangen wünscht, beichtet einzeln seine Sünden einem Priester und erhält die persönliche Lossprechung.

4. Die Versammlung dankt Gott für seine Barmherzigkeit und empfängt seinen Segen durch den Dienst des Priesters. Dann werden alle entlassen, um die Frohe Botschaft von der Vergebung und Versöhnung zu leben und in die Welt zu tragen.

„Meine Sünde steht mir immer vor Augen" (Ps 51,5)

Sünde, Fehler, Schuldverdrängung, Gewissensbisse, Verbitterung, Selbstanklage, Reue, Gleichgültigkeit – in unserem Gewissen regen sich viele, manchmal widersprüchliche Gefühle. Wir haben heute ein geschärftes Gespür für das Böse in der Welt; so fühlen wir uns an allem schuldig und für nichts verantwortlich. Es kann sein, daß unser Gewissen überängstlich und verwirrt oder abgestumpft und verhärtet ist. „Wenn wir sagen, daß wir keine Sünde haben, führen wir uns selbst in die Irre, und die Wahrheit ist nicht in uns" (1 Joh 1,8).

„Die Liebe deckt viele Sünden zu" (1 Petr 4,8)

Zur Umkehr gehört wesentlich die vom Heiligen Geist geweckte Bewegung der *Reue.* Dem Sünder tut es leid, sich von Gott abgewandt und seine Brüder und Schwestern verletzt zu haben. Er wendet sich nicht sich selbst zu; im Gegenteil, Gottes Gnade ermöglicht die Hinwendung seines ganzen Wesens, die Bekehrung zum Vater, der auf ihn wartet. Die Reue ist entscheidend, um Versöhnung zu erlangen: Die Sünden werden nur dem vergeben, dem sie leid tun und der sich entschieden um Umkehr müht. Deshalb fordert der Priester den Beichtenden nach dem Bekenntnis der Schuld zu einem Bußwerk auf, das in Gebet, Opfer und Verzicht, Werken der Nächstenliebe bestehen kann. Durch diese *Genugtuung,* eine Frucht der von Gottes Geist gewirkten Buße, soll der durch die Sünde angerichtete Schaden, soweit möglich, wiedergutgemacht werden.

„Wenn wir unsere Sünden bekennen, ist Gott treu und gerecht; er vergibt uns" (1 Joh 1,9)

Die Begegnung zwischen dem Beichtenden und dem Priester ist keine gewöhnliche Unterhaltung, sondern ein vertrauensvolles Gespräch, das von Anfang bis Ende in Gebet eingebettet ist. Nach der Begrüßung durch den Priester und dem Kreuzzeichen bekennt der Beichtende seine Sünden. Darin liegt sowohl die Anerkennung von Gottes Liebe und Erbarmen als auch das *Bekenntnis der Schuld:* „Ich habe gesündigt, denn ich habe mich so oder so verhalten – in meinem Tun, in meinen Worten, in meinem Denken oder durch Unterlassungen." Es geht nicht so sehr darum, Verfehlungen „aufzuzählen", als seine Schuld in Demut anzuerkennen und dem Priester eine Einschätzung ihrer Schwere zu ermöglichen. Dieses Eingeständnis ist heilsam und befreiend.

Im Namen Christi empfängt der Priester die Beichtenden, offenbart ihnen das Erbarmen des Vaters und hört die Geheimnisse ihres Gewissens. Deswegen ist er verpflichtet, unverbrüchlich das „Beichtgeheimnis" zu wahren. Nach dem Schuldbekenntnis kann der Priester Zuspruch und Rat erteilen, er gibt ein Bußwerk auf und betet mit dem Beichtenden um Gottes Vergebung. Dann folgt die priesterliche Lossprechung (Absolution).

„Selig, wem Frevel vergeben und wessen Sünde bedeckt ist" (Ps 32, 1)

Absolution bedeutet „Loslösung", Befreiung des Beichtenden von den Fesseln seiner Sünde. Lazarus war mit Binden umwickelt, die ihn im Tod gefangenhielten. Deshalb sagt Jesus, als er ihn auferweckt: „Löst ihm die Binden, und laßt ihn gehen" (Joh 11,44). Die Absolution ist durch Gottes Gnade radikale und totale Vergebung der Sünde, Auferweckung zum göttlichen Leben; sie macht den gläubigen wieder ganz zum Sohn oder zur Tochter Gottes und zum vollen Glied der Gemeinschaft der Erlösten. Der Absolutionsgestus – Ausbreitung der Hände als Zeichen der Geistgabe – ist begleitet vom sakramentalen Wort; es betont das Handeln des Vaters, des Sohnes und des Heiligen Geistes durch die Vermittlung der Kirche:

„Erschaffe mir, Gott, ein reines Herz. Mach mich wieder froh mit deinem Heil" (Ps 51, 12.14)

„Gott, der barmherzige Vater, hat durch den Tod und die Auferstehung seines Sohnes die Welt mit sich versöhnt und den Heiligen Geist gesandt zur Vergebung der Sünden. Durch den Dienst der Kirche schenke er dir Verzeihung und Frieden. So spreche ich dich los von deinen Sünden im Namen des Vaters + und des Sohnes und des Heiligen Geistes."

Der Christ, der mit Glauben und Freude die Vergebung Gottes empfängt, antwortet: „Amen", und der Priester entläßt ihn im Frieden und in der Freude Christi. Der Sünder, dem vergeben wurde, erfährt die Versöhnung mit Gott, mit sich selbst, den anderen und mit der ganzen Schöpfung. Der Geist Gottes, der in ihm wohnt, drängt ihn, dafür Zeuge zu sein und, soweit möglich, das Böse, das er getan hat, wiedergutzumachen.

Ist die Beichte ein isolierter, punktueller Vorgang?

Die Erneuerung, die durch den Empfang des Bußsakraments geschieht, richtet sich an erster Stelle auf das innere Leben; denn im Grunde des Herzens befindet sich die *Wurzel* alles Guten, aber auch alles Bösen. Dort beginnt der Wandel der persönlichen Einstellung, Gesinnung, Lebensweise. Unter den „Bußwerken" werden in Schrift und Überlieferung vor allem drei gezählt: Almosen, Gebet und Fasten (vgl. Mt 6, 1–18) – drei Formen der Umkehr, bezogen auf die anderen, auf Gott und auf sich selbst. In einer Welt, in der die Menschen in Konflikten leben und sich nach Freiheit, Gerechtigkeit, Einheit und Frieden sehnen, erneuert das Bußsakrament auch die *Gesellschaft.* Die Forderung nach völliger Umkehr zu Gott und die Gnade der Vergebung bilden ein *festes Fundament* für gerechte und solidarische Beziehungen, nach denen sich die Welt sehnt.

Muß man beichten, bevor man zur Kommunion geht?

Die Kirche erwartet, daß die Gläubigen *schwere* Sünden wenigstens einmal im Jahr beichten. Sie verlangt ebenfalls, daß sich der Christ zuerst von seinen schweren Sünden im Bußsakrament löst, bevor er die anderen Sakramente empfängt.

Wie könnte man zum Tisch der Einheit hinzutreten und in der Kommunion Gemeinschaft mit Christi Leib und Blut erlangen, wenn man sich vom Vater ganz abgewendet oder am Mitmenschen schwer versündigt hat?

Muß man regelmäßig dieses Sakrament empfangen?

Aber auch wenn keine schweren Vergehen vorliegen, ist es gut, regelmäßig dem barmherzigen Antlitz des Vaters in diesem Sakrament zu begegnen. Im Bekenntnis unserer alltäglichen Sünden (läßlichen Sünden), selbst wenn es oft die gleichen sind, erkennen wir deutlicher unsere schwachen, kranken Stellen; sie sind Grund genug, häufig die Heilung zu suchen, die der Herr schenkt. Die Vergebung ist eines der bezeichnendsten Merkmale des christlichen Lebens: Wir sollten „siebzigmal siebenmal" vergeben (Mt 18,22), das heißt unendlich. Wie könnten Menschen sich gegenseitig vergeben, wenn nicht dadurch, daß sie erfahren, wie sehr Gott bereit ist, ihnen zu vergeben?

Wie ist der Ablaß zu verstehen?

Jeder Sünder, der bereut und dem vergeben worden ist, macht die Erfahrung, daß in seinem Leben tiefsitzende Verhaltensweisen bleiben, die dem Willen Gottes widersprechen. Als demütige Dienerin des Erlösers und wie eine Mutter stützt die Kirche die Getauften in ihrer Schwäche, in ihrem Kampf gegen die „Folgen der Sünden" und in ihrem Bemühen, das Unrecht wiedergutzumachen, an dem sie schuld sind.

Jesus Christus ist unsere „Gerechtigkeit", und er ist unser „Nachlaß". Er ist es, der auch die verdienten Strafen erläßt. Der Nachlaß der Sündenstrafen (Ablaß) durch die Kirche erfließt aus der Gnade Jesu Christi. Er wird den reumütigen Sündern durch Werke der Buße, Frömmigkeit und brüderlichen Solidarität zuteil. So zeigen sie, daß sie es ernst meinen, entschieden in der Liebe zu Gott und zu den anderen, in Wahrheit und Gerechtigkeit zu leben.

„Beim Herrn ist Erlösung in Fülle" (Ps 130, 7)

Alle Getauften, ob lebende oder verstorbene, gehören zur Gemeinschaft der Heiligen; sie leben von der Heiligkeit Jesu Christi. Die Liebe aller Glieder dieses Leibes hilft den Sündern umzukehren; hierin liegt eine wichtige Weise der Nächstenliebe in der Gemeinschaft der Kirche.

Aufgrund des unerschöpflichen Reichtums der Verdienste Jesu Christi und in ihm aller Heiligen gibt die Kirche jedem Christen die Möglichkeit, für seine verstorbenen Brüder und Schwestern oder für sich selbst Nachlaß der Sündenstrafen zu erlangen, die nach der Lossprechung bleiben. Deshalb gibt sie im allgemeinen Gebete sowie Werke der Buße und Nächstenliebe an, um diesen Reichtum an Vergebung und Genugtuung zu erschließen. Die Kirche möchte die Gläubigen durch den Ablaß zu Gebet, Buße und Nächstenliebe anregen, um sie teilhaben zu lassen an der Fülle Jesu Christi in der Gemeinschaft der Heiligen.

Die Krankensalbung empfangen

Krankheit trifft den ganzen Menschen und seine Umgebung

Krankheit und Leid stellen uns vor schwere Fragen. Der Mensch *hat* nicht nur eine Krankheit, er *ist* krank. Die Krankheit betrifft den Leib, aber auch Seele und Geist; die ganze Person des Menschen ist in Mitleidenschaft gezogen. Manchmal verliert der Kranke den Mut, ist ganz niedergeschlagen, erlebt Ängste und Zweifel: „Womit habe ich das verdient? Werde ich wieder gesund werden: Hat mein Leben noch einen Sinn? Was kommt nach dem Tod? Ist jemand da, der mich erwartet?", so fragt er sich.

Durch Krankheit können auch die Beziehungen zu den anderen Menschen gestört werden: Man fällt den anderen zur Last, Besuche werden seltener, man fühlt sich ausgeschlossen vom gemeinsamen Leben.

„Wenn ein Glied leidet, leiden alle Glieder mit" (1 Kor 12, 26)

Seit jeher mißt die christliche Gemeinde dem Besuch der Kranken und der Sorge für sie große Bedeutung bei. Viele Laien und vor allem Ordensleute haben ihr ganzes Leben der ärztlichen Betreuung, der Pflege und Seelsorge der Kranken geweiht. Viele Ordensgemeinschaften sehen im Dienst an den Kranken und Pflegebedürftigen ihre besondere Berufung.

An Wallfahrtsorten, in Pfarrgemeinden und Krankenhäusern wird manchmal das Sakrament der Krankensalbung gemeinsam gefeiert;

auch daran zeigt sich, daß die ganze Gemeinschaft der Kirche von den Leiden ihrer kranken Glieder betroffen ist und daran teilnimmt.

Gott will das Leben

Gott überläßt uns nicht der Krankheit und ihrer Not, ohne uns ein wirksames Zeichen seiner heilbringenden Gegenwart zu schenken. Die Krankensalbung lindert Angst und Schmerz. Sie ersetzt nicht die medizinische Behandlung, aber sie heiligt gewissermaßen die Bemühung der Ärzte und Ärztinnen, der Krankenschwestern und Krankenpfleger und verleiht ihrem selbstlosen Einsatz Heilsbedeutung. Diese Bemühungen haben nicht immer Erfolg, denn der Mensch ist hinfällig, und unser irdisches Leben hat eine Grenze. Aber „wir haben unsere Hoffnung auf den lebendigen Gott" gesetzt (1 Tim 4, 10).

Hängen Krankheit und Sünde zusammen?

Gott hat das Böse nicht geschaffen; er will das Leiden nicht. Sie sind durch die Erbsünde des Menschen in die Welt gekommen. Gegen die Krankheit kämpfen heißt also das Unheil bekämpfen, dessen Zeichen und Folge sie ist.

Wenn die Ärzte auch viele Krankheiten heilen können, so kann Jesus allein Krankheit und Sünde radikal überwinden. Das Sakrament der Krankensalbung ist das Zeichen dieser Gnade, die *erlöst* und heilt.

Heilung ... bis in die Wurzel des Unheils

Nach dem Evangelium heißt geheilt werden nicht nur wieder gesund werden, sondern vor allem *von den Mächten des Unheils befreit werden, um das Reich Gottes anzunehmen.* Die Zwölf, die von Jesus ausgesandt werden, „machten sich auf den Weg und riefen die Menschen zur Umkehr auf; sie trieben viele Dämonen aus und salbten viele Kranke mit Öl und heilten sie" (Mk 6, 12–13).

Nach der Auferstehung Jesu setzen die Jünger ihr Zeugnis für die Zuneigung Jesu zu den Kranken fort, und sie heilen viele (vgl. Apg 8,7). Damit bezeugen sie, daß der Auferstandene die Quelle des Lebens ist.

Wenn einer von euch krank ist

Im Jakobusbrief lesen wir: „Ist einer von euch krank? Dann rufe er die Ältesten der Gemeinde zu sich; sie sollen Gebete über ihn sprechen und ihn im Namen des Herrn mit Öl salben. Das gläubige Gebet wird den Kranken retten, und der Herr wird ihn aufrichten; wenn er Sünden begangen hat, werden sie ihm vergeben" (Jak 5,13–15).

Dieser Text zeigt uns, wie die Kirche von Anfang an den Auftrag Jesu an seine Jünger verstanden hat: „Heilt Kranke" (Mt 10,8).

Das *Gebet* der Ältesten und die *Salbung* kündigen die Gestalt an, die das Sakrament nach und nach annimmt; der *Glaube* der Kirche und der gläubigen Kranken vereinen sich, auf daß Seele und Leib heil werden. Jesus Christus, der Lebendige, berührt mit seiner zärtlichen Liebe den darniederliegenden Menschen; er rettet ihn und richtet ihn ganz und gar auf. Der tiefe Frieden, der sich aus der Versöhnung des Kranken mit Gott und mit seiner Krankheit ergibt, schafft gute Voraussetzungen, daß auch die ärztliche Heilbehandlung wirksam werden kann.

Wollt ihr an der Salbung Christi Anteil haben?

Das Sakrament der Krankensalbung erneuert das Vertrauen auf Gott, stärkt den Kampf gegen die Versuchung und bekräftigt das Sakrament der *Versöhnung.* Es läßt die Sünden nach, die noch nicht vergeben sind und die der Kranke nicht bekennen konnte, *und* heilt von ihren Folgen. Der Kranke, der im Frühling seines christlichen Lebens bereits im Sakrament der *Firmung* gesalbt wurde, um mündig und stark zu werden, empfängt nun eine Vertiefung der Gnade, um die Prüfung der Krankheit zu bestehen.

Wer soll dieses Sakrament empfangen?

Ist dieses Sakrament, das früher „Letzte Ölung" genannt wurde, den Sterbenden vorbehalten? Es ist zwar für Christen bestimmt, deren Gesundheitszustand bedrohlich angegriffen ist, aber man sollte normalerweise nicht bis zur unmittelbaren Todesgefahr warten, um es zu empfangen. Man kann es auch bei ernster Erkrankung erbitten.

„Laßt euch mit Gott versöhnen" (2 Kor 5, 20)

Außer im Notfall wird die Krankensalbung im Rahmen eines Wortgottesdienstes gefeiert, der gewöhnlich eine oder mehrere Lesungen aus der Heiligen Schrift umfaßt. Sie kann auch im Verlauf einer Eucharistiefeier gespendet werden, wenn Ort und Umstände es erlauben.

Es ist zu wünschen, daß die Angehörigen, die Freunde und das Pflegepersonal an der Feier teilnehmen. Die vertrauten Gesichter, ihr vertrauensvolles Gebet und ihre Gegenwart sind ein sichtbares Zeichen der Aufmerksamkeit, die *Gott* dem Kranken entgegenbringt und der Verbundenheit der *christlichen Gemeinde* mit ihm.

Zu Beginn besprengt der Priester die Anwesenden mit Weihwasser, eine Erinnerung an die Taufe. Wenn der Kranke es wünscht, empfängt er dann das Sakrament der Buße; andernfalls wird das Allgemeine Schuldbekenntnis gesprochen. Dann folgt eine Lesung aus der Heiligen Schrift und ein Gebet.

„Leg ihr deine Hand auf, dann wird sie wieder lebendig" (Mt 9, 18)

Darauf legt der Priester dem Kranken schweigend die Hände auf. Jesus hat diese Zeichenhandlung wiederholt vollzogen (Mk 6, 5; Mt 8, 3; Lk 4, 40) und den Jüngern aufgetragen, es ebenso zu tun (Mk 16, 18). Die Handauflegung bringt die inständige Bitte zum Ausdruck, daß Gott dem Kranken beistehe, daß sein Geist ihn beschütze, ihm Mut und neues Leben gebe.

„Sie salbten viele Kranke mit Öl" (Mk 6, 13)

Die *Salbung* der Kranken mit Olivenöl, das vom Bischof am Gründonnerstag geweiht wurde, geht ebenfalls auf eine Zeichenhandlung zurück, die schon die Apostel vollzogen. Ihr Sinn wird durch das *sakramentale Wort* des Priesters verdeutlicht; darauf spricht der Kranke zusammen mit den Anwesenden das „Amen" als Antwort seines *Glaubens.*

„Durch diese heilige Salbung helfe dir der Herr in seinem reichen Erbarmen, er stehe dir bei mit der Kraft des Heiligen Geistes: Der Herr, der dich von Sünden befreit, rette dich, in seiner Gnade richte er dich auf." – „Amen."

Welchen Auftrag gibt dieses Sakrament dem Kranken?

Der Kranke kann dieses Sakrament anläßlich des Besuchs eines Priesters erbitten. Es wäre gut, wenn die Familie, der Arzt, die Freunde oder das Pflegepersonal einen gläubigen Christen ermutigen, diese Bitte zu äußern. Das Sakrament der Krankensalbung wird ihm helfen, die Prüfung des Leidens körperlich und geistig zu bestehen. Wie die anderen Sakramente vermittelt die Krankensalbung einen *Auftrag;* die Kranken sollen „sich bewußt mit dem Leiden und dem Tode Christi vereinen und so zum Wohl des Gottesvolkes beitragen" (Kirchenkonstitution, 11).

Die Gnade dieses Sakraments wirkt sich auch im täglichen Leben einer Gemeinde aus: sie weckt und stärkt die Bereitschaft, für die Kranken zu sorgen, und macht bewußt, welche *Aufgabe die Kranken* in der Gemeinde haben. Sind nicht viele von ihnen große Beter, die für uns eintreten?

Das letzte Sakrament?

Das Sakrament im Angesicht des Todes ist nicht die Krankensalbung, sondern die heilige Kommunion, die der Sterbende als „Wegzehrung" empfängt. Die Eucharistie, das österliche Sakrament schlechthin, ist die geistige Nahrung, die den Gläubigen auf sein „Pascha" vorbereitet, auf seinen Hinübergang aus dieser Welt zum Vater.

Von der Taufe zur Wegzehrung

Die grundlegende Eröffnung des christlichen Lebensweges geschieht durch Taufe, Firmung und Eucharistie. Das letzte Stück dieses Weges wird begleitet und getragen von der Gnade der *Buße,* der *Krankensalbung* und der *Wegzehrung.*

An der Schwelle des Todes nähert sich der Glaubende dem Ende seines österlichen Weges, der am Tag seiner Taufe begann. Wenn er zum letzten Mal Leib und Blut Christi empfängt, bereitet er sich vor, der erbarmenden Liebe Gottes von Angesicht zu Angesicht zu begegnen, die ihm, verhüllt im Zeichen der Sakramente, das ganze Leben hindurch zuteil wurde.

Die Feier des Begräbnisses

Ob tot oder lebendig, wir bleiben mit dem Leib Christi vereint

Der Tod eines Bruders oder einer Schwester ist ein Ereignis, das nicht nur die Familie des Verstorbenen betrifft, sondern die ganze Gemeinde. In diesem Ereignis begegnen wir dem dreifaltigen Gott, dem Herrn über Leben und Tod.

Das Begräbnis ist kein Sakrament: Der Verstorbene hat uns bereits verlassen, und Gott offenbart sich ihm nicht mehr in Zeichen, sondern von Angesicht zu Angesicht. Ist jemand aus der Gemeinde gestorben, dann versammelt sie sich und feiert in der Begräbnisliturgie das *Pascha Christi.* Sie betet, daß die Verstorbenen mit Christus vom Tod zum Leben gelangen, daß sie in ihrer Seele geläutert werden und im Himmel mit allen Heiligen vereinigt werden in der Erwartung der Auferstehung der Toten und der seligen Hoffnung auf das Kommen

Christi. Wir bleiben mit den Verstorbenen verbunden dank der Gemeinschaft mit Jesus Christus.

Bei einer Beerdigung kann uns tiefer bewußt werden, wie jedes Sakrament und insbesondere die *Eucharistie* uns das Reich Gottes offenbart und uns bereits teilhaben läßt am Leben der kommenden Welt. Wir umgeben den Leib des Verstorbenen, der ein Tempel des Heiligen Geistes gewesen ist, mit Ehrfurcht, denn wir glauben, daß der Heilige Geist, der Jesus auferweckt hat, auch die Toten auferwekken wird.

Die Begräbnisliturgie kennt verschiedene Formen, je nach den örtlichen Gegebenheiten und Gebräuchen. So kann sie im Trauerhaus beginnen, sich in der Kirche mit der Eucharistiefeier fortsetzen und am Grab mit der Beisetzung schließen. In allen Riten und Gebeten und besonders im Ritus der „Beerdigung" – dem Einsenken in die Erde wie den Leib Christi – (oder dem Gebet vor der Einäscherung) kommt der Glaube der christlichen Gemeinde an die Auferstehung zum Ausdruck.

Wenn Getaufte heiraten

Von Gott zur Liebe in Ehe und Familie berufen

Eine Familie gründen verlangt die völlige Hingabe seiner selbst, denn Mann und Frau binden sich aneinander und wollen füreinander leben. Das Band zwischen den Ehegatten wurde von Jesus Christus zur Würde eines Sakraments erhoben. Daraus erfließen für die Gatten Kraft und Mut, sich in glücklichen und in schweren Zeiten zu lieben und zu helfen, und auch die Freude und Bereitschaft, Kinder anzunehmen und zu erziehen.

Die gegenseitige Verpflichtung der Partner ist für die Ehe wesentlich. Ihre Liebe soll jener gleichen, die Jesus Christus mit seiner Kirche für immer verbindet. Ihr Bund ist, wie Paulus schreibt, Zeichen dieser Einheit:

> „Ihr Männer, liebt eure Frauen, wie Christus die Kirche geliebt und sich für sie hingegeben hat, um sie ... heilig zu machen ... Dies ist ein tiefes Geheimnis; ich beziehe es auf Christus und die Kirche" (Eph 5,25.32).

Sich im Glauben vorbereiten

Zu diesem schönen und schweren Abenteuer legen ein Mann und eine Frau, die auch um ihre Schwächen wissen, ihr Leben zusammen. Im Geist Christi, den sie in der Taufe empfangen haben, wollen sie füreinander mit einem von allem Egoismus befreiten Herzen dasein. Wie sollten sie dazu nicht die Gnade des Sakraments der *Versöhnung* erbitten und am Tag ihrer Eheschließung an der Eucharistie teilnehmen?

Wer spendet das Ehesakrament? Unter welchen Bedingungen?

Die Liturgie des Ehesakraments zeigt, daß nicht der Priester die Brautleute verheiratet. Sie verheiraten sich, indem sie ihr *Ja-Wort* geben: Sie spenden einander das Sakrament in Gegenwart des Priesters, der ihm seine kirchliche Bedeutung gibt, und in Gegenwart der Zeugen, die die *Öffentlichkeit* vertreten.

Um eine Ehe schließen zu können, müssen sich die Gatten frei entscheiden und ihrer Verpflichtungen bewußt sein, die sie übernehmen. Deshalb fragt sie der Priester, der ihr Versprechen im Namen der Kirche entgegennimmt: „Sind Sie hierhergekommen, um nach reiflicher Überlegung aus freiem Entschluß mit Ihrer Braut N./Ihrem Bräutigam N. den Bund der Ehe zu schließen?" – „Wollen Sie Ihre Frau/Ihren Mann lieben und achten und Ihr/Ihm die Treue halten alle Tage Ihres Lebens, bis der Tod Sie scheidet?" – „Sind Sie bereit, die Kinder, die Gott Ihnen schenken will, anzunehmen und sie im Geiste Christi und seiner Kirche zu erziehen?"

In freier Entscheidung sich zu einem Leben der Liebe und Treue verpflichten und Verantwortung als Ehepartner und Eltern übernehmen wollen sind die Voraussetzungen, damit eine gültige Ehe zustande kommt.

Der sakramentale Bund, ein Akt des Vertrauens auf Gott

Die Partner, die als Braut und Bräutigam zur Trauung in die Kirche kommen, verlassen sie als Mann und Frau. Die Veränderung geschieht durch den Austausch des Eheversprechens; in der Erklärung ihres Ehewillens liegt das Wesen dieses Sakraments, das eine Lebens- und Liebesgemeinschaft begründet. Der sakramentale Charakter wird bekundet und bekräftigt durch die Gegenwart der *Kirche,* das heißt in der Regel durch den Priester, der das gegenseitige Ja-Wort in Gegenwart von zwei Zeugen erfragt. Diese bezeugen das *öffentliche* Versprechen der Ehegatten und unterschreiben die Eintragung im Ehebuch der Pfarrei zusammen mit dem Priester.

Mit folgenden Worten lädt der Priester die Brautleute ein, sich das Eheversprechen zu geben: „Da Sie beide zu einer christlichen Ehe entschlossen sind, so schließen Sie jetzt vor Gott und der Kirche den Bund der Ehe, indem Sie das Vermählungswort sprechen. Dann stekken Sie einander den Ring der Treue an."

Der Bräutigam nimmt den Ring der Braut und spricht: „N., vor Gottes Angesicht nehme ich dich an als meine Frau." Er steckt ihr den Ring an und fährt fort: „Trag diesen Ring als Zeichen der Liebe und Treue. Im Namen des Vaters und des Sohnes und des Heiligen Geistes."

Danach nimmt die Braut den Ring des Bräutigams und spricht ebenso: „N., vor Gottes Angesicht nehme ich dich als meinen Mann." Sie steckt ihm den Ring an mit den gleichen Worten wie der Bräutigam.

Durch den Austausch des Eheversprechens besiegelt Jesus Christus die Einheit der Ehegatten

Der Eheschließung liegt ein einfacher, klarer Dialog der beiden Partner zugrunde. Die Verlobten sehnen sich nach diesem Augenblick und bereiten sich darauf vor; die Verheirateten erinnern sich daran und leben daraus. Bei diesem Sakrament, das die zwei zu eins macht, kommt Jesus Christus in beiden zu Wort; durch den Mund jedes der Ehepartner spricht er seine Liebe zu seiner Kirche aus, wurde doch schon zur Zeit des Apostels Paulus der Bund zwischen Mann und Frau in der Ehe als Abbild des Bundes zwischen Jesus Christus und der Kirche beschrieben (vgl. Eph 5,25–32). Dort, wo der Mann oder die Frau spricht, spricht Christus. Dabei werden weder Mann noch Frau ihrer Eigenständigkeit beraubt, beide sprechen freiwillig, verpflichten sich auf Lebenszeit und übernehmen ihre Verantwortung. Ihr Wort ist Wort der freien und echten Liebe zueinander und gleichzeitig ganz Geschenk Gottes.

Durch Gott verbunden, für alle Tage bis zum Tod

Es gibt mehrere Formeln, um das Versprechen zum Ausdruck zu bringen, aber alle sagen das gleiche. So sprechen nach einer anderen Formel Bräutigam bzw. Braut das Ja-Wort auf diese Frage des Priesters: „N., nehmen Sie Ihre Braut N. als Ihre Frau an/Ihren Bräutigam N. als Ihren Mann an und versprechen Sie, ihr/ihm die Treue zu halten in guten und in schlechten Tagen, in Gesundheit und Krankheit, und sie/ihn zu lieben, zu achten und zu ehren, bis der Tod Sie scheidet? (– Dann sagen Sie: Ja. –)". Der Priester nimmt im Namen der Kirche das Eheversprechen der Partner entgegen. Er umwindet die beiden ineinandergelegten Hände mit der Stola, legt darüber seine rechte Hand und spricht ein Bestätigungswort, das mit den Worten Jesu schließt: „Was Gott verbunden hat, das darf der Mensch nicht trennen" (Mt 19,6). Die ganze Größe und Schönheit des Sakraments ist in diesen Worten bezeichnet.

Von der Trauung zur Eucharistie ... das Leben hindurch!

Die Trauung wird meistens während der Messe gefeiert, zwischen dem Wortgottesdienst, der sie erhellt, und der Eucharistiefeier, der ihr die österliche Dimension verleiht. Diese Verbindung zwischen den beiden Sakramenten ist bezeichnend. Die Ehegatten, die denselben täglichen Tisch teilen sollen, suchen Gnade und Kraft dazu am selben Tisch des Herrn. Nachdem sie sich gegenseitig das Ja-Wort der Hingabe geschenkt haben, werden sie sich beim Einsetzungsbericht daran erinnern: „In der Nacht, da er verraten wurde, nahm er das Brot ... und sprach: Das ist mein Leib, der für euch hingegeben wird." Ihr Bund stützt sich auf diesen Neuen Bund, das Geschenk Jesu Christi. Deshalb werden sie ihr Leben lang die Teilnahme an der sonntäglichen Eucharistiefeier als Ehrensache ansehen.

In der Ehe aus der Liebe Jesu Christi leben

Nach der Feier der Trauung beginnt das gemeinsame Leben zwischen Mann und Frau. Es wird Tag für Tag, Jahr um Jahr eine ständige Neuentdeckung sein. Es kann Augenblicke voller Liebesglück, aber auch tiefe Enttäuschungen mit sich bringen. Die menschliche Liebe ist eine Berufung, die in Begegnungen gelebt wird, das heißt in Freuden und Leiden, in Konflikten und Vergebung und selbst im Scheitern. Wir sind nach dem Bild Gottes geschaffen, der Liebe ist, und darum sind wir voll Hoffnung. Jeden Tag sollen die Ehepartner einander die liebevolle Aufmerksamkeit Jesu bezeugen. Sie werden darin durch die Gemeinde unterstützt, sowohl durch die Familien als auch durch jene, die sich für die Ehelosigkeit um des Reiches Gottes willen entschieden haben. Die Christen sind fröhlich in der Hoffnung, daß *die Liebe den Egoismus besiegen wird.* Die Ehegatten sind eingeladen, regelmäßig zu beten und das Bußsakrament zu empfangen.

Eine ganzheitliche, geistig-leibliche Form

Die menschliche Sexualität ist auf den ehelichen Akt ausgerichtet. So wie die Sprache das Wort und das Schweigen kennt, so wird die Sexualität in Umarmung und Enthaltung gelebt. Beide Formen der Sexualität sind Liebe, sind Hochachtung voreinander. Der eheliche Akt, durch den die Verheirateten ihre Ehe vollziehen, hat einen endgültigen Sinn. „Die gültige und vollzogene Ehe zwischen Getauften kann durch keine menschliche Gewalt und aus keinem Grunde, außer durch den Tod, aufgelöst werden" (CIC, can. 1141). Die Zugehörigkeit, die Ehegatten füreinander bezeugen, und die Hingabe, die sie sich gegenseitig durch ihre Sexualität schenken, schließen – wie bei der Verbindung zwischen Christus und seiner Kirche – jede andere Bindung aus. So wie die Kirche eins ist und untrennbar mit dem Herrn verbunden, so kann das Eheband zwischen Getauften nicht gelöst werden; selbst durch Scheidung und Ehebruch wird es nicht aufgelöst (vgl. Mk 10,6–9).

Ehe und Ehelosigkeit

Paulus sagt, als er von Ehelosen spricht: „Wenn sie nicht enthaltsam leben können, sollen sie heiraten. Es ist besser zu heiraten, als sich in Begierde zu verzehren" (1 Kor 7,9). Andererseits sagen die Jünger, erschrocken über die Unauflöslichkeit der Ehe, zu Jesus: „Wenn das die Stellung des Mannes in der Ehe ist, dann ist es nicht gut zu heiraten. Jesus sagte zu ihnen: Nicht alle können dieses Wort erfassen, sondern nur die, denen es gegeben ist" (Mt 19,10–11). Weder die christliche Ehelosigkeit noch die christliche Ehe lassen sich außerhalb des *Glaubens* voll verstehen. Die christliche Jungfräulichkeit wird um des Reiches Gottes willen gelebt, sie verlangt nach der ungeteilten Liebe zu Jesus Christus; die christliche Ehe schöpft ihre Kraft aus der Liebe Christi zu seiner Kirche und hat darin ihr Vorbild. Eine Ehe ohne Liebe ist eine Hölle, eine Jungfräulichkeit ohne Liebe eine Wüste. Weder das eine noch das andere entspricht dem Willen Jesu Christi.

Die jungen Menschen auf ihre Verantwortung vorbereiten

Deshalb verlangt das Zweite Vatikanische Konzil, daß Jugendliche „über die Würde, die Aufgaben und den Vollzug der ehelichen Liebe am besten im Kreis der Familie selbst rechtzeitig in geeigneter Weise unterrichtet werden, damit sie, an keusche Zucht gewöhnt, im entsprechenden Alter nach einer reinen Brautzeit in die Ehe eintreten können" (Pastoralkonstitution, 49).

Wenn einer der Gatten stirbt

Die Brautleute versprechen sich Treue, „bis der Tod sie scheidet". Eines Tages aber geht einer der Ehegatten zum Herrn, dem er während seines Lebens gedient hat. Wer zurückbleibt, kann wieder heiraten. Eine zweite Ehe kann für ihn, für sie oder für das Wohl der Kinder das Bessere sein. Aber die Kirche hat immer auch die Ehelosigkeit um des Reiches Gottes willen hochgeschätzt. Von Anfang an ehrte sie die Witwen. Wenn einer meint, daß es für ihn gut sei, allein zu bleiben, wird diese Entscheidung von der Kirche gebilligt. Angesichts dieser beiden Möglichkeiten ist sie wie eine echte Mutter, die versteht, was im Herzen ihrer Kinder vorgeht. Sie hat Verständnis, und sie ermutigt, wo sie es für notwendig erachtet.

Die Ehe der Nichtchristen

Die Ehe der Nichtgetauften wird von den Christen geachtet. Überall, wo Mann und Frau sich in einer Ehe ihr Leben lang in Treue lieben, entdecken die Christen eine Spur des Bundes zwischen Christus und seiner Kirche. In dieser Treue sind die Nichtchristen dem Reich Gottes nahe.

Das bürgerliche Recht und das Kirchenrecht

In vielen Ländern (zum Beispiel in der Bundesrepublik Deutschland, in der Schweiz, in Belgien) verlangt das staatliche Recht, daß die Eheschließung auf dem Standesamt der Feier der kirchlichen Trauung vorausgeht. Die Ziviltrauung reicht für Katholiken aber nicht aus; denn diese werden in der Regel nur durch die katholisch-kirchliche Trauung vor Gott und der Kirche Mann und Frau, während sie es für den Staat bereits aufgrund der bürgerlichen sind. Für bekenntnisverschiedene bzw. religionsverschiedene Ehen, das heißt für Ehen zwischen Katholiken und nichtkatholischen Christen bzw. zwischen Katholiken und Ungetauften sowie für von der katholischen Kirche formell Abgefallene gibt es besondere Bestimmungen, die den veränderten Verhältnissen und der gewandelten ökumenischen Situation Rechnung tragen.

Die Katholiken, die heiraten wollen, wenden sich rechtzeitig (das heißt in der Regel mehrere Monate vorher) an den Pfarrer ihrer Gemeinde. Das ist auch dann notwendig, wenn ein Teil nicht katholisch ist. Wer der Kirche verbunden bleiben will, richtet sich nach ihren Weisungen.

Die Ehe ist unauflöslich. Es kann aber vorkommen, daß jemand zur Heirat gezwungen wurde; eine solche Ehe ist nichtig. Die Betroffenen waren in einem solchen Fall niemals wirklich verbunden. Auch aus anderen Gründen kann eine Ehe ungültig sein. Solche Situationen werden von kirchlichen Gerichten geprüft. Gläubige, die es betrifft, können einen Priester, vorzugsweise ihren Pfarrer, um Rat fragen.

Was bürgerlich wiederverheiratete Geschiedene angeht, so ist es wichtig zu wissen, daß diese Christen nicht aus der Kirche ausgeschlossen sind. Die Kirche ist jederzeit bereit, ihnen beizustehen, auch wenn sie diese zweite Ehe nicht anerkennen und die Betroffenen nicht zum eucharistischen Mahl zulassen kann.

Die Familie, eine „Hauskirche" in der Welt

Das *allgemeine Priestertum* wird tagtäglich gelebt, besonders in der Ehe. So helfen sich die Ehepartner entsprechend ihrer *eigenen Berufung* und in der Kraft eines besonderen Sakraments gegenseitig im Ehe- und Familienleben. Ihre Kinder sind berufen, Glieder des Volkes Gottes zu werden; die Eltern erziehen sie im Glauben und fördern die Entfaltung der Berufung, die Gott jedem einzelnen gibt. So leben die Ehepartner und die Kinder nach Gottes Willen und sind auch für andere Familien ein Segen. Darum wird die Familie seit den ersten Jahrhunderten eine Art Hauskirche, eine Kirche im kleinen genannt: Sie ist eingeladen, Gemeinschaft und Versöhnung zu leben und den Auftrag der ganzen Kirche für den Aufbau und die Heiligung der Welt wahrzunehmen.

Sich in einem ehelosen Leben Gott weihen

Ehelosigkeit um des Reiches Gottes willen: von Anfang an ein Weg in der Kirche

Unter den evangelischen Räten „ragt die kostbare göttliche Gnadengabe hervor, die der Vater einigen gibt, die Jungfräulichkeit oder der Zölibat, in dem man sich leichter ungeteilten Herzens Gott allein hingibt" (Kirchenkonstitution, 42). Seit den Anfangszeiten brachte die Kirche den Jungfrauen eine besondere Wertschätzung entgegen. Das geschah zum Teil deswegen, weil das junge unverheiratete Mädchen im väterlichen Haus ohne sozial anerkannte Stellung war, aber vor allem wollte sie auf die Christen einwirken, daß sie ihren jungen Töchtern erlaubten, auf die Ehe zu verzichten. Die Entscheidung für ein jungfräuliches Leben um des Reiches Gottes willen konnte den jungen Frauen sogar Verfolgung einbringen. Die Kirche gedenkt jungfräulicher Märtyrinnen, die durch ihren Tod ihre ungeteilte Verbundenheit mit Jesus Christus bezeugt haben.

Paulus wählt die Ehelosigkeit wegen des Dienstes am Evangelium (1 Kor 7)

Paulus erklärt den Korinthern, warum er selbst unverheiratet bleibt und warum er wünscht, daß alle seien wie er. Aber „jeder hat seine Gnadengabe von Gott, der eine so, der andere so" (1 Kor 7,7). Er weiß, daß seine Berufung nicht die aller ist; so gibt er hierzu nur eine Empfehlung. Ehelosigkeit macht das Herz frei für eine ungeteilte Liebe zum Herrn: „Die unverheiratete Frau und die Jungfrau sorgen sich um die Sache des Herrn, um heilig zu sein an Leib und Geist" (1 Kor 7,34). Diese Anhänglichkeit an den Herrn ist ein lebendiges Zeichen für das Kommen des Reiches Gottes. Wer nicht für seinen Ehemann oder seine Ehefrau zu sorgen hat, kann in der frei gewählten Ehelosigkeit seine Hoffnung auf den gekreuzigten und auferstandenen Herrn zum Ausdruck bringen.

Verschiedenartigkeit der Berufungen

Manche wählen den Weg eines *kontemplativen* Lebens, um so ihre Zugehörigkeit zum Herrn auszudrücken. Von Gottes Geist erfüllt, bewahren sie in Gebet und Meditation das Wort Gottes in ihrem Herzen. Sie singen das Lob Gottes und bringen vor ihn die Klage der Menschen in Gemeinschaft, in „Einsamkeit" oder auch mitten in der Welt. Vom selben Geist Gottes bewegt, suchen andere, durch ein *apostolisches* Leben Gott zu dienen. Sie kümmern sich ganz um ihre Brüder und Schwestern im Leib Christi und setzen sich für die Bedürftigsten ein. Betendes Schauen auf den Herrn und tatkräftige Liebe zu den Brüdern und Schwestern machen die Mitte jedes gottgeweihten Lebens aus.

Das Gelübde der Jungfräulichkeit oder der Ehelosigkeit kann privat oder öffentlich in einer von der Kirche gebilligten Form abgelegt werden. Wer sich dazu berufen fühlt, soll für seine Entscheidung um geistlichen Rat bitten.

„Wenn du willst ..., dann komm und folge mir nach" (Mt 19,21)

Keuschheit, Armut und Gehorsam sind die drei evangelischen Räte, drei Zeichen für die Erwartung des Reiches Gottes. Die Kirche der Apostel hat von Jesus gelernt, *arm* zu sein. Dazu berufen, mit ihm zu sein, hat sie nicht nur die Armut des Teilens geübt, wobei alle alles gemeinsam haben (vgl. Apg 2,44), sondern sie hat auch gelernt, ihm in seiner Entäußerung bis zum Tod an einem Kreuz zu folgen. Die Bereitschaft, arm mit dem armen Christus zu sein, ist kennzeichnend für eine Kirche, die ihrem Herrn bis in den Tod folgen will und die der festen Hoffnung ist, mit ihm auch auferweckt zu werden. Wenn Jungfräulichkeit das Zeichen für die Liebe der Kirche zu ihrem Bräutigam ist, dann ist Armut das Zeichen der bedingungslosen Zugehörigkeit zu ihrem Erlöser, der um unseretwillen arm wurde.

Jesus Christus ist *gehorsam* geworden bis zum Tod. Nicht sein Wille sollte geschehen, sondern der des Vaters. So wollte die Kirche, daß Männer und Frauen ihrem Streben Ausdruck verleihen können, dem gehorsamen Sohn Gottes nachzufolgen. Wer das Gelübde des Gehorsams ablegt, will Gott gehorchen, wenn er seinen Willen einem kirchlichen Oberen unterordnet. Er zeigt damit, daß die Kirche Geschenk des Vaters ist und wie erstrebenswert der Wille Gottes ist: „Vater unser ... dein Wille geschehe *wie im Himmel* so auf Erden."

Zeichen Christi sein, der beruft

Die drei evangelischen Räte der Armut, Keuschheit und des Gehorsams wenden sich an *alle,* aber manche sind berufen, sie als Zeichen für das kommende Reich Gottes radikal zu leben. Durch ihre *Gelübde* bezeugen sie, wie sehr die Kirche mit Ungeduld auf den Herrn wartet. Ihr tägliches Leben bringt zum Ausdruck, was die ganze Kirche betet: „Komm, Herr Jesus!" (Offb 22,20).

Die Hochschätzung der Jungfräulichkeit mindert in keiner Weise die Würde der Ehe. Ebenso ist es mit der Armut und dem Gehorsam. Die Ordensleute wollen nicht jene verachten, die Hab und Gut besitzen und dafür nach dem Willen des Herrn Verantwortung tragen. In der Überzeugung, daß *alle* so leben sollen, „als würden sie nicht besitzen" (1 Kor 7,30), machen sie mit diesem Schriftwort *radikal* Ernst. Sie verzichten auf ihr Eigentum und auf ihren Eigenwillen, aber sie verachten das nicht. In der Kraft der Gnade verzichten sie, um den Herrn mit einem völlig freien Herzen zu lieben und ihm nachzufolgen.

Ordensberuf und Jungfrauenweihe

Die evangelischen Räte nehmen im Ordensleben eine festere Gestalt an. Ordensleute verpflichten sich durch Gelübde oder Versprechen, nach den Räten des Evangeliums zu leben. Sie streben auch danach, daß in ihrem gemeinsamen Leben und Wirken die Gemeinschaft der Kirche Gestalt annimmt.

Die Riten bei der Aufnahme in einen Orden und bei der Erneuerung der Gelübde sind keine Sakramente. Sie wurzeln in der Taufweihe und vereinen die ganze Person mit dem eucharistischen Opfer Jesu Christi.

Das Zweite Vatikanische Konzil hat die *Jungfrauenweihe,* die in der frühen Kirche üblich war, erneuert. In einem feierlichen *Ritus,* den ein Bischof vollzieht, wird jene, die sich für ein Leben in Jungfräulichkeit entschieden hat, Gott geweiht. Der Ritus besteht aus Weihegebet und Handauflegung. Dadurch wird die Jungfrau zum Zeichen für die Liebe der Kirche zu Jesus Christus, ihrem Bräutigam, und auch zum Zeichen für die Hoffnung des Gottesvolkes auf die Wiederkunft des Herrn.

Entdeckung der Berufung

Durch ihr Zeugnis und ihre Lebendigkeit hilft die ganze christliche Gemeinschaft den jungen Menschen, den Ruf des Herrn zu hören und ihm zu folgen.

Das Sakrament der Weihe empfangen

Wir sind ein priesterliches Volk

Alle Jünger Jesu Christi, die auf seinen Tod und seine Auferstehung getauft wurden, sind in die Sendung der Zwölf und der Kirche einbezogen. Als Glieder des Leibes Christi haben die Laien ebenso wie die Bischöfe und Priester Anteil am einzigartigen Priestertum Jesu Christi. Deshalb ist die ganze Gemeinschaft der Getauften eine priesterliche Gemeinschaft:

> „Laßt euch als lebendige Steine zu einem geistigen Haus aufbauen, zu einer heiligen Priesterschaft, um durch Jesus Christus geistige Opfer darzubringen, die Gott gefallen" (1 Petr 2, 5).

„Ich ermahne euch, euch selbst als lebendiges und heiliges Opfer darzubringen" (Röm 12, 1)

Taufe und Firmung prägen die Christen für ihr ganzes Leben. Der Geist des Herrn wohnt in ihnen und befähigt sie, an der dreifachen Aufgabe des Priestertums teilzuhaben: das Evangelium zu bezeugen, die Sakramente und den Gottesdienst mitzufeiern, für das Ganze des Leibes Christi mitverantwortlich zu sein. Überall, wo die Kirche ist, lehrt, heiligt und leitet der ganze Leib Christi seine Glieder:

> „Ihr seid ein auserwähltes Geschlecht, eine königliche Priesterschaft, ein heiliger Stamm, ein Volk, das sein besonderes Eigentum wurde, damit ihr die großen Taten dessen verkündet, der euch aus der Finsternis in sein wunderbares Licht gerufen hat" (1 Petr 2, 9).

Wir üben dieses Priestertum in allem aus, was wir aus Liebe tun, wenn wir uns selbst „als lebendige Opfergabe" (Röm 12, 1) darbringen, ob wir nun das eucharistische Opfer feiern oder Jesus Christus in unseren Familien und in unserer Arbeits- und Freizeitwelt bezeugen.

Wir haben nur einen Priester, Jesus Christus

Die Priester des Alten Bundes vollzogen den Gottesdienst, indem sie Tiere darbrachten. Sie drückten so die Hingabe des Volkes an Gott aus; aber diese vielfachen Opfer brachten den Menschen keinen wirklichen Zugang zur Vergebung der Sünde und zur Gnade. Jesus hat sich sein Leben lang dem Vater und den Menschen hingegeben in unverbrüchlicher Treue, er hat sich entäußert bis zum Tod. Sein Opfer war unvergleichlich, alles umfassend und alles überragend. So ist er unser einzigartiger Mittler beim Vater. Das gemeinsame Priestertum aller Getauften unterscheidet sich zwar dem Wesen, nicht nur dem Grade nach von dem der Bischöfe und Priester, aber das eine wie das andere hat teil an diesem *einzigartigen Priestertum Jesu Christi.*

Wozu sind die Bischöfe berufen?

Jesus spricht zu den Scharen des Volkes am Ufer des Sees, und viele folgen ihm. Nach seiner Gewohnheit zieht er sich auf einen Berg zurück, um zu beten (vgl. Mk 6, 46); dann wählt er aus den Jüngern die Zwölf aus, die er auf besondere Weise an sich bindet. Er *beruft* sie, und ihre *Verfügbarkeit* ist total:

> „Jesus stieg auf einen Berg und rief die zu sich, die er erwählt hatte, und sie kamen zu ihm. Und er setzte zwölf ein, die er bei sich ha-

ben und die er dann aussenden wollte, damit sie predigten und mit seiner Vollmacht Dämonen austrieben" (Mk 3, 13–15).

Er „setzte zwölf ein"; sie sollen ein „Kollegium" bilden, als dessen Haupt er Petrus bestimmt (vgl. Joh 21, 15–17). Er erwählt sie, „auf daß sie *mit ihm sind*" und „auf daß er sie *aussendet*". Diese beiden Momente kennzeichnen noch heute die Bischöfe und die ihnen zugehörigen Priester: Sie haben eine besondere Verbindung zu Jesus Christus, und sie sind von ihm gesandt, so wie der Vater den Sohn gesandt hat (Joh 17, 18).

„Mit Jesus sein" heißt ihm nachfolgen. Aufgrund ihrer besonderen Verbindung *mit Jesus Christus* leiten die Bischöfe das Volk Gottes und führen sie die Gläubigen auf dem Weg des Sohnes zum Vater. Von Jesus Christus gesandt und vom Heiligen Geist erfüllt, haben sie eine dreifache Sendung: die Sendung zu *evangelisieren,* die Frohe Botschaft zu verkünden, neue Jünger für den Herrn zu gewinnen und ihr Volk zu lehren; die Sendung, die Gläubigen zu *heiligen* und sie zu Gebet und Gottesdienst, insbesondere zur Eucharistiefeier, zu versammeln; die Sendung, sie als Hirten zu *führen,* die bereit sind, ihr Leben für ihre Schafe zu geben.

Eine Gnade für das ganze Volk Gottes

Die Weihe eines Bischofs ist ein Fest für die ganze Kirche. Denn auf dem Weg zum Haus des Vaters wandern wir gemeinsam als Volk Gottes. Diese geschwisterliche Verbundenheit ist an die Person Jesu Christi geknüpft, den einzigen Hirten und Mittler zwischen Gott und den Menschen. Der Bischof, der die Fülle des Sakraments der Weihe empfängt, stellt inmitten seines Volkes Jesus Christus dar, „das Haupt des Leibes, der die Kirche ist" (Kol 1, 18). Deshalb ist der Bischof nicht ohne das Volk, noch das Volk ohne den Bischof. „Wo ich auch sei", sagt Johannes Chrysostomus vor seinem Aufbruch in die Verbannung, „dort seid auch ihr: Der Leib trennt sich nicht vom Haupt, noch das Haupt vom Leib. Wenn wir durch die räumliche Entfernung getrennt sind, sind wir durch die Liebe vereint, und selbst der Tod wird dieses Band nicht zertrennen. Wenn mein Leib stirbt, wird sich meine Seele ... meines Volkes erinnern."

Der Bischof und seine Mitarbeiter im priesterlichen Dienstamt

Als Jesus die vielen Menschen sah, hatte er Mitleid mit ihnen, denn sie waren wie Schafe, die keinen Hirten haben. Da sagte er zu seinen Jüngern: „Die Ernte ist groß, aber es gibt nur wenig Arbeiter. Bittet also den Herrn der Ernte, Arbeiter für seine Ernte auszusenden" (Mt 9, 37–38).

Nach der Auferstehung Jesu haben die Elf Matthias an die Stelle des Judas gewählt. Später haben sie den missionarischen Dienst des Apostels Paulus bestätigt. So hat sich das Kollegium der Zwölf Nachfolger gegeben und sich je nach den neuen Bedürfnissen der Kirche erweitert. Die Bischöfe bilden das Kollegium der Nachfolger der Apostel und haben eine Aufgabe gegenüber der ganzen Welt. In Gemeinschaft mit dem Nachfolger des Petrus sind sie die Garanten für die *Einheit der Kirche,* ihre *Apostolizität* und ihre Katholizität.

In jeder Ortskirche wird der Bischof durch Älteste (oder „Presbyter", davon das deutsche Wort „Priester") unterstützt (vgl. Apg 15, 6.22). Die Priester sind die Mitarbeiter des Bischofs; gemeinsam bilden sie das „Presbyterium"; sie sind mit dem Bischof verbunden „wie die Saiten mit einer Harfe" (Ignatius von Antiochien). Bischof und Priester üben das *„Priestertum des Dienstes* aus, das sich von dem gemeinsamen Priestertum aller Getauften unterscheidet; sie empfangen in der Weihe eine „heilige Gewalt". Kraft dieser Gewalt „bildet der Amtspriester das priesterliche Volk heran und leitet es; er vollzieht in der Person Christi das eucharistische Opfer und bringt es im Namen des ganzen Volkes Gott dar" (Kirchenkonstitution, 10).

Die Diakone haben nicht die Vollmacht, die Eucharistie zu feiern, aber sie haben die wichtige Aufgabe, dem Bischof und seinen Priestern bei der Verkündigung des Wortes Gottes, bei der Feier der Liturgie und bei der Sorge für die Notleidenden zu helfen: Im Dienst des Wortes, des Altars und der Liebe sind sie für alle da.

„Vernachlässige die Gnade nicht, die in dir ist und die dir durch die Handauflegung verliehen wurde" (1 Tim 4, 14)

Die Autorität der Diener der Kirche gehört ihnen nicht als ihr Eigentum, sie kommt ihnen von Jesus Christus her zu. Sie wird nicht „über" die Kirche, sondern *in* der Kirche als ein Dienst ausgeübt: „Der Größte unter euch soll werden wie der Kleinste, und der Führende soll werden wie der Dienende" (Lk 22, 26). Alle empfangen das Sakrament des apostolischen Dienstes aus den Händen des Bischofs, und zwar in einer dreifachen Abstufung als Weihe der Diakone, der Priester oder der Bischöfe. Das Weihesakrament wird während der Messe gespendet, zwischen dem Wortgottesdienst, der die Berufung verdeutlicht, und der Eucharistiefeier, in der das ganze, mit seinem Hirten vereinte Volk Gottes Dank sagt.

Das sakramentale Zeichen der drei Weihestufen ist die *Handauflegung* und das *Weihegebet,* die den Heiligen Geist für das Dienstamt verleihen. Wie Taufe und Firmung, so verleiht die Weihe denen ein „unauslöschliches Prägemal", die dieses Sakrament empfangen.

Die Weihe eines Bischofs

Der zukünftige Bischof empfängt die *Fülle* des Priestertums inmitten seines Volkes in seiner Bischofskirche während der Messe, die von mehreren Bischöfen und dem ganzen „Presbyterium" unter Assistenz der Diakone konzelebriert wird. Nach dem Evangelium wird er aufgerufen und in Gegenwart aller gefragt, ob er bereit ist: den apostolischen Glauben zu bewahren und sein Amt im Dienst des Volkes recht zu erfüllen; das Evangelium „treu und unermüdlich" zu verkünden; das Glaubensgut rein und unverkürzt zu hüten; am Aufbau der Kirche Christi zusammen mit dem Bischofskollegium unter dem Nachfolger des heiligen Petrus zu arbeiten; zusammen mit seinen Mitarbeitern, den Presbytern und Diakonen, das Volk auf den Weg des Heils zu führen; gegen die Armen, die Heimatlosen und alle Notleidenden freundlich und barmherzig zu sein; den Verirrten als guter Hirte nachzugehen; unablässig zu beten und das hohepriesterliche Amt untadelig auszuüben.

Nach der Handauflegung durch jeden Bischof, das Zeichen apostolischer Sendung schlechthin, spricht der Hauptkonsekrator das Weihegebet, nachdem er dem Weihekandidaten das offene Evangelienbuch aufs Haupt legte. Dieser Ritus zeigt, daß der Bischof in seinem ganzen Dienst dem Evangelium unterworfen ist. Mehrere *ergänzende Riten* bringen das Geheimnis zum Ausdruck, das sich vollzieht: Das Haupt des neugeweihten Bischofs wird mit Chrisam gesalbt; ihm wird das Evangelienbuch übergeben sowie die bischöflichen Insignien: der Ring als Zeichen der Treue („In unverbrüchlicher Treue sollst du die Braut Gottes, die heilige Kirche, unversehrt bewahren") und der Stab als Zeichen des Hirtenamtes. Dann nimmt der Bischof auf dem Bischofssitz Platz und führt den Vorsitz bei der Eucharistiefeier inmitten seines Volkes.

Die Weihe der Priester

Die künftigen Priester empfangen ihre Weihe als Mitarbeiter des Bischofs und Mitglieder des Presbyteriums. Das wird im ganzen Weiheritus betont. Der Kandidat verpflichtet sich, treu mit dem Bischof zusammenzuarbeiten „und so unter der Führung des Heiligen Geistes die Herde Christi gewissenhaft zu leiten"; das Evangelium zu verkünden und die Sakramente zu feiern gemäß der Überlieferung der Kirche „zum Lob Gottes und zum Heil seines Volkes"; „sich mit Christus, unserem Hohenpriester, täglich enger zu verbinden und mit ihm Opfergabe zur Ehre Gottes und zum Heil der Menschen zu werden"; schließlich verspricht er dem Bischof Ehrfurcht und Gehorsam.

Der Bischof überträgt dann die Sendung, die er selbst empfangen hat: Er spendet das Sakrament, indem er jedem Weihekandidaten *die Hände auflegt.* Die anwesenden Priester wiederholen schweigend die gleiche Zeichenhandlung, um die Aufnahme des neuen Priesters in das Presbyterium auszudrücken. Der Bischof spricht das Weihegebet, dann salbt er die Hände des Geweihten für seine Aufgabe, das Volk Gottes zu heiligen und Gott das Opfer darzubringen. Er übergibt ihm die Zeichen seiner Sendung: den mit Wein gefüllten Kelch und die

Patene mit dem Brot. „Nimm hin die Gaben des Volkes für die Feier des Opfers. Bedenke, was du tust, ahme nach, was du vollziehst, und stelle dein Leben unter das Geheimnis des Kreuzes." Der Neupriester feiert dann zum ersten Mal zusammen mit dem Bischof und den anderen Priestern die heilige Messe.

Die Weihe der Diakone

Wer sich auf das Priestertum vorbereitet, empfängt zuerst die Diakonatsweihe. Aber der Diakonat kann auch unabhängig vom Priestertum gespendet werden; dann spricht man vom *„ständigen Diakonat"*.

Die lateinische Kirche wählt ihre ständigen Diakone aus ehelosen oder verheirateten Männern. Wer nicht verheiratet ist, verpflichtet sich bei der Weihe vor Gott und der Kirche, den Zölibat sein ganzes Leben lang zu halten: „Indem ihr aus Liebe die Anforderungen dieses Standes auf euch nehmt, zeigt ihr eure Bereitschaft für alle Menschen, und durch euer Leben bezeugt ihr, daß Gott über alles geliebt werden muß." Beim verheirateten Kandidaten fragt der Bischof nach der Zustimmung der Ehefrau: „Die Kirche bittet mich, Ihren Ehemann zum Diakon zu weihen. Sind Sie bereit, anzunehmen, was diese Weihe für Ihr Ehe- und Familienleben mit sich bringt?"

Der Weihekandidat verpflichtet sich, seine Aufgabe mit Liebe und in Einfachheit des Herzens zu erfüllen; das Glaubensgut gewissenhaft zu bewahren und es in Wort und Tat zu verkünden; dem Gebet treu zu sein und stets nach dem Vorbild Christi zu leben, dessen Leib und Blut er den Gläubigen austeilen wird. Er verspricht, in Gemeinschaft mit dem Bischof zu leben, in Ehrfurcht und Gehorsam.

Nach der *Handauflegung* spricht der Bischof das Weihegebet; dann übergibt er dem Diakon das Evangelienbuch: „Was du liest, ergreife im Glauben; was du glaubst, das verkünde, und was du verkündest, erfülle im Leben."

Das Gebet der versammelten Gemeinde

Diakone, Priester und Bischöfe, sie alle erhalten ihre Berufung aus einem Ruf, den Jesus Christus an sie persönlich gerichtet hat. Sie werfen sich, nachdem sie zu Beginn der Weihehandlung ihre Bereitschaft erklärt haben, ausgestreckt auf den Boden nieder, und die ganze versammelte Gemeinde vertraut sie mit allen Heiligen, die für uns fürbittend eintreten, der Barmherzigkeit Gottes an, der sie erwählt hat und der sie sendet.

Das Kirchenjahr

Warum ist Gott in unsere Zeit gekommen?

Wecker, Uhren, Kalender, Terminpläne, Zeitaufwand, Zeitverlust ... Wir sind dahin gekommen, aus der Zeit eine Realität zu machen, die außerhalb von uns selbst besteht und die uns tyrannisiert. In Wirklichkeit ist sie eine Dimension von allem, was geboren wird, lebt und stirbt: Zeit ist eine Dimension des Menschen, und auch sie ist durch Jesus Christus erlöst worden.

Im Gottesdienst sucht der Christ nicht, aus der Zeit zu fliehen. Im Gegenteil: Weil der Sohn Gottes unsere sterbliche Daseinsweise auf sich nahm, hat er sich unserer Zeit unterworfen und sie verklärt; er hat ihr ihren Sinn wiedergegeben, ihre Ausrichtung auf Gott, da selbst der Tod, der unserer Zeit ein Ende setzt, zur Auferstehung führt.

Die Geschichte des Heils wird Gegenwart für uns

Die Zeit der Christen und der Kirche wird „von innen her bewohnt" durch die Geheimnisse, die wir feiern, das heißt die göttlichen und menschlichen Stufen der Heilsgeschichte. Diese Geheimnisse (Weihnachten, Ostern ...) erleben wir heute durch Jesus Christus und im Heiligen Geist. In diesem Sinn sprechen wir vom Kirchenjahr: eine Zeit, die durch Gottesdienstfeiern und Feste geprägt ist, die uns in die Gegenwärtigkeit des Heils eintreten lassen. „Heute ist Christus geboren", „Heute ist der Geist uns geschenkt."

Der liturgische Kalender hat sich im Laufe der Jahrhunderte herausgebildet. Er umfaßt die Fasten- und Osterzeit, die Advents- und Weihnachtszeit, die sogenannte „Zeit im Jahreskreis" und eine ganze Reihe von Heiligenfesten.

Der Sonntag, das wöchentliche Ostern

Der grundlegende Rhythmus des Kirchenjahrs ist geprägt durch die Feier des Sonntags. Bevor Ostern zu einem feierlichen Fest wurde, versammelten sich die ersten Christen an jedem ersten Wochentag, um „das Brot zu brechen" (Apg 20,7). Jeder *Sonntag* ist also seit den Zeiten der Apostel die wöchentliche Feier des Todes und der Auferstehung des Herrn.

Das jährliche Osterfest und die drei österlichen Tage

Das *Osterfest* wird seit dem Konzil von Nikaia (325) eigens gefeiert. Es fällt auf einen Sonntag nahe dem jüdischen Pascha, auf den Sonntag nach dem ersten Frühlingsvollmond. Vor diese Festfeier legte man bald ein österliches Triduum, das heißt drei durch große Gottesdienste gekennzeichnete Tage: Am Gründonnerstag gedenken wir der Einsetzung der Eucharistie; am Karfreitag feiern wir das Leiden unseres Herrn (an diesem Tag wird gefastet). Am Karsamstag, an dem kein anderer Gottesdienst als der des Stundengebets stattfindet, betrachten wir das Geheimnis des ins Grab gelegten Christus. Aber in der Ostervigil wacht die Kirche mit Liebe, sie hört das Wort Gottes und nimmt die Neugetauften in ihre Mitte auf. In dieser Nacht feiern wir die Auferstehung des Herrn und unseren Durchgang vom Tod zum Leben mit ihm; darum erneuern wir unser Taufversprechen.

Die Osterzeit

In der Osternacht und am Ostertag läßt die Freude der Getauften das Lob der Völker zu Gott emporsteigen. Die Osterkerze erleuchtet die Finsternis. Ihr Licht teilt sich allen Gläubigen mit. Freude und Jubel finden ihren Widerhall im endlos wiederholten Halleluja. Dieser Zuruf, der „Lobt Gott" bedeutet, ist das Siegeslied der Erlösten. Das Geheimnis unseres Heils ist so reich, daß die Kirche dessen Feier sieben Wochen lang ausdehnen wollte; am Ende dieser Zeit feiern wir *Pfingsten* (das Wort bedeutet der fünfzigste [Tag]). Am fünfzigsten Tag, nachdem das Volk der Hebräer das Pascha gegessen hatte, feierte es das „Wochenfest" oder „Erntefest", das mit dem Gedenken an das Geschenk des Gesetzes am Sinai verbunden wurde. Das christliche Pfingstfest ist die Krönung der Osterzeit: Wir feiern das Herabkommen des Heiligen Geistes auf Maria und die Apostel, auf die Kirche von heute.

Zehn Tage vor Pfingsten feiern wir die *Himmelfahrt* des Herrn zum Vater. Die Feste Ostern, Himmelfahrt und Pfingsten sind drei Phasen des einen österlichen Geheimnisses, an dem wir Anteil haben: Jesus Christus, gestorben für das Heil der Welt, auferstanden und sitzend zur Rechten des Vaters, gibt uns seinen Geist, der uns in die Welt sendet.

Die Zeit der Vorbereitung auf Ostern

Die *Fastenzeit* ist eine Zeit von großer geistlicher Bedeutung für die Kirche und für jeden Christen. Sie wurzelt in der biblischen Überlieferung vom Auszug, als Gott sein Volk nach der Befreiung aus der Sklaverei „vierzig Jahre" lang in der Wüste läuterte, bevor er es in das Gelobte Land gelangen ließ. Die Fastenzeit steht im Zeichen des „Exodus", des inneren und äußeren Aufbruchs und Auszugs, den das Gottesvolk, aufgefordert durch die Stimme der Propheten, immer wieder neu unternahm. Sie verbindet uns auch mit den „vierzig Tagen", die Jesus in der Wüste mit Fasten und Gebet verbrachte. In der Fastenzeit bereiten sich die Taufbewerber, begleitet von der Gemeinde, auf den feierlichen Empfang ihrer Taufe vor. Wir geben Antwort auf den drängenden Ruf der Kirche, umzukehren, auf das Wort Gottes zu hören, zu beten und unser Hab und Gut zu teilen. So bereiten wir uns auf das Osterfest vor, aber vor allem darauf, das österliche Geheimnis alle Tage zu leben.

Der *Aschermittwoch* eröffnet diesen Zeitabschnitt mit der Austeilung der geweihten Asche und mit einem Fasten nicht nur als leibliche Buße, sondern auch als Umkehr und als geschwisterliches Teilen. Acht Tage vor Ostern feiern wir den *Palmsonntag:* Wir hören das Evangelium von der Passion unseres Herrn, nachdem wir seines sieghaften Einzugs in Jerusalem gedacht haben, der bereits an den österlichen Triumph denken läßt. Die geweihten Zweige, die wir nach Hause nehmen, um sie ans Kreuz zu stecken, erinnern uns, daß „aus dem Mund der Kinder" Jesus Lob zugerufen wurde (Mt 21, 16).

Das Fest der Geburt des Herrn

Das *Weihnachtsfest* wurde um 300 eingeführt und auf den 25. Dezember gelegt, zur Wintersonnenwende in der Zeit der längsten Nächte: Der Erlöser ist in unsere Nacht gekommen, „er ist das Licht, das in der Finsternis leuchtet" (Joh 1, 5).

Die Weihnachtszeit

Die Festfeier der Geburt des Herrn dauert acht Tage, danach feiern wir Maria, die Gottesmutter (am Neujahrstag unseres Kalenders). Bald danach ist das Fest der Erscheinung des Herrn, in gewisser Weise eine zweite Feier der Geburt des Herrn; manche Ostkirchen feiern Weihnachten übrigens am 6. Januar. In der Tat ist die Geburt Jesu in Niedrigkeit und Armut deswegen nicht weniger „Offenbarung" des Sohnes Gottes an alle Menschen. Seine „Erscheinung" (Epiphanie) vor allen Völkern wird durch die Sterndeuter angezeigt, die aus dem Osten kamen.

Am darauffolgenden Sonntag gedenken wir der *Taufe Jesu*. Damit geht die Weihnachtszeit zu Ende. Sie verweist uns auf das Geheimnis des verborgenen Lebens Jesu, das er bis zu jenem Tag führte, da er sein öffentliches Leben begann. An diesem Tag wurde er mit dem Geist gesalbt, und das Wort des Vaters erklingt noch heute: „Dieser ist mein geliebter Sohn" (Mt 3, 17).

Die Zeit der Vorbereitung auf Weihnachten

Die vier Wochen vor Weihnachten bilden die Zeit des *Advents* – ein Wort, das an die Thronbesteigung eines Königs oder an seinen glorreichen Einzug in eine Stadt erinnert. Diese Zeit der Umkehr bereitet uns auf den 25. Dezember vor, aber sie läßt uns vor allem die Augen zum Herrn erheben, der unablässig kommt und dessen glorreiche Ankunft wir erwarten. Die Adventszeit lädt uns ein, das Wort Gottes und die Gnade nach dem Vorbild Marias mit bereitem Herzen zu empfangen. In gewisser Weise ist immer Advent; die Propheten rufen uns auch heute auf, Menschen zu sein, die wachen und von Hoffnung erfüllt sind. Beten wir nicht täglich: „Vater unser, dein Reich komme"?

Zeit im Jahreskreis

Außerhalb der Weihnachts- und Osterzeit gibt es eine lange Periode, deren Bedeutung wohl verstanden werden muß. „Zeit im Jahreskreis" heißt nicht gewöhnliche, unwichtige oder bedeutungslose Zeit, ganz im Gegenteil. Es ist die Zeit der Saat und der langen Geduld, in der wir die Gleichnisse hören und die Heilige Schrift Seite um Seite betrachten. Es ist die Zeit der täglichen Liebe und des Wachstums, das sich Tag für Tag in guter Erde vollzieht.

Diese lange Zeit wird durch einige Feste geprägt: das Hochfest der *Dreifaltigkeit* (Sonntag nach Pfingsten), dann *Fronleichnam;* am Ende

Allerheiligen und das Gedenken aller Verstorbenen (1. und 2. November). Am letzten Sonntag im Jahreskreis feiern wir das Fest *Christkönig*. Am Sonntag darauf beginnt das neue Kirchenjahr mit der Adventszeit.

Mit Maria wendet sich die Kirche Jesus Christus zu

Auch Maria, die jungfräuliche Gottesmutter, wird im Laufe des Jahres gefeiert, denn sie ist die erste Erlöste, die erste Glaubende, jene, durch die uns der Erlöser gegeben wurde. Durch ihr Gebet hat sie die Anfänge der Kirche begleitet. Sie ist Fürsprecherin bei ihrem Sohn, mit dem sie ganz verbunden ist. Die Kirche schaut in ihr ihre eigene Zukunft.

Vier Marienfeste feiern die wichtigsten Stufen eines ganz von Gnade erfüllten Lebens: Hochfest der ohne Makel der Erbsünde empfangenen Gottesmutter Maria (8. Dezember); Verkündigung des Herrn (25. März); Hochfest der Gottesmutter Maria (1. Januar); Aufnahme Mariens in den Himmel (15. August).

In der Gemeinschaft der Heiligen

Das Kirchenjahr wird außerdem durch Heiligenfeste geprägt, die uns zur Ausdauer im Glauben einladen: „Da uns eine solche Wolke von Zeugen umgibt, wollen auch wir alle Last und die Fesseln der Sünde abwerfen. Laßt uns mit Ausdauer in dem Wettkampf laufen ... und dabei auf Jesus blicken" (Hebr 12, 1–2).

„In den Gedächtnisfeiern der Heiligen verkündet die Kirche das Pascha-Mysterium in den Heiligen, die mit Christus gelitten haben und mit ihm verherrlicht sind. Sie stellt den Gläubigen ihr Beispiel vor Augen, das alle durch Christus zum Vater zieht, und sie erfleht um ihrer Verdienste willen die Wohltaten Gottes" (Liturgiekonstitution, 104).

Die Heiligen waren Männer und Frauen des Gebets und der Buße. Sie wurden von Gott „ergriffen" und sind Jesus Christus nachgefolgt. Sie haben alle die Kirche geliebt und sich voller Freude und Mut in den Dienst ihrer Brüder gestellt. Ihr Zeugnis hat eine befreiende Kraft in unserer Welt. So verkünden wir Gottes Werk an ihnen:

„Wenn du ihre Verdienste krönst, krönst du deine eigenen Gaben" (Präfation I an Heiligenfesten).

„Ihr Beispiel macht uns Mut, und ihr brüderliches Gebet gibt uns Hilfe, zu wirken, daß dein Reich komme" (Präfation II an Heiligenfesten).

Den Herrn in unserer Zeit feiern

So wird das Leben der Christen, die in der Welt verstreut leben, das ganze Kirchenjahr hindurch geprägt durch die Tage und Zeiten, an denen wir uns versammeln, die Gemeinschaft im Glauben und im Gebet leben und uns gegenseitig in der Umkehr und Sendung bestärken.

Die Liturgie ist in unsere Zeit eingepflanzt: Unsere Geschichte und unser Bemühen wird durch sie verklärt, „damit wir zum vollkommenen Menschen werden und Christus in seiner vollendeten Gestalt darstellen" (Eph 4, 13) und „e i n Leib und e i n Geist in Christus" werden (Drittes Hochgebet).

Dritter Teil

Das Evangelium leben

Als Christ handeln, nach dem Gewissen handeln

Gehen technischer und moralischer Fortschritt Hand in Hand?

Millionen von Männern und Frauen tragen zum sozialen Fortschritt bei, zur Entwicklung von Gesundheit, Erziehung und Kultur. Viele setzen sich für Gerechtigkeit ein, schaffen neue Strukturen der Zusammenarbeit und stellen der Welt bohrende Fragen angesichts radikal neuer Probleme wie Kernenergie, Rüstungstechnik und -politik, Nord-Süd-Gefälle, Umweltzerstörung, Manipulation des Lebens ... Das geistig-sittliche Ringen um Lösungen geht alle an, denen die Zukunft der Menschheit am Herzen liegt.

Zu den wichtigsten Zeichen unserer Zeit gehört das sehnsüchtige Streben nach Freiheit und Befreiung der Armen und Unterdrückten. Warum aber erlebt die Menschheit, die durch den technischen, wirtschaftlichen, sozialen und politischen Fortschritt immer freier wird, ständig Rückfälle in entwürdigende Unfreiheit und das Entstehen neuer Versklavung? Die Christen sind davon überzeugt, daß zwischen Gott und der menschlichen Freiheit ein lebendiger Zusammenhang besteht.

Eine christliche Moral?

Das christliche Leben ist nicht zuerst eine Moral, sondern eine *Frohe Botschaft.* Charakteristisch für dieses Leben ist nicht, daß es sich auf einzelne Worte Jesu bezieht, sondern auf sein Leben, seinen Tod und seine Auferstehung und auf die Gabe seines Geistes. Der Christ öffnet sich für dieses Geheimnis, das die Beziehungen zwischen Gott und den Menschen erneuert; ja, er erhält Anteil am österlichen Geheimnis von Tod und Auferstehung Jesu.

Mit Jesus Christus auferweckt werden und damit den Mächten des Egoismus und des Hochmuts absterben ist keine Privatangelegenheit, sondern steht in tiefem Zusammenhang mit der Zukunft der Menschheit. Die christliche Moral ist eine Frohe Botschaft, weil sie das Herz des Menschen weit und empfänglich macht für die Gabe Gottes, nämlich *Glaube, Hoffnung, Liebe.*

Gibt es Grund zur Hoffnung trotz des Bösen, das Tag für Tag geschieht?

Wenn ein Christ auf das Zeitgeschehen schaut, sieht er es im Licht der Heiligen Schrift, und wenn er die Heilige Schrift liest, sieht er sie auf dem Hintergrund des heutigen Lebens. Es ist überraschend: In der Bibel wird das Leben der Menschen ähnlich wie in unseren Zeitungen beschrieben und gleichzeitig doch ganz anders. Ähnlich, weil uns von den ersten Seiten der Bibel an, mit dem Anfang des Buches Genesis, die Schönheit der Welt und des Menschen vor Augen gestellt wird, aber auch die menschliche Gemeinheit, Betrug, Brudermord, Laster ... eine chaotische Geschichte. Aber wer glaubt, ist überzeugt,

daß Gott dennoch hält, was er versprochen hat; davon jedoch redet die Presse nicht. Gott setzt seine Verheißungen immer mehr in Kraft. Er hat sie dadurch erfüllt, daß er uns seinen Sohn gab. Und durch seinen Sohn wissen wir, daß die Menschheit, selbst wenn das Maß der Sünde überläuft, Tag um Tag einer neuen Schöpfung entgegengeht: „Seht, ich mache alles neu", sagt der auferstandene Herr den von Verfolgung gequälten ersten Christen (Offb 21,5). Für den, der glaubt, leuchtet ein Licht in der Finsternis! Es ist eine Einladung, im Licht zu leben.

Was heißt: aus dem Glauben leben?

Oft sagt man uns: „Die Christen sind auch nicht besser als die anderen" oder „Sie sehen auch nicht erlöster aus". Sicher, auch nach der Taufe ist unsere Bekehrung nicht vollendet, ein großer Teil unseres Lebens vollzieht sich auf einem vorchristlichen Niveau. Wer sich der *Gnade seiner Taufe* bewußt ist, entdeckt, daß er ständig auf dem Weg der Umkehr bleibt: Tag für Tag lernt er, mehr als auf seine eigenen Kräfte dem Herrn zu vertrauen, auf ihn seinen Glauben zu setzen. Je mehr er vertraut, desto mehr nimmt er wahr, wer Gott für ihn ist, von welcher Liebe er geliebt wird, und vor allem, *was für eine Liebe wirklich in ihm wohnt.*

Der Glaube ist mehr als ein Aufruf, Jesus Christus und dem Evangelium gemäß zu leben. Weil der Glaubende voller Vertrauen die Gabe Gottes empfängt, gibt ihm der Glaube wirklich *die Kraft, mit der Liebe Christi selbst zu lieben.* Der in unserem Herzen wohnt, wirkt in uns und in der Welt, weil er lebt! Er gibt uns Brüder und Schwestern, und er versammelt unaufhörlich alle verstreut lebenden Kinder Gottes.

Die christliche Heiligkeit

Was ist das Ziel unseres Lebens?

Das Leben der Menschen ist dem Leben in einem Ameisenhaufen teilweise ähnlich. Wir bilden Gesellschaften, heben Lasten und bewegen Probleme, die weit über unsere Kraft gehen. Das ist schön und gut, aber die Heilige Schrift sagt uns:

> „Wenn nicht der Herr das Haus baut, müht sich jeder umsonst, der daran baut" (Ps 127, 1).

> Und sie sagt auch:
> „Wird der Menschensohn, wenn er kommt, auf der Erde Glauben finden?" (Lk 18, 8).

Heilig werden – für andere

Wofür leben wir? Sind wir uns bei unseren zahlreichen Aktivitäten noch bewußt, daß unser Leben seinen Sinn darin findet, mit Gott und den Menschen vereint zu leben nach dem Bild jener Einheit, in der die Personen der göttlichen Dreifaltigkeit eins sind?

Die christliche Moral dient dieser großen Berufung. Sie dient dem Leben des Menschen, und ihr Ziel ist die *Heiligkeit* und *Heiligung aller.* Paulus nannte die ersten Christen „Heilige"!

Aus dem dreifaltigen Gott leben – geht das auch mich an?

Welcher Zusammenhang besteht zwischen dem Geheimnis der Dreifaltigkeit und unserem Leben? Warum so hoch schauen? Lenkt es uns nicht von den Realitäten der Welt ab?

Gott fordert uns auf, unser Leben in seiner Tiefe zu sehen. Durch die Taufe wohnt ja der dreifaltige Gott wirklich in unserem Herzen. Warum sollten wir die Liebe, die zwischen Vater, Sohn und Geist lebt, im Gotteshaus feiern, wenn wir daraus nicht leben könnten? Gott macht uns fähig, die Dreifaltigkeit zu loben, weil er uns fähig macht, aus der vollkommenen Liebe zu leben, die Vater, Sohn und Geist vereint.

Genügt es nicht, ganz Mensch zu werden?

Wie könnten wir je unsere Brüder und Schwestern und sogar unsere Feinde lieben, wenn wir unsere Liebe nicht aus der Liebe von Vater, Sohn und Geist schöpfen? Ist es nicht ein unglaubliches Geheimnis, daß ein Menschenleben göttliches Leben in sich tragen kann, das ganze Leben Gottes? Ist es nicht dieses Geheimnis, das in den Heiligen wohnt und das die stärkste Revolution mit sich bringt, die Revolution der Liebe?

Die Gnade der Taufe, der Firmung und der Eucharistie leben heißt aus der Liebe des dreifaltigen Gottes selbst leben, die in uns wohnt und die durch uns an die Menschen weitergegeben wird. Mit unseren Brüdern und Schwestern der Ostkirche glauben wir, daß diese Liebe den Menschen „vergöttlicht", das heißt, ihn dem Bild Gottes gleichförmig und zu einem Kind Gottes macht.

Die christliche Moral

Woher stammt die christliche Moral?

Unsere Berufung zur Heiligkeit ist uns durch die Heilige Schrift und die Überlieferung der Kirche geoffenbart. Diese Überlieferung ist nur lebendig, wenn sie von einem lebendigen Herzen aufgenommen wird.

Das Alte Testament offenbart uns, wie in einem ständigen Dialog zwischen Gott und seinem Volk die Grundlagen für das Leben des Menschen gelegt wurden. Die von Gott gegebenen Lebensweisungen, die Zehn Gebote des Mose oder der „Dekalog", sind auch heute für die Christen wegweisend. Das Alte und das Neue Testament bilden ein Ganzes. Die Christen stützen sich zwar vor allem auf das Neue Testament, dieses aber hat seine Grundlage und Vorbereitung in der Heiligen Schrift des Alten Bundes.

Was ist im Vergleich zum Alten Testament neu an der christlichen Moral?

„Du sollst den Herrn, *deinen Gott,* lieben mit ganzem Herzen ..." (Dtn 6, 5) *und* „Du sollst *deinen Nächsten* lieben wie dich selbst" (Lev 19, 18): Dieses grundlegende Doppelgebot ist das Herz des Alten Bundes. Die Patriarchen, Mose, die Könige und die Propheten haben sich bemüht, ihm gemäß zu leben. Durch ihren Glauben und durch ihre Liebe zum Volk Gottes sind sie im voraus ein Bild für den Herrn und sein Heilswirken.

Im Alten Bund war der Nächste zuerst „der Sohn deines Volkes". Im Gleichnis vom barmherzigen Samariter (vgl. Lk 10, 25–37) zeigt uns Jesus etwas Neues: Wahre Liebe ist, *„sich zum Nächsten des anderen machen"*, wer dieser auch sei! Und ihn darum lieben wie sich selbst, selbst wenn er ein Fremder ist oder ein Feind ...

Das zweite, was neu ist: Christliches Verhalten ist Nachahmung Jesu Christi. Dem Gebot, seinen Nächsten zu lieben *wie sich selbst,* ist dieses neue Gebot hinzugefügt: „*Wie ich euch geliebt habe,* so sollt auch ihr einander lieben" (Joh 13, 34).

Die Zehn Gebote sind in Jesus erfüllt, der uns vollkommen geliebt hat. An dieser vollkommenen Liebe erkennen wir ihn als den Sohn Gottes. Jesus sagt: „Daran werden alle erkennen, daß ihr meine Jünger seid: wenn ihr einander liebt" (Joh 13, 35). Deshalb ist das christliche Verhalten nicht nur von Bedeutung für den einzelnen, sondern auch für die Kirche: Es trägt zum Bau der *Kirche* Gottes bei.

Die Gebote haben ihren Ursprung im Leben

Überall Veränderung! Gibt es nichts Bleibendes in der Moral?

Mose sagte von den Vorschriften des Gesetzes, sie würden wegen ihrer Weisheit von den anderen Völkern bewundert (vgl. Dtn 4,6). Darin kommt die Hoffnung zum Ausdruck, von der die Juden und die Christen erfüllt sind: daß die Gebote, die Gott seinem Volk anvertraut hat, eines Tages auch andere Völker überzeugen und verlokken möchten!

In der christlichen Tradition ist man darauf gekommen, vom „natürlichen Gesetz" zu sprechen, weil wir glauben, daß jeder Mensch darin seinen Wunsch wiedererkennen kann, als Mensch zu leben. Diese Vorschriften werden uns nicht von außen auferlegt; sie *offenbaren,* was für jedes menschliche Leben erforderlich ist.

Worte zum Leben

Die Gebote geben *Leben* dem, der sie hält (vgl. Dtn 30,16), und sichern die *Einheit des Volkes Gottes,* wenn es sich um ihre Verwirklichung bemüht. Damit eine menschliche Gemeinschaft überlebt, muß sie darauf achten, daß sie nicht falschen Werten ausgeliefert wird, einer um ihren Sinn gebrachten Sexualität, einer Ungerechtigkeit, die den Menschen verachtet. Ebenso könnte die Kirche nicht überleben, wenn Gott nicht in ihr anerkannt würde, wenn die Sexualität hier nicht nach seiner Weisung gelebt würde, wenn die Armen nicht die Frohe Botschaft erfahren.

Weil die Zehn Gebote uns in gewisser Weise mit dem Leben gegeben sind, sind sie im Grunde unveränderlich, *immer und überall gültig.*

Die Gebote besiegeln den Bund mit Gott

Ausdruck des menschlichen Gewissens oder göttliche Offenbarung?

Die „Zehn Worte" sind nicht in dem Sinn „Naturgesetz", daß jeder Mensch sie als solche in seinem Gewissen hätte finden können und müssen. Sie begegnen uns als von Gott im Laufe einer langen Geschichte geoffenbart; sie werden uns dargeboten als ein *Geschenk.* Als Christen haben wir sie aus der Überlieferung Israels *empfangen* durch unseren Glauben an Jesus Christus.

Die Zehn Gebote sind der menschlichen Vernunft einsichtig, insofern sie Antwort geben auf die Frage des menschlichen Gewissens: „Wie soll ich mich als Mensch verhalten?"

Moral ist kein Monopol der Christen

Wir wissen uns mit anderen Strömungen des menschlichen Moralverständnisses verbunden und sogar von ihnen getragen. Das ist für den Christen nicht überraschend, da wir alle nach dem Bild Gottes geschaffen sind, da die Gnade Gottes in allen Menschen wirksam ist und da der Geist weht, wo er will.

Jedes menschliche Wesen ist berufen, seine volle Menschlichkeit zu entfalten. Juden und Christen wissen, daß diese *Berufung* eine

Gabe ist; *Gott* hat sie uns dadurch gegeben, daß er uns nach seinem Gleichnis erschaffen hat. Gott will, daß wir werden, was wir sind. Die Zehn Gebote, diese Lebensworte, werden von den Menschen und den Völkern in dem Maße immer besser verstanden, wie sich bei ihnen der Sinn für die christlichen Werte entfaltet.

Die Zehn Worte des Bundesgottes

Die Bibel erzählt uns, daß Mose dem Volk das Gesetz als Bestätigung des göttlichen Bundes vorlegte. Gott hatte sein Volk Jahre hindurch geführt. Aus dieser Nähe entstand ein immer deutlicheres Bewußtsein für die Werte und Bedürfnisse des Lebens. Die Zehn Gebote sind also gleichzeitig eine Offenbarung Gottes und eine Entdekkung durch die Menschen: Sie haben ihren Ursprung in der Geschichte des Heils, das Gott seinem Volk schenkt, und sie wurden innerhalb dieser Beziehung formuliert.

Ist nicht alles Zeichen dafür, daß Gott und Mensch sich nahekommen?

Das Buch Exodus stellt uns die Übergabe des Gesetzes in der Wüste am Fuß des Berges Sinai dar. Dieser Bericht beschreibt uns eine *Feier,* deren Form unserer Feier der Eucharistie nahesteht. Das Volk hört zuerst die Zehn Worte, dann gibt es Gott Antwort, indem es einmütig seine Zustimmung ausspricht. Darauf wird der Bund, den der Herr geschlossen hat, durch ein Opfermahl und durch die Besprengung des Volkes mit dem Blut der geopferten Tiere besiegelt: „Das ist das Blut des Bundes", sagt Mose (Ex 24,8). Durch das Halten der Gebote zeigen die Israeliten, daß sie zum Volk des Bundes, zur *Gemeinschaft, die Gott versammelt,* gehören wollen.

Wer hätte ein so enges Verhältnis zu Gott erhoffen können?

In einem eindrucksvollen Text, über den die Kirche betend nachsinnt, spricht der Herr zu Mose über die innige Beziehung, die sein Wort zwischen ihm und uns schafft:

„Dieses Gebot, auf das ich dich heute verpflichte, geht nicht über deine Kraft und ist nicht fern von dir. Es ist nicht im Himmel ... Es ist auch nicht jenseits des Meeres ... Nein, das Wort ist ganz nah bei dir, es ist in deinem Mund und in deinem Herzen, du kannst es halten" (Dtn 30,11–14).

Jesus erläutert das Gesetz

Hat Jesus die Vorschriften des Gesetzes aufgehoben?

In der „Bergpredigt" (Mt 5,1–7,28) verkündet Jesus – wie ein neuer Mose, auf einem anderen Berg –, wie er das Gesetz versteht. Er stellt es als Eingangstür zum Reich Gottes dar, aber er gibt ihm eine neue Tiefe. Er unterdrückt die Lebensworte nicht, im Gegenteil:

„Denkt nicht, ich sei gekommen, um das Gesetz und die Propheten aufzuheben. Ich bin nicht gekommen, um aufzuheben, sondern um zu erfüllen ... Wer auch nur eines von den kleinsten Geboten aufhebt und die Menschen entsprechend lehrt, der wird im Himmelreich der Kleinste sein. Wer sie aber hält und halten lehrt, der wird groß sein im Himmelreich" (Mt 5,17–19).

Aber er verkündet auch, daß das Halten dieser Gebote weiter gehen muß als die Gesetzestreue, wie sie manche Glieder des auserwählten Volkes übten:

„Darum sage ich euch: Wenn eure Gerechtigkeit nicht weit größer ist als die der Schriftgelehrten und der Pharisäer, werdet ihr nicht in das Himmelreich kommen" (Mt 5,20).

Eine neue Haltung? Welche?

Die Liebe, die Jesus predigt, ist nicht zuerst die Frucht einer persönlichen Anstrengung, um dafür belohnt zu werden, sondern eine von Gott geschenkte Zusammenarbeit mit seinem Willen. Seine Liebe ist uns längst zuvorgekommen. So sollen wir nicht darauf warten, Liebe von einem anderen zu empfangen, um darauf zu antworten. „Der Vater im Himmel läßt seine Sonne aufgehen über Bösen und Guten, und er läßt regnen über Gerechte und Ungerechte." Wenn man ein Kind eines solchen Vaters werden will, muß man in der gleichen Haltung des Schenkens, des Sichverschenkens den anderen als erster lieben. Der Fremde und selbst der Feind sind für uns eine Einladung, mit ihnen Gemeinschaft zu bilden, mit ihnen zum Bau der Kirche Gottes beizutragen (vgl. Mt 5,43–48).

Den Weg der Seligpreisungen gehen

Selig die Armen und selig die Weinenden. Wirklich?

Jesus stellt die Welt auf den Kopf

Bereits hier auf Erden das Glück der kommenden Welt zu kosten, das ist es, was der Herr uns vorschlägt. Die Seligpreisungen eröffnen die Bergpredigt (vgl. Mt 5, 1–12). Sie entwerfen die charakteristischen Merkmale der Liebe, von der die neue Gemeinschaft lebt. Sie sind das Zeichen eines echten christlichen Lebens.

Die *Armen,* die Menschen, die an Hab und Gut und in ihrem Herzen vor Gott arm sind, sind selig, weil sie sich auf seine Vorsehung und Gnade mehr als auf ihre Rücklagen und ihre persönlichen Fähigkeiten stützen: „Ihnen gehört das Himmelreich."

Demütig von Herzen und ihrer Unwürdigkeit bewußt, sind die *Sanftmütigen* selig; weil sie geduldig und gut sind und keine Gewalt anwenden, „werden sie das Land erben".

Selig, die *Trauernden,* die wegen der Unterdrückung und Ungerechtigkeit weinen; selig auch jene, die wegen ihrer Sünde weinen, denn die Tränen der Reue schenken ihnen die geistige Freude des verlorenen und wiedergefundenen Sohnes. „Sie werden getröstet werden."

Die *nach der Gerechtigkeit Hungernden und Dürstenden* sind selig, weil sie dem Willen Gottes entsprechen und der Gerechtigkeit Geltung verschaffen: „Sie werden satt werden."

Selig die *Barmherzigen,* die Menschen, die vergeben können: Von aller Arglist und Bosheit frei, „werden sie Erbarmen finden".

Selig, die *ein reines Herz haben,* die bis auf den Grund ihres Wesens ohne Falsch sind, denn sie unterscheiden deutlich das Gute vom Bösen: „Sie werden Gott schauen."

Selig, die um sich herum *Frieden stiften:* die Armen, Demütigen, Sanftmütigen, nach Gerechtigkeit Hungernden und die Herzensreinen: „Sie werden Söhne Gottes genannt werden."

Selig, die *um Christi willen Verfolgten,* denn ihr Lohn im Himmel wird groß sein! Jesus Christus verleugnen ist die folgenschwerste Sünde. Für ihn leiden ist das schönste Zeugnis der Treue und der Liebe, die ein Mensch dem Herrn erweisen kann, der für ihn gestorben ist.

Wo findet die Liebe ihre Freude?

Die Gaben des Geistes sind fruchtbar. Sie mehren sich wie die Talente im Gleichnis (vgl. Mt 25, 14–30), wenn sie in gute Hände kommen; sie bauen das Reich Gottes.

Im Unterschied zu den vergänglichen Wirklichkeiten bleiben Glaube, Hoffnung und Liebe: Sie führen uns hinein in die *endgültige Gemeinschaft.* Erfüllt vom Geist der Seligpreisungen, verkündet Paulus sein Hohes Lied:

„Die Liebe ist langmütig, die Liebe ist gütig.
Sie ereifert sich nicht, sie prahlt nicht,
sie bläht sich nicht auf.
Sie handelt nicht ungehörig, sucht nicht ihren Vorteil,
läßt sich nicht zum Zorn reizen, trägt das Böse nicht nach.
Sie freut sich nicht über das Unrecht,
sondern freut sich an der Wahrheit.
Sie erträgt alles, hofft alles, hält allem stand.
Die Liebe hört niemals auf" (1 Kor 13, 4–8).

Das Gewissen in der Kirche bilden

Muß man seinem Gewissen unter allen Umständen folgen?

Jeder Christ muß nach seinem Gewissen handeln, aber das Gewissen macht nicht das Gesetz.

Der heilige Thomas schreibt im 13. Jahrhundert: „Wenn jemand zu der Einsicht gekommen ist, Christus sei nicht Gott und Mensch, darf er nicht den Glauben an Christus bekennen. Sonst sündigt er gegen sein Gewissen." Wieso? Der Christ muß sich von seinem Gewissen führen lassen, auch wenn es irrt. In seinem Beispiel geht der heilige Thomas davon aus, daß dieser Christ ernsthaft nach der Wahrheit des christlichen Glaubensbekenntnisses gesucht hat. Folglich muß er seinem Gewissen folgen, d. h. nach bestem Wissen und Gewissen handeln, solange er nicht zu einer anderen Einsicht gelangt. Die anderen müssen seine Entscheidung respektieren. Man darf nie jemanden zwingen, gegen sein Gewissen zu handeln. Andererseits ist die Achtung des schuldlos irrenden Gewissens nur möglich, solange das Gemeinwohl nicht bedroht ist.

Der heilige Paulus führt das Beispiel des Christen an, der es nicht wagt, Götzenopferfleisch zu essen (vgl. Röm 14, 1 – 15, 13). Er weist die Korinther darauf hin, daß wir das irrende Gewissen eines Mitchristen, den er als den „Schwachen" bezeichnet, achten sollten. Er befürwortet, daß wir gegebenenfalls eher auf unsere Freiheit verzichten, falls unsere Freiheit dem Bruder zum Anstoß wird (vgl. 1 Kor 8,1–13).

„Um so schlimmer für ihn"?

Jeder Christ, der um die Weisungen der christlichen Moral weiß, hat die Pflicht, dem zu besserer Einsicht zu verhelfen, der nicht klar sieht. Mehr noch, wenn wir uns gegenseitig hierbei helfen, bauen wir die christliche Gemeinschaft auf und bewahren einander vor Sünde: „Wenn einer bei euch von der Wahrheit abirrt und jemand ihn zur Umkehr bewegt, dann sollt ihr wissen: Wer einen Sünder, der auf Irrwegen ist, zur Umkehr bewegt, der rettet ihn vor dem Tod und deckt viele Sünden zu" (Jak 5,19–20).

Moralische Sorglosigkeit?

Wenn es zutrifft, daß jeder seinem Gewissen folgen muß, ist jeder auch im Gewissen verpflichtet, sich zu informieren, damit er nicht blindlings handelt. Denn seinem Gewissen folgen heißt nicht „Subjektivismus" oder handeln „nach Lust und Laune". Wer dem Gewissen folgt, hört auf den tiefen Anspruch, der aus seinem Leben, aus seiner Aufgabe und Berufung ergeht, und macht ihn sich persönlich zu eigen. Auch dadurch, daß man nicht richtig spricht und handelt, kann man zum Anlaß werden, daß andere sich verfehlen. Jeder ist also gegebenenfalls für den Irrtum seines Gewissens und für die Gleichgültigkeit, die sich darin spiegelt, verantwortlich.

Um größere Klarheit und tiefere Einsicht zu gewinnen, muß der Christ in aller Redlichkeit auf das Wort Gottes hören und offen sein für die kirchliche und menschliche Gemeinschaft. Das Gewissen ist nicht der Gesetzgeber. Es empfängt die sittliche Weisung von Gott und von der menschlichen Gemeinschaft. So bedeutet die Lockerung des Nüchternheitsgebotes keineswegs eine verminderte Ehrfurcht vor der Gegenwart des Herrn im eucharistischen Brot. Im Gegenteil, der Christ ist aufgerufen, sich die Sorge der Kirche um den rechten Umgang mit dem Heiligen Brot zu eigen zu machen: er soll frei und aus Liebe, also aus Überzeugung, den Herrn in der Eucharistie mit Ehrfurcht empfangen.

„Liebe, und tu, was du willst" (Augustinus)

In kleinen Dingen wie in wichtigen Entscheidungen wird das wache Gewissen des Christen immer aufmerksamer für das, was Jesus Christus und die Kirche ihm sagt: Es lernt, immer besser – und mit einer immer echteren Liebe – auf das zu antworten, was die Situation erfordert. Es kümmert sich um alle Seiten eines Problems ohne Voreingenommenheit und Scheuklappen.

Allmählich reagiert dann das christliche Gewissen wie der Kompaß der Liebe. Augustinus sagt, wenn man in der Liebe Christi und der Kirche reif geworden ist, könne man nach seinem Herzen handeln und man werde gut handeln. Dieser Kompaß der Liebe ist nichts anderes als der Antrieb des Geistes Jesu, der Heilige Geist, der in uns wohnt und der unser Herz außerhalb von jeder Enge ins Weite führt.

Steht das Gesetz meiner Freiheit entgegen?

Das Gesetz macht uns nicht zu Sklaven. Im Gegenteil, es trägt dazu bei, uns von unserer Unwissenheit und Gleichgültigkeit zu befreien. Es lädt uns ein, in der Gemeinschaft der Kirche und solidarisch mit allen Menschen zu leben. Es führt uns zur Freiheit, weil es uns vom Kreisen um uns selbst befreit. Jeder ist aufgerufen, nach gründlicher Überlegung im Gewissen zu prüfen, ob sich ein Gesetz auf eine bestimmte konkrete Situation seines Lebens anwenden läßt. Das Gesetz unterdrückt nicht die persönliche Verantwortlichkeit, sondern fordert sie.

Und wenn mein Gewissen in Konflikt mit dem Gesetz kommt?

Manche gesellschaftlichen Rechtsvorschriften, die von der Gesellschaft in einer bestimmten Zeit und unter bestimmten Umständen formuliert wurden, können mit einer Entscheidung in Konflikt geraten, die ein gewissenhafter Christ meint treffen zu müssen. Dieser muß dann zu einem redlichen und mündigen Verhalten gelangen und die Anforderung abschätzen, die eine Vorschrift an ihn stelllt. Ist der Konflikt unlösbar, muß der Christ seiner Gewissensüberzeugung folgen, selbst wenn er sich ohne Schuld irren sollte, weil das Gesetz recht hat.

Manche Gesetze der Gesellschaft können sich dagegen als eindeutig ungerecht erweisen, zum Beispiel auf medizinischem, sozialem oder politischem Gebiet. In diesem Fall wäre ein Christ sogar verpflichtet, nicht zu gehorchen.

Schuldgefühl und Sündenbewußtsein

Ist das schlechte Gewissen ein guter Ratgeber?

Wenn ein Tag zu Ende geht, kann es vorkommen, daß uns eine tiefe Befriedigung erfüllt: Der Tag ging gut, die Arbeit war erfolgreich. Manchmal dagegen fällt ein Schatten auf diese Zufriedenheit: Die Erinnerung an etwas, das wir falsch gemacht haben, verursacht ein Unbehagen in uns. Ist ein solches Gefühl schon Zeichen für eine wirkliche Schuld? Keineswegs, denn ein Fehler muß nicht unbedingt eine Sünde sein.

Welcher Unterschied besteht zwischen einem Fehler und einer Sünde?

Einen *Fehler* begehen heißt von einer objektiven Norm oder einem Ideal, das man sich gesetzt hat, abweichen. Ein objektives Ziel wird verfehlt. Durch dieses Verfehlen kann man so betroffen sein, daß man sich schuldig fühlt. Man hat das Gefühl, nicht gut zu sein, ja das Gefühl, zu nichts gut zu sein.

Eine *Sünde* begehen bedeutet das Böse bewußt und absichtlich tun. Die Sünde ist mehr als bloß ein Fehler. Sie verletzt die Beziehungen des Menschen zu Gott, zum Mitmenschen und zu sich selbst. Sie trifft die Person in ihrem Sein und in ihrem Wert.

Wie kommen wir vom Schuldgefühl zur Reue?

Gewissensbisse sind nicht ohne weiteres Anzeichen eines ausgeprägten Gespürs für die Sünde, sondern Ausdruck einer gewissen inneren Unruhe, die zu einem Kreisen *um sich selbst* verführt. Es ist wichtig, Schuldgefühle mit ihrer inneren Angst und Zerrissenheit von wahrer Reue zu unterscheiden. Schlechtes Gewissen geht zusammen mit Verschlossenheit, Niedergeschlagenheit, Mutlosigkeit. Das Herz öffnet sich nicht dem, den man verletzt hat; es kann sich sogar verhärten.

Reue heißt: Die gelähmte, die erkaltete Liebe regt sich neu; sie steht wieder auf und macht sich auf den Weg. Das Böse, das ich Gott oder seinen Kindern zugefügt habe, tut mir wirklich leid. Reue heißt: Ich sehe erschreckend klar, was ich getan habe und wie es um mich steht, aber ich vertraue auf Gott, der die Verirrten zurückruft und die Verlorengegangenen rettet. Die Reue wendet den Sünder dem Vater zu und dem Mitmenschen. Sie sucht Vergebung und müht sich um erneuerte Beziehung. Wahre Reue sehnt sich nach endgültiger Versöhnung und ist von dem festen Vorsatz getragen, das Böse nicht wieder zu tun. Sie wird angeregt und angetrieben vom Heiligen Geist, der uns rufen läßt: „Abba, Vater!" Sie hat nichts mit Entmutigung zu tun. Im Gegenteil, sie macht das Herz weit, sie öffnet es dem Vertrauen. Reue ist wiederhergestellte, neu geschaffene Liebe kraft der göttlichen Liebe, die dem Sünder vergibt.

Sündigen? Worum geht es?

Die Sünde überfällt uns nicht überraschend. Man wacht nicht von der Sünde auf wie nach einer Handlung, bei der man sich fragt: „Was ist mir da zugestoßen?" Die eigentliche Frage heißt vielmehr: „Was habe ich da getan? Wie bin ich dazu gekommen?" Die Sünde greift viel tiefer in unser Leben ein als eine einzelne Tat, bei der man unverhofft versagt hat.

Hat nicht jede Sünde eine Geschichte?

Die Sünde wird ausgebrütet in unseren Gewohnheiten, in den Gelüsten unseres Herzens, in den Mißstimmungen unserer Seele, in den Verirrungen unseres Verstandes ... Eines Tages wird sie vielleicht zum Vorschein kommen, aber dann hat sie vorher den Sünder dorthin getrieben, wohin sein Herz aus Stein, seine gefühllose Seele und sein verkehrter Verstand es wollten. Sich versöhnen heißt darum auch Frieden mit sich machen. Es heißt zur Gnade der Taufe zurückkehren, um hier ein reines Herz, eine lautere Seele und ein neues tieferes Verständnis für das Geheimnis des Glaubens wiederzufinden.

Alltägliche Sünde?

Nicht alle Sünden sind gleich schwer, keineswegs. Es gibt Gedanken, Worte, Handlungen und Unterlassungen, die unser Gewissen belasten; die aber alltäglich sind, weil der Mensch schwach ist. Die Überlieferung nennt diese Sünden „läßlich", was soviel wie „verzeihlich" bedeutet. Sie sind nicht tödlich, sie zerstören nicht die Verbindung mit Gott und mit der Kirche. Es ist gut, daß ein Christ sich daran erinnert, sich mit Gott und mit der Kirche zu versöhnen, bevor sein Leben in Gleichgültigkeit versinkt.

Todsünde?

Eine Todsünde bezeichnet eine Haltung des Herzens oder ein Verhalten, das die Beziehungen zu Gott, zur Kirche und zu den Menschen *schwer* verletzt.

Zu Gott und zur Kirche: zum Beispiel alle Verbindung zu den Sakramenten mit voller Absicht aufgeben (was außerdem bedeutet, daß man sich selbst aus der Gemeinschaft der Kirche ausschließt); *sein Gewissen zerrütten,* indem man das gut nennt, was böse ist; das Wirken des Heiligen Geistes nicht anerkennen wollen, wo seine Früchte offensichtlich sind, sondern sie als Werk des Bösen bezeichnen, das heißt gegen den Heiligen Geist sündigen; den Glauben durch Irrlehre oder durch tödliche Gleichgültigkeit entstellen; den Herrn verleugnen ...

Zum Mitmenschen: den Nächsten ruinieren, indem man ihn in seiner Ehre, in seinem Eigentum, in seiner physischen oder moralischen Existenz zerstört; eine Familie durch Ehebruch, durch Ungerechtigkeit zugrunde richten; den Glauben anderer absichtlich gefährden ...

Solche Sünden bedürfen der Vergebung *durch das Sakrament der Versöhnung,* damit der Christ wieder am Tisch des Herrn teilnehmen kann. Wie könnte auch einer, dessen Herz die Liebe zerstört, am Leib und Blut Christi teilhaben, in denen eine Liebe bis zum Äußersten (Joh 13,1) zum Ausdruck kommt?

Sünde und Versöhnung

„Widersagen Sie dem Satan und allen Verlockungen des Bösen!"

Wenn ein Konvertit die Taufe empfängt, braucht er seine Sünden nicht alle im einzelnen zu bekennen, aber er muß insgesamt und *radikal* allem *widersagen,* was in seinem Leben Sünde ist. Auf Christus getauft, ist er tot für die Sünde und wiedergeboren zum neuen Leben. „Wer aus Gott stammt, sündigt nicht" (1 Joh 5,18). Die Sünde ist eine Rückkehr zum Leben des „alten Menschen", einem Leben ohne Glauben und ohne Gebot Christi. Wer so lebt, muß seine Bekehrung erneut vollziehen und sich durch das Sakrament der Buße, das wie eine zweite Taufe ist, versöhnen lassen.

Für den, der ohne das Gesetz lebt, hat die Sünde keinen Namen. Wenn das Gesetz Christi durch die Taufe angenommen wurde, erhält die Sünde einen Namen, und der Christ gesteht seine Sünde ein, indem er sie der Kirche bekennt.

Kann man uns als die Jünger des Herrn erkennen?

Das Gebot Christi ist *neu,* weil Jesus uns aufträgt, die Kirche zu bauen, das heißt die Gemeinschaft der Jünger auf die gegenseitige Liebe zwischen Brüdern und Schwestern im Glauben zu bauen. Die Gemeinschaft muß *Zeichen für Jesus Christus* sein:

„Wie ich euch geliebt habe,
so sollt auch ihr einander lieben.
Daran werden alle erkennen,
daß ihr meine Jünger seid" (Joh 13,34–35).

Ist die Liebe nicht wichtiger als die Kirche?

Dort, wo die Gläubigen sich echte Liebe erweisen und die Liebe Jesu selbst ausstrahlen, können alle sie als die Jünger des Herrn erkennen. Dort, wo die christliche Gemeinde abstirbt und die Liebe zur Kirche erkaltet, kann keiner mehr die Jünger des Herrn erkennen.

Wenn wir dieses neue Gebot vernachlässigen, verachten wir auch den, der es uns gegeben hat. Wir verachten dann das ganze Gesetz: Wir lieben nicht mehr den Herrn aus ganzem Herzen, aus ganzer Seele und mit allen unseren Kräften noch den Nächsten wie uns selbst. Wir lieben einander nicht mehr so, wie der Herr uns geliebt hat. In dieser Verachtung der Gemeinschaft der Christen wurzeln alle anderen Sünden.

Wie können wir umkehren?

Wir stellen uns nur allzuleicht vor, sich bekehren bedeute diese oder jene Sünde nicht mehr begehen. Es sei so ähnlich wie eine Wiederherstellung des inneren Gleichgewichts und wie eine Rückgewinnung der Selbstbeherrschung. Welch ein Irrtum! Umkehren heißt vor allem zu denen zurückkehren, die man verlassen hat: zur Gemeinschaft der Glaubenden und durch sie zu Gott und zu allen Brüdern und Schwestern.

Deswegen ist es gut, im Sakrament der Versöhnung Hilfe zu suchen. Wenn wir schwer gesündigt haben, sind wir verpflichtet, unsere Schuld dem Priester zu bekennen, der den Herrn und auch die kirchliche Gemeinschaft darstellt. Das Sakrament der Versöhnung verachten ist ein Zeichen dafür, daß wir die Kirche nicht genug lieben. Dieses Sakrament lieben zeigt, daß wir bemüht sind, Gemeinschaft der Kirche aufzubauen.

Die Zehn Gebote in der katholischen Überlieferung

Sind die „Zehn Gebote" nicht veraltet?

Die „Zehn Worte" oder der „Dekalog" sind das Grundgesetz des Volkes Gottes. Die aus dem Volk Israel hervorgegangene Urgemeinde bezog sich eher auf die Bergpredigt, um hier das Neue des Evangeliums und der Seligpreisungen zu entdecken und zu ermessen. Später spürte die Kirche, die sich vor allem in heidnischem Milieu ausbreitete, das Bedürfnis, deutlicher auf ihre Wurzeln zurückzugehen. Seit dem 4. Jahrhundert und unter dem Einfluß des hl. Augustinus gehören die „Zehn Gebote" zur Katechese der Taufbewerber und der Gläubigen. In unserer Zeit, besonders seit dem Zweiten Vatikanischen Konzil, wurde das Evangelium im täglichen Leben, das Wirken des Heiligen Geistes und die Bedeutung der Solidarität neu entdeckt. Auf die Zehn Gebote bezog man sich weniger; zählen sie nicht für die jungen Menschen zur „alten Zeit"?

Jetzt ist es an der Zeit, diese „Zehn Worte des Lebens" neu in den Blick zu bekommen, sie mit neuen Augen zu sehen, frei von aller Voreingenommenheit und mit dem Herzen eines Armen. Jesus selbst hat sich ihnen in der Liebe unterworfen, die er seinem Vater entgegenbrachte. Durch ihn erfuhren sie Vertiefung und Erfüllung.

Eine strenge Formulierung?

Betrachten wir den auf eine Doppelseite gedruckten Text. Links steht die Fassung des Alten Testaments. Sie stammt aus zwei ziemlich ähnlichen Überlieferungen, die im Buch Exodus (20,2–17) und im Buch Deuteronomium (5,6–21) erhalten sind. Die meisten Gebote sind negativ formuliert. Sie grenzen ab: „Du sollst nicht ..." Würden nicht positive Weisungen „Tu dies" oder „Tu das" für unsere Mentalität weniger anstößig sein? Manchen Geboten ist ein kleiner Kommentar angefügt, der ihren Sinn verdeutlicht (und den wir verkürzt wiedergeben).

Vergleichen wir die Bibel und die Katechese

Auf der rechten Seite finden wir den Text, wie er früher im Katechismus gelernt wurde. Daneben steht eine Formulierung, die den Überschriften dieses Buches zur Erläuterung der einzelnen Gebote entspricht. Sie zielt auf den Sinn des alttestamentlichen Gebots und stellt seine christliche und seine positive Bedeutung stärker heraus.

Wie kann man sich zurechtfinden?

In der katechetischen Praxis der Kirche war die Einteilung nicht immer gleich. Seit Augustinus wurden das erste und das zweite biblische Gebot zu einem zusammengefaßt. Dementsprechend ist in der katholischen und evangelischen Kirche die Zählung gegenüber der biblischen „Zählung" um eins zurück. Deshalb ist zum Beispiel unser sechstes Gebot das siebte in der Heiligen Schrift; dieser anderen Einteilung folgte die orthodoxe sowie die reformierte Kirche. Dagegen bilden unser neuntes und zehntes Gebot in der Bibel nur ein einziges. Sie wurden in der westlichen christlichen Überlieferung aufgeteilt, um die biblische Zahl der „Zehn Gebote" zu erreichen.

Die Zehn Gebote im Alten Testament

1. Du sollst neben mir keine anderen Götter haben.

2. Du sollst dir kein Gottesbildnis machen.
   Du sollst dich nicht vor anderen Göttern niederwerfen und dich nicht verpflichten, ihnen zu dienen,
   denn ich bin Jahwe, dein Gott,
   der dich aus Ägypten geführt hat, aus dem Sklavenhaus.
   Ich bin ein eifersüchtiger Gott.

3. Du sollst den Namen des Herrn, deines Gottes, nicht mißbrauchen.

4. Gedenke des Sabbats: Halte ihn heilig!
   Denn der siebte Tag ist ein Ruhetag,
   dem Herrn, deinem Gott, geweiht.
   An ihm darfst du keine Arbeit tun:
   du, dein Sohn und deine Tochter,
   dein Sklave und deine Sklavin, dein Vieh und der Fremde,
   der in deinen Stadtbereichen Wohnrecht hat.
   Denke daran: Als du in Ägypten Sklave warst,
   hat dich der Herr, dein Gott, dort herausgeführt.

5. Ehre deinen Vater und deine Mutter,
   damit du lange lebst
   und es dir gut geht in dem Land,
   das der Herr, dein Gott, dir gibt.

6. Du sollst nicht morden.

7. Du sollst nicht die Ehe brechen.

8. Du sollst nicht stehlen.

9. Du sollst nicht falsch gegen deinen Nächsten aussagen.

10. Du sollst nicht nach dem Haus deines Nächsten verlangen, nicht nach der Frau deines Nächsten ... oder nach irgend etwas, das deinem Nächsten gehört.

Die Zehn Gebote in der Glaubensunterweisung

Ich bin der Herr, dein Gott.

1. *Du sollst keine anderen Götter neben mir haben.*	Ich bin dein Gott, der dich befreit hat: Du sollst keine anderen Götter neben mir haben.
2. *Du sollst den Namen Gottes nicht verunehren.*	Der Name Gottes ist heilig: Du sollst ihn nicht mißbrauchen.
3. *Gedenke, daß du den Sabbat heiligst!*	Jeden Sonntag feiern wir Ostern, Tod und Auferstehung des Herrn.
4. *Du sollst Vater und Mutter ehren.*	„Ehre deinen Vater und deine Mutter, wie es der Herr, dein Gott, dir zur Pflicht gemacht hat" (Dtn 5,16).
5. *Du sollst nicht töten.*	Du sollst nicht töten: Achte das menschliche Leben!
6. *Du sollst nicht ehebrechen.*	Du sollst nicht die Ehe brechen: Liebe und sei treu!
7. *Du sollst nicht stehlen.*	Du sollst den Menschen nicht versklaven noch manipulieren: Sorge für seine Freiheit und Würde!
8. *Du sollst kein falsches Zeugnis geben wider deinen Nächsten.*	Dein Zeugnis sei wahr; sage Gutes über deinen Nächsten!
9. *Du sollst nicht begehren deines Nächsten Frau.*	Dein Verlangen nach Liebe sei ganz rein.
10. *Du sollst nicht begehren deines Nächsten Hab und Gut.*	Suche deinen Nächsten, ohne sein Hab und Gut zu begehren; sieh zu, was du mit ihm teilen kannst!

Die Zehn Gebote

Das erste Lebensgebot

Ich bin dein Gott, der dich befreit hat: Du sollst keine anderen Götter neben mir haben

Das erste Gebot stellt uns vor Gott, der uns aus aller Sklaverei befreit, und es warnt uns vor dem Glauben an die falschen Götter.

Geht es nur darum, sich von Götzen abzuwenden?

Gott ist einzig. Es gibt keinen anderen. „Ich bin da", sagt der Herr, als er sich Mose im brennenden Dornbusch offenbart. Ihm gegenüber sind alle anderen Götter nichts als Götzen.

Götzen können weder agieren noch reagieren: „Sie haben einen Mund und reden nicht, Augen und sehen nicht; sie haben Ohren und hören nicht ..." (Ps 115,5–8). Der Gott des Bundes ruft alles ins Dasein. Er sieht, daß alles, was er gemacht hat, gut ist. Er spricht im Herzen des Menschen und in den Ereignissen. Er hört den Schrei seines Volkes und das Gebet des Armen; er ist voller Erbarmen. Er ist ein lebendiger Gott, ein Gott, der rettet, eine Person. Er spricht den Menschen an und sagt: „Ich" und „Du", wie bei einem Paar. Er schließt den Bund. Er sagt: „Ich bin *dein Gott*" (Dtn 5,6). Er geht mit seinem Volk mit, und er führt es.

„Herr, einige mein Herz" (Ps 86,11)

Wer sich an den einen Gott hält, wird ebenfalls in sich geeint. Er antwortet auf einen Ruf, der seine ganze Person zusammenfügt: „Du sollst den Herrn, deinen Gott, lieben mit ganzem Herzen, mit ganzer Seele und mit ganzer Kraft" (Dtn 6,5). Alle Lebensbereiche eines Glaubenden werden so ein geordnetes Ganzes. Wie könnten wir dann Gott „halb" lieben, „von einem Fuß auf den anderen hinken", wie der Prophet Elija dem Gott untreu gewordenen Volk vorwarf? Gibt es etwas Zerrisseneres, als ein „doppeltes" Leben zu führen, ein „geteiltes" Herz zu haben, Gott und dem Geld zu dienen ...? (Vgl. Mt 6,24). Wie gut tut es dem Menschen, wenn sein Leben durch das Geschenk der Liebe zusammengehalten und eins wird! Das Geschenk der Liebe Gottes befreit vom Götzendienst des Ich, des Geldes, der Macht und der Sexualität.

Der Gott des *Neuen Bundes* offenbart sich als der Vater Jesu Christi, und er gibt uns seinen Heiligen Geist: „Der Vater ist Gott, der Sohn ist Gott, der Heilige Geist ist Gott; und doch sind sie nicht drei Götter, sondern es ist nur ein Gott" („Athanasisches" Glaubensbekenntnis).

Glauben heißt den Glauben leben

Die Geschichte der Kirche wurde durch Männer und Frauen geprägt, die alles verlassen haben, um sich Gott allein hinzugeben, und die Gott mit seiner Liebe erfüllt hat. „Eines fehlt dir noch: Geh, verkaufe, was du hast, ... und folge mir nach!" sagt Jesus zu dem jungen reichen Mann (Mk 10,21).

Selbst in den Sorgen der Welt und inmitten von Besitz und Verantwortung ist alles, was nicht Gott ist, relativ und verweist auf ihn.

„Nichts soll dich ängstigen,
nichts dich erschrecken.
Alles geht vorüber.
Gott allein bleibt derselbe.
Alles erreicht der Geduldige,
und wer Gott hat, der hat alles.
Gott allein genügt."

So betete die hl. Teresa von Ávila, deren Leben so erfüllt von Gebet und Tat war, erfüllt und nicht zerstreut.

Die Stunde ist da, Gott anzubeten

Jahwe sagt: „Ich bin ein eifersüchtiger Gott!" (Dtn 5,9). Stört uns nicht etwas an diesem Wort, schockiert es uns nicht? Sollte er nicht lieber sagen: „Ich bin ein gleichgültiger Gott"? Wie jeder, der liebt, erträgt Gott keine konkurrierenden Götter. Nichts liegt ihm mehr am Herzen als unsere *Treue.* Diese Treue gründet nicht in unserer eigenen Kraft. Sie wird im Gebet erfleht, sie wird in der Anbetung empfangen. Gott anbeten heißt in seiner Gegenwart „bleiben"; heißt „in seiner Gegenwart einhergehen" wie Liebende, die immer, selbst wenn sie räumlich getrennt sind, aneinander denken, miteinander fühlen und füreinander leben. Weil sie einander „anbeten", ist das Leben des einen ganz auf die Liebe des anderen bezogen und umgekehrt. Im Gebet stellt der Christ sein ganzes Leben in Beziehung zu Gott. In der Anbetung kommt er zur Einheit. Im Schweigen wird er eins mit dem, den er liebt. In Jubel und Lobpreis wird sein Herz weit.

Dein Wille geschehe, wie im Himmel so auf Erden

Damit wir dich lieben aus ganzem Herzen –
und stets an dich denken;
aus ganzer Seele –
und stets dich ersehnen;
aus ganzem Gemüte –
und nur dich meinen
und deine Ehre in allem suchen;
aus all unseren Kräften –
und alle Kraft und alles Gespür von Seele und Leib
auf deine Liebe verwenden und auf nichts anderes;
unseren Nächsten lieben wie uns selbst
und alle nach Kräften zu deiner Liebe hinziehen.

Franz von Assisi

Lobpreis Gottes

Du bist der Heilige, Herr, der alleinige Gott:
Wunderwerke vollbringst du.

Du bist der Starke.
Du bist der Große.
Du bist der Höchste.
Du bist der allmächtige König,
du, heiliger Vater.
König des Himmels und der Erde.

Du bist der Dreifaltige und der Eine.
Herr und Gott über allen Göttern.
Du bist das Gute, jegliches Gut, das höchste Gut.
Herr und Gott, lebendig und wahr.

Du bist die Liebe und Güte.
Du bist die Weisheit.
Du bist die Demut.
Du bist die Geduld.
Du bist die Schönheit.
Du bist die Sicherheit.
Du bist die Ruhe.
Du bist die Freude und das Frohlocken.
Du bist unsere Hoffnung.
Du bist die Gerechtigkeit.
Du bist das Maß.
Du bist all unser Reichtum zur Genüge.

Du bist die Schönheit.
Du bist die Milde.
Du bist der Beschützer.
Du bist der Hüter und unser Beschirmer.
Du bist die Stärke.
Du bist die Erquickung.

Du bist unsere Hoffnung.
Du bist unser Glaube.
Du bist unsere Liebe.
Du bist unsere ganze Glückseligkeit.
Du bist unser ewiges Leben.
Großer und wunderbarer Herr,
allmächtiger Gott, barmherziger Heiland.

Franz von Assisi

Zum Bild: Der Wandteppich zur Bergpredigt zeigt in einer großen Zusammenschau, wie die Menschen zu Jesus kommen und was sie zu ihm führt: die Sehnsucht nach unvergänglichem Licht, der Durst nach lebendigem Wasser, der Hunger nach Gerechtigkeit, das Verlangen nach ewigem Glück, die Hoffnung auf Gott und das Kommen seines Reiches.

„Du sollst dir kein Gottesbildnis machen ...“ (Dtn 5, 8–10)

Das zweite biblische Gebot, das die christliche Katechese mit dem ersten verbunden hat, verbietet uns, Darstellungen Gottes nach unserem Gutdünken wie die Heiden zu machen. Unseren Gott haben wir nicht „bei der Hand“, zu unseren Diensten wie in den abergläubischen Praktiken. Er ist „im Himmel“!

Die Bilder sprechen zu uns von Gott, aber sie sind nicht Gott. Wenn wir Statuen, Kruzifixe oder Ikonen verehren, dann geschieht es, weil wir durch das Sichtbare unser Herz zum unsichtbaren Gott zu erheben suchen.

Es kann vorkommen, daß unser Glaube an der Vorstellung eines *ausgedachten* Gottes hängenbleibt, an einem Gott nach dem Maß unseres Verstandes, nach unserem Bild und Gleichnis. Gibt es für die Liebe etwas, das tiefer kränkt, als wenn der eine den anderen gar nicht wahrnimmt, wie er ist, sondern im anderen immer nur sein Ich sieht? Wir sind alle durch unsere Sehnsüchte und Ängste, durch unser kulturelles Erbe und die Projektionen unserer Vernunft beeinflußt und in Gefahr, mit diesen Farben das Bild von Gott zu malen.

„Er ist das Ebenbild des unsichtbaren Gottes“ (Kol 1, 15)

Gott hat sich in Jesus Christus geoffenbart. Er hat sich uns gezeigt, wie er ist: verwundbar, weil er liebt. Und dennoch haben wir in Jesus „seine Herrlichkeit gesehen, die Herrlichkeit des einzigen Sohnes vom Vater“ (Joh 1, 14). Gott hat sich in seinem Sohn geoffenbart, aber nur wenige, die Kleinen und Demütigen von Herzen, haben ihn erkannt. „Ich preise dich, Vater, Herr des Himmels und der Erde, weil du all das den Weisen und Klugen verborgen, den Unmündigen aber offenbart hast“, sagt Jesus (Mt 11, 25). Christus ist „das Ebenbild des unsichtbaren Gottes“, sagt uns Paulus. Er ist die „Ikone“, die Gott gegenwärtig macht. Außer Jesus gibt es kein anderes Bild Gottes.

Das zweite Lebensgebot

Der Name Gottes ist heilig: Du sollst ihn nicht mißbrauchen

Den Namen Gottes heiligen

Das zweite Gebot spricht nicht mehr von anderen Göttern, von Idolen oder Kultbildern, sondern vom Namen Gottes. Der Name bezeichnet ihn selbst, seine *Person:* „Vor dem Namen Jesu sollen alle im Himmel, auf der Erde und unter der Erde ihre Knie beugen ..." (Phil 2,10).

Der Christ ist glücklich, wenn er von Gott spricht, und er schämt sich dessen nicht. Er möchte, daß sein ganzes Leben von Gott spricht; so hatte es der Apostel dem Timotheus ans Herz gelegt: „Niemand soll dich wegen deiner Jugend geringschätzen. Sei den Gläubigen ein Vorbild in deinen Worten, in deinem Lebenswandel, in der Liebe, im Glauben, in der Lauterkeit. Lies ihnen eifrig (aus der Schrift) vor, ermahne und belehre sie ... Vernachlässige die Gnade nicht, die in dir ist ..." (1 Tim 4,12–14).

Wir leben *„im Namen* des Vaters, des Sohnes und des Heiligen Geistes". Wir rufen den „Namen" Gottes an, wir loben ihn, wir verkündigen ihn. Der Name „macht gegenwärtig". Deshalb sprechen wir mit Ehrfurcht den Namen Gottes aus, wenn wir sein Wort in unseren Gottesdiensten verkünden und wenn wir den Herrn loben. „Geheiligt werde dein Name!" Der Name des Herrn ist schön. Er ist für sich allein schon ein Gebet.

Den Namen Gottes anrufen genügt nicht

Den Jüngern, die ihr konkretes Leben nicht ehrlich nach dem Evangelium ausrichten, hält Jesus diese Warnung vor: „Nicht jeder, der zu mir sagt: Herr! Herr!, wird in das Himmelreich kommen, sondern nur, wer den Willen meines Vaters im Himmel erfüllt. Viele werden an jenem Tag zu mir sagen: Herr, Herr, sind wir nicht in deinem Namen als Propheten aufgetreten, und haben wir nicht mit deinem Namen Dämonen ausgetrieben und mit deinem Namen viele Wunder vollbracht? Dann werde ich ihnen antworten: Ich kenne euch nicht. Weg von mir, ihr Übertreter des Gesetzes!" (Mt 7,21–23).

Gott zum Zeugen nehmen

Schwören, einen Eid leisten, heißt: Gott ist mein Zeuge – das, was ich sage, ist wahr, und was ich verspreche, wird gehalten. Bei wichtigen Aussagen und Versprechen beziehen wir uns so auf Gott, die Quelle der Wahrheit, und wir berufen uns auf seine Treue. Wenn wir uns dagegen bei einem Meineid auf Gott als Zeugen berufen, gebrauchen wir seinen Namen, um Lüge und Untreue zu decken. Und wenn wir vor Gott einen Eid leichtfertig schwören, nehmen wir Gott nicht ernst.

„Euer Ja sei ein Ja, euer Nein ein Nein; alles andere stammt vom Bösen" (Mt 5,37).

Gegen Gott sprechen

Gott *lästern* heißt ihn in Überheblichkeit verhöhnen oder in Verzweiflung anklagen, alles mit der wohlüberlegten Absicht, ihn abzulehnen. Gewiß sind in der Bibel manche Psalmen voller Klageschreie. „Gott, warum hast du mir das getan? Kümmerst du dich nicht mehr um mich?" Aber diese Schreie sind ein *Gebet* aus tiefer Not, das sich die Kirche jeden Tag zu eigen macht. Doch ist es etwas anderes, sich auf diese Weise *an Gott* zu wenden, als zu sagen: „Er hat mir das angetan! Er kümmert sich nicht mehr um mich!" In solchen Vorwürfen steht dieses „Er" nicht mehr in einer Beziehung „Ich – Du". Sie kommen aus einer Verachtung und Verächtlichung Gottes, die auf die Dauer für den Glauben verhängnisvoll werden kann.

Das dritte Lebensgebot

Jeden Sonntag feiern wir Ostern, Tod und Auferstehung des Herrn

Das dritte Gebot betrifft den Tag des Herrn, die sonntägliche Eucharistiefeier und die Ruhe zu Ehren des Herrn. Für einen Christen ist der Sonntag nicht der letzte Tag der Woche, sondern der erste. Am ersten Tag der Woche ist Jesus Christus auferstanden; an ihm kam das neue, das österliche Leben zum Durchbruch. So ist dieser Tag eine Einladung, die drei großen Dimensionen des christlichen Daseins zu leben: glauben, hoffen, lieben.

Den Sonntag feiern: ein Akt des Glaubens

Jeden Sonntag ruft uns der auferstandene Christus zusammen, in der Kirche das Gedächtnis seines Pascha, des Hindurchgehens durch den Tod zum Leben, zu feiern. Wer sich regelmäßig und leichtfertig diesem Ruf entzieht, läßt sein Glaubensleben verkümmern; es bekommt keine Nahrung mehr. Er verliert den Kontakt zu seinen Brüdern und Schwestern, und abgestumpft, verschließt er sich nicht nur gegen den Ruf des Herrn, sondern auch gegen die Einladung zum Mahl, bei dem der Herr sich selbst zur Speise gibt. An der Eucharistie teilnehmen ist notwendig, lebensnotwendig. Ohne die Messe stirbt der Glaube auf die Dauer im Herzen des Christen, und die Gemeinde verarmt.

Die Sonntagsruhe ist ebenfalls ein Akt des Glaubens. Aufhören zu arbeiten heißt glauben, daß dieses Leben, das ein Geschenk Gottes ist, weitergehen kann, selbst wenn wir an diesem Tag aufhören, uns anzustrengen und abzuplagen. Indem wir diese Ruhe halten, sagen wir dem Herrn, daß er am Anfang unseres Lebens steht und nicht wir und daß er uns von aller Sklaverei befreit, und dazu gehört manchmal auch die Arbeit.

Den Sonntag feiern: ein Schritt der Hoffnung

Am Sonntag, dem Tag der Auferstehung, leben wir intensiver die Hoffnung auf das Kommen des Herrn. Wir machen uns den Ruf der Kirche zu eigen: „Komm, Herr Jesus!" (Offb 22,20). Die Geburtswehen dieser Welt bedeuten nichts im Vergleich zu dem neuen Leben, das unaufhaltsam heranreift, und zu der Erwartung unserer Auferstehung am Ende der Zeit. Wenn wir Eucharistie feiern, preisen wir die Auferstehung des Herrn und erwarten sein Kommen in Herrlichkeit.

Der Sonntag ist „heilig", das heißt, er ist ein andersgearteter, ein außergewöhnlicher Tag, ein Vorgeschmack des endgültigen Lebens: nicht ein Tag, der dazu dient, die während der Woche verlorene Zeit wieder einzuholen oder Kräfte für die kommende Arbeit zu sammeln, noch ein Tag, an dem wir uns von der Freizeitindustrie beherrschen lassen. Der Vorgeschmack der Ewigkeit, der diesen Tag prägt, macht uns Mut, mehr Mensch und mehr Christ zu sein.

Den Sonntag feiern: eine Quelle der Liebe

Jesus Christus gibt sich uns in der Eucharistie, damit wir uns geben, wie er sich hingegeben hat, mit Fleisch und Blut. Der Sonntagsgottesdienst verbindet die Christen untereinander, wir teilen die Freuden und Leiden der Pfarrei und der ganzen Glaubensgemeinschaft. In den Fürbitten bringen wir die Anliegen der Welt vor. Durch die Kollekte bezeugen wir unsere tatkräftige Liebe zu denen, die in Not sind: „Gott liebt einen fröhlichen Geber" (2 Kor 9,7).

Der Sonntag nimmt den Sinn des Sabbats neu auf: „Ihr wart Sklaven des Pharao, aber ich, spricht Gott, habe euch zu freien Menschen gemacht." Der Sabbat soll aber nicht alles Tätigsein des Menschen lähmen. Jesus hat am Sabbat einen Mann geheilt, dessen Hand gelähmt war ... Denn „der Sabbat ist für den Menschen da, nicht der Mensch für den Sabbat" (Mk 2,27). So tragen jene, die am Sonntag verschiedene Dienste ausüben (in Krankenhäusern, Verkehrsbetrieben, Gaststätten ...), auf ihre Weise zur Freiheit ihrer Brüder und Schwestern bei. Aber die Christen müssen auch darauf achten, daß diejenigen, die solche Dienste leisten, gegen ein Übermaß an Arbeit geschützt werden. Geht nicht vom Sonntag auch eine Aufforderung aus, die Arbeit unter den Menschen ausgewogener aufzuteilen?

So ist die Feier des Sonntags eine Quelle der menschlichen und sozialen Erneuerung. Die ganze Woche hindurch soll geschwisterliches Verhalten weitergehen. In Jesus Christus ist jeder Mensch unser Bruder und unsere Schwester. Den Tag des Herrn feiern ist ein Aufruf, die Gesellschaft, ihre Mentalität und Strukturen zu verändern. So wird der Sonntag wirklich zum ersten, zum richtungweisenden Tag der Woche.

Der Sonntag sei ein Fest!

In der Familie, die ja eine „Kirche im kleinen" ist, liebevoll zueinander sein, sich Zeit für das Zusammensein mit anderen nehmen, ein Ereignis feiern, einen Besuch machen oder einem, der einsam oder weit weg ist, einen Brief schreiben, sich entspannen, menschliche Beziehungen knüpfen und erneuern, sich für das interessieren, was in der Welt geschieht, und sich am Schönen, das es in der Welt gibt, freuen – das sind Beispiele dafür, was dem Leben die Farbe des Festlichen gibt.

Das vierte Lebensgebot

„Ehre deinen Vater und deine Mutter, wie es der Herr, dein Gott, dir zur Pflicht gemacht hat“ (Dtn 5, 16)

Was heißt ehren?

Im vierten Gebot geht es um die Achtung zwischen den verschiedenen Generationen: Ohne unsere Eltern und Vorfahren wären wir nichts.

Der Herr verlangt von Kindern und von Erwachsenen, ihren Vater und ihre Mutter zu ehren. Sie „ehren“ heißt ihnen den Wert zuerkennen, auf den sie Anspruch haben aufgrund ihrer Liebe, ihrer Arbeit, ihrer Hingabe und ganz einfach, weil sie uns das Leben gegeben haben, das von Gott kommt.

Der junge Mensch sucht seine Eigenständigkeit, wenn er erwachsen wird. In dieser Entwicklung sind Zusammenstöße und Konflikte etwas Natürliches. Der Weg zur Eigenständigkeit geht durch Wachstumskrisen, in denen Eltern und Kinder zu einer neuen gegenseitigen Achtung und Anerkennung finden sollen. Wenn Jugendliche zu echter Mündigkeit gelangen und auf ihre persönliche Berufung in freier Wahl antworten können, erreicht die Autorität der Eltern ihr Ziel. Bei dieser Entwicklung nimmt die Autorität der Eltern ab, und die Hochachtung der Jüngeren ihnen gegenüber gewinnt an Tiefe.

Wozu Autorität?

Die *Autorität* ist vor allem ein Dienst. Hat Jesus nicht gesagt: „Der Führende soll werden wie der Dienende" (Lk 22,26)? Jede wahre Autorität setzt ein gegenseitiges Hören voraus: das der Älteren mit dem Reichtum ihrer Erfahrung und das der Jüngeren mit ihrem neuen Blick auf das Leben und die Gesellschaft. Solches Hören fördert ein wachsendes Teilen der Verantwortung und bereitet darauf vor.

Die Autorität der *Eltern* ist die von Vater und Mutter. Dieses Familienmodell hat eine soziale Tragweite. Männer und Frauen tragen gemeinsam und solidarisch Verantwortung für die Familie und für die Menschheit.

Im vierten Gebot geht es auch darum, jene zu achten, die in bestimmten überlieferten Lebenszusammenhängen – über den Familienrahmen hinaus – Autorität ausüben. Ein Volk, eine Gesellschaft, eine Kirche können sich nicht von ihren Wurzeln abschneiden, ohne in ihrer Lebenskraft getroffen zu werden. Nur auf das jeweils Neue, auf die Produktion des Neuen schwören und den Beitrag derer verwerfen, die uns vorausgegangen sind, bringt eine gefährliche Verarmung mit sich.

Die christliche Überlieferung gibt eine umfassende Erfahrung mit dem Glauben weiter. Unter dem Wirken des Heiligen Geistes kommt sie auf schöpferische Weise in der Glaubenslehre, in der Feier des Gottesdienstes und in der christlichen Lebensführung zum Ausdruck. Die Aufgabe der Autorität ist es, nicht nur den Reichtum dieser Überlieferung zu wahren, sondern auch ihre Zukunftskräfte zu fördern. Deshalb sprechen wir von lebendiger Überlieferung.

Kommt nicht alle Autorität von Gott?

Autorität ausüben heißt das Leben und die *wahre* Freiheit eines einzelnen oder einer Gemeinschaft fördern. Diese Aufgabe hat ihren Ursprung in Gott. Aber Gott stellt sich, wie die Bibel zeigt, denen entgegen, die Autorität wie eine absolute Macht ausüben und die es ablehnen, sich dem Wort und dem befreienden Wirken Gottes zu öffnen und zu unterwerfen. Deshalb muß man in bestimmten Fällen „Gott mehr gehorchen als den Menschen" (Apg 5,29).

Der Respekt gegenüber den Eltern und gegenüber denen, die eine Autorität ausüben, liegt nicht zuerst in persönlichen Fähigkeiten oder Verdiensten begründet, sondern in ihrer Verantwortung als Eltern bzw. in ihrer sozialen Verantwortung. Zur gegenseitigen Achtung gehört auch gegenseitige Vergebung und Versöhnung. Die Kinder, die jungen Menschen und alle, die einer Autorität unterstehen, sind aufgefordert, für die Eltern und für alle Verantwortlichen in Gesellschaft und Kirche zu beten. Denn Autorität und Frieden sind nicht allein die Frucht menschlicher Bemühungen. Sie sind eine Gabe Gottes.

Paulus richtet an uns eine sehr ausgewogene Mahnung: „Ihr Kinder, gehorcht euren Eltern *im Herrn.*" „Und ihr Eltern, reizt eure Kinder nicht zum Zorn", sondern erzieht sie und laßt euch dabei *vom Herrn leiten* (Eph 6,1–4).

Ein Gebot nur in einer Richtung?

Heute sehen wir deutlicher, daß es Situationen gibt, die die Beziehungen zwischen Eltern und Kindern belasten; besonders gehören dazu schwierige Wohnungs- und Arbeitsverhältnisse, Arbeitslosigkeit sowie (körperliche, geistige und moralische) Krankheit und Behinderung. Deshalb muß der Christ auch an der Humanisierung der Lebensbedingungen aller Familien arbeiten.

Das vierte Gebot betrifft nicht nur die Beziehung der Kinder zu ihren Eltern, sondern ebenso die Beziehung der Eltern zu ihren Kindern.

Die Eltern sind Glieder in einer langen Kette religiöser Überlieferung. Sie sind die ersten „Katecheten" ihrer Kinder. Sie erzählen die Geschichte von der Liebe Gottes, von ihren Erfolgen und Niederlagen bei den Menschen. Sie zeigen diese Liebe, indem sie leben, was sie glauben. Die gegenseitige Liebe der Eltern ist die Seele und der Maßstab ihres ganzen erzieherischen Handelns. Ohne Liebe kann die beste Pädagogik nicht gelingen.

Jedes Kind hat seine eigene Individualität; im Licht des Glaubens helfen die Eltern diesem neuen Leben, sich frei zu entfalten. Der Raum der wahren Freiheit, in den die Söhne und Töchter eintreten sollen, ist der Raum der wahren Liebe. Die Kinder haben es gut, die erfahren können, daß die Liebe alles vermag und daß sie trotz der Fehler hierin geborgen sind. Die Kinder haben es gut, die von ihren Eltern gleichsam wie von selbst die Kunst lernen, ihr Leben zu finden, indem sie es den anderen geben. Die Menschen haben es gut, die von Kindheit an durch ihre Eltern lernten, Jesus Christus zu lieben und auf seinen Ruf zu hören.

Die Hochachtung vor den Eltern erweitert sich auf die Hochachtung vor den Großeltern und allen älteren Menschen, besonders denen, die ohne Angehörige leben oder von ihrer Familie allein gelassen werden. Liebe zu ihnen heißt auch Voraussetzungen für ihren Lebensunterhalt und die Teilnahme dieser Menschen am gesellschaftlichen und kirchlichen Leben zu schaffen.

Was tun wir für die Zukunft der Familie?

„Ehre deinen Vater und deine Mutter, damit du lange lebst in dem Land, das der Herr, dein Gott, dir gibt" (Ex 20,12), und „damit es dir gut geht" (Dtn 5,16). Diese doppelte Verheißung weist darauf hin, daß es hierbei um das Glück der Gesellschaft und des einzelnen geht. Das „lange Leben" oder die Vitalität eines Volkes ist abhängig von dem Klima, das in seinen Familien herrscht. Die Gesundheit der Gesellschaft und ebenso der Kirche hängt von der Vitalität ab, die in der kleinsten Zelle der Gesellschaft und der Kirche herrscht, in der Familie.

Nicht alle Familien haben die gleichen Chancen. Viele sind schweren Belastungen ausgesetzt (Tod eines Angehörigen, lange Krankheit, Trennung, Arbeitslosigkeit ...). Es ist deshalb wichtig, Solidarität innerhalb der Familie und Solidarität der Familien untereinander zu entwickeln.

Fünftes Lebensgebot

Du sollst nicht töten: Achte das menschliche Leben!

„Ich liebe das Leben!“

Das fünfte Gebot stellt den Menschen vor das Geschenk des menschlichen Lebens, das Gott ihm gegeben hat, und vor die Aufgabe, das Leben aller Menschen zu achten und zu fördern.

Das Leben annehmen, so wie es jedem konkret gegeben ist, das ist eine Aufgabe, in die der Mensch nur allmählich, Tag um Tag, hineinwächst. Dennoch sind trotz allen Elends die allermeisten Menschen glücklich, daß sie leben, auch wenn es schwer ist. Für manche kann es aber sehr schwierig werden, sich mit dem Leben zu versöhnen und es ganz anzunehmen. Darum sagt man mit Recht, daß das Leben ein Kampf sei: ein Kampf mit sich selbst, mit den anderen und mit den Lebensbedingungen, die uns vorgegeben sind. Dieser Kampf kann sich sogar in eine Ablehnung des Lebens verkehren, unseres eigenen Lebens wie des Lebens anderer.

Gott beruft uns, für immer zu leben; darum lieben wir das Leben. Diese Liebe ist zuerst eine Liebe zu uns selbst. Gott erwartet von uns, daß wir den Nächsten lieben wie *uns selbst.* Wie arm aber wäre die Liebe zum Nächsten, wenn wir keine Liebe zu uns selbst hätten! Nur wer sich selbst liebt und achtet, kann den Nächsten mit einer Liebe lieben, die selbst entfaltet ist und den anderen zur Entfaltung bringt.

„Die Herrlichkeit Gottes, das ist der lebendige Mensch ...“

Das Evangelium stellt das menschliche Leben und seinen Wert in ein *neues Licht.* In Jesus hat Gott das begrenzte, das hinfällige Leben der Menschen angenommen, er hat Tote wieder ins Leben gerufen und Kranke geheilt. Er hat sich hingegeben bis in den Tod, um uns das neue Leben zu schenken, um uns zu Kindern des Vaters, zu Brüdern und Schwestern zu machen. Von Anfang an, seit das Leben der Menschen in der Welt begann, seit ein Mensch im Schoß seiner Mutter zu leben beginnt und solange es Menschen geben wird, die darum kämpfen zu leben, will Gott, daß der Mensch das Leben hat und es in Fülle hat. Diesen Willen Gottes macht sich der Christ zu eigen: Er will, daß die Menschen leben und daß sie gut leben.

„... aber das Leben des Menschen ist: Gott zu schauen“ (Irenäus)

Der Mensch liebt das Leben. Zu dieser Liebe gehört, daß er das menschliche Leben achtet mit allem, was dazu notwendig ist. Um zu leben und um gut zu leben, braucht der Mensch soziale Anerkennung und ein Ansehen, das nicht herabgesetzt und verdunkelt werden darf. Er hat das Recht auf ein *sittliches* und *geistiges* Leben, auf ein Klima im sozialen und kulturellen Leben, das ihn atmen läßt und nicht erstickt. Darum geben sich die Gläubigen mit rein individuellen Anliegen nicht zufrieden. Ihnen ist vielmehr bewußt, daß alle solidarisch auf den sozialen Lebensraum einwirken und ihm den Hauch göttlichen Lebens mitteilen müssen.

Die Gläubigen sind aufgefordert, dadurch von ihrem Glauben Zeugnis zu geben, daß sie unterstützen, was das *ganze* menschliche

Leben entfaltet. Es gibt soziale Strukturen, die allmählich die sittlichen und religiösen Werte zerstören, und andere, die allmählich zu ihrem Wachstum beitragen. Die Christen sind solidarisch mit allen Menschen, ob diese ihren Glauben teilen oder nicht. Wo sich Männer und Frauen für die Menschenrechte und besonders für die Rechte der Bedürftigsten einsetzen, sind Christen unter ihnen. Die Gläubigen sollen in der Gesellschaft die Hilfsbereitschaft, die gegenseitige Wertschätzung, die Zusammenarbeit, das Verständnis über das Trennende hinaus und die Ordnung der Bedingungen des materiellen, sittlichen und geistigen Lebens fördern.

Die Kirche erkennt dankbar den Einsatz derer an, die für Verbesserungen in der Welt der Arbeiter, für mehr Gerechtigkeit in der Welt und für den Frieden wirken.

Die Sorge für sich selbst

Unser Leben geht aus den Händen *Gottes* hervor, wir sind dafür verantwortlich. Die Gesundheit ist etwas Wunderbares. Sie bedarf der Hygiene, der sportlichen Betätigung, der Ruhe zur rechten Zeit, der ärztlichen Betreuung. Der Mißbrauch von Alkohol, Nikotin und Medikamenten, ganz zu schweigen von Drogen, kann zu verheerenden Folgen führen. Gute Gesundheit und ein gepflegtes Aussehen ist ein Geschenk für uns selbst, für unsere Umgebung, für unsere Angehörigen, für Kinder und Eltern. Auch darin verwirklicht der Christ die Liebe zu sich und zu den anderen.

Körperkult betreiben oder die menschlichen Qualitäten kultivieren?

Die Reklame verbreitet Bilder von einem idealen Körper, den es kaum gibt, und von einem vollkommenen Glück, das unwirklich bleibt. Die Wahrheit über den Mann und die Frau ist, daß man sich so annehmen muß, wie man ist, mit dem Körper, den man hat. Der Traum von ewiger Jugend, den die Werbeindustrie ausbeutet, ist eine Illusion: Wir werden alt. Es ist nicht leicht, in Gelassenheit alt zu werden und in das Sterben einzuwilligen. Gesunde und weniger Gesunde haben sich gegenseitig viel zu geben. Durch Freundschaft und herzliche Beziehungen wird das Leben menschlich. Durch Einsamkeit altert der Mensch mehr als durch die Zahl seiner Jahre.

Ist das menschliche Leben etwas Absolutes?

Der Gedanke an die Auferstehung kann dem Christen, auch wenn er körperlich ganz erschöpft ist, Mut machen. „Wenn auch unser äußerer Mensch aufgerieben wird, der innere wird Tag für Tag erneuert" (2 Kor 4,16), sagt Paulus, der sich in der apostolischen Arbeit verzehrte.

Der Christ, der das Leben liebt, vergöttert sein irdisches Leben nicht; er weiß sich berufen, es hinzugeben, wie er es empfangen hat, aus Liebe zu seinen Brüdern und Schwestern: „Es gibt keine größere Liebe, als wenn einer sein Leben für seine Freunde hingibt", sagt Jesus (Joh 15,13).

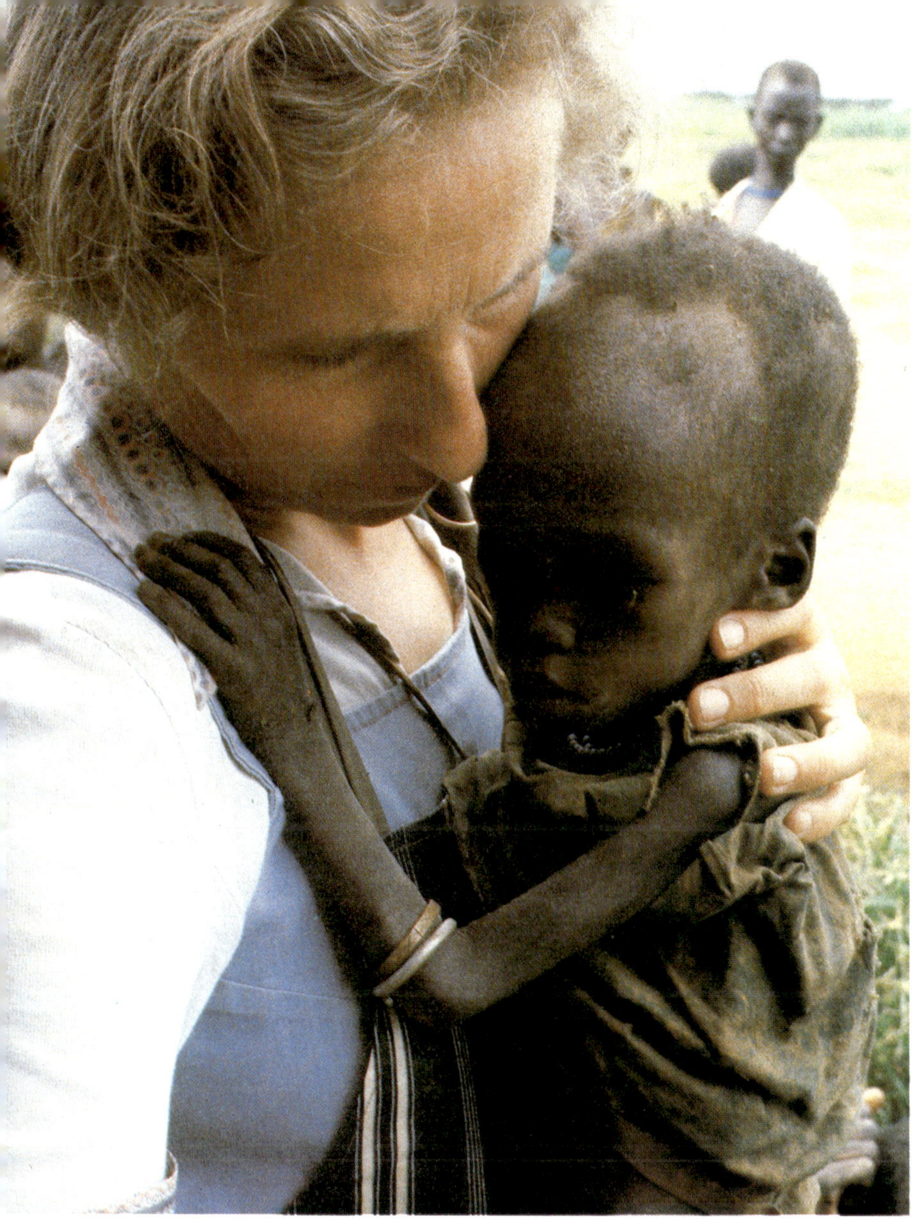

Sein Leben geben und achten

Jesus ist *für uns* gestorben. In der Welt sterben jeden Tag Männer und Frauen als Märtyrer, um Zeugnis für das Evangelium zu geben oder um die Menschenwürde ihrer Brüder und Schwestern oder ihre eigene zu wahren. Das ist etwas sehr Großes und Wertvolles.

Andere entschließen sich, sich selbst das Leben zu nehmen, weil es ihnen unerträglich oder wertlos erscheint. Das Gebot „Du sollst nicht töten" gilt zuerst für uns selbst: „Du sollst dich nicht töten." In den Augen des Glaubens ist jedes menschliche Leben wert, gelebt zu werden, selbst wenn es physisch oder psychisch behindert ist. Dabei macht der Christ aus dem Leid keinen Kult, und was die Ärzte tun, um die Leiden der Kranken zu heilen oder zu mildern, ist ein Segen für die Menschheit.

Euthanasie, Selbstmord, Abtreibung

Angesichts seines Todes kann der Christ alles hingeben und auf alles verzichten und somit auch eine künstliche Lebensverlängerung ablehnen: „Vater, in deine Hände gebe ich mein Leben zurück." Aber er darf sich nicht den Tod geben. Aktive, direkte Euthanasie ist ein Angriff auf das menschliche Leben, das eigene oder das anderer, und unvereinbar mit dem christlichen Glauben.

In unserer Gesellschaft gibt es nicht wenige, selbst sehr junge Menschen, die am Leben verzweifeln und sich selbst töten. Selbstmord (Suizid) zu verhindern suchen heißt vor allem Gründe für das Leben, christliche Gründe für das Leben aufzeigen. Die Kirche verurteilt Selbstmord ebenso wie Euthanasie. Das gleiche gilt für die Abtreibung. Jeder Christ und jeder Mensch muß versuchen, der seelischen, familiären, wirtschaftlichen und sozialen Notlage abzuhelfen, in der jemand keinen anderen Ausweg mehr als Selbsttötung sieht oder in der eine werdende Mutter meint abtreiben zu müssen. Die Kirche appelliert an das Gewissen jedes einzelnen. Durch den Tod und die Auferstehung Jesu ist Hoffnung in die Welt gekommen. Darum gibt es für jeden Menschen und in jeder Situation, auch in äußerster Not, *Grund zur Hoffnung.*

Rivalitäten und Zorn

Manchmal hat die Nichtachtung des Lebens ihre Wurzel in unseren Rivalitäten, unseren Ängsten und unserem Zorn. Jesus fordert uns auf, unser Herz nicht von Neid und Wut zerfressen zu lassen. Wir sollen weder andere provozieren noch uns von ihnen provozieren lassen. Er verlangt von uns sogar, daß wir uns, bevor wir beten und opfern, zuerst mit dem Nächsten versöhnen, wenn dieser etwas gegen uns hat (vgl. Mt 5,21–26).

Jesus lädt uns ein, daß wir uns in die Situation des anderen, auch des Feindes, versetzen und die Initiative der Liebe ergreifen. Dazu gibt er uns die „Goldene Regel": „Alles, was ihr von anderen erwartet, das tut auch ihnen!" (Mt 7,12).

Der Teufelskreis der Gewalt und die Versöhnung

So wie Jesus sagt der Christ nein zu Gewalt, zu Vergeltungsaktionen, die auf Gewalt mit noch mehr Gewalt antworten. Wo Haß herrscht, fordert er nicht nur Vergebung, sondern er lebt sie – so wie Jesus. Am Kreuz hat der Herr für seine Feinde gebetet: „Vater, *vergib* ihnen, denn sie wissen nicht, was sie tun" (Lk 23,34). Diese Kraft zur Vergebung verleiht er uns durch die Gabe seines Geistes. So konnte Stephanus, der erste christliche Märtyrer, erfüllt vom Heiligen Geist, beten: „Herr, rechne ihnen diese Sünde nicht an!" (Apg 7,60).

Muß ein Christ alles mit sich machen lassen? Krieg und Todesstrafe

Es kann eine Psychose der Angst vor anderen erzeugt werden, die zu Aufrüstung, ja Überrüstung führt und ein Klima des Mißtrauens schafft, in dem Verhandlungen nicht mehr möglich sind. Jeder Mensch, jede Gemeinschaft, jedes Volk hat das Recht, seine Existenz und seine legitimen materiellen und geistigen Interessen zu verteidigen. Es kann so weit kommen, daß diese berechtigte Verteidigung durch Waffen geschehen muß, aber es handelt sich dann nur um ein letztes Mittel. Die Menschheit ist verpflichtet, den Frieden durch Verhandlungen zu erhalten. Verhandlungsbereitschaft heißt auch, daß man bereit sein muß, einen *Teil* dessen aufzugeben, was man meint, mit Gewalt erlangen zu können: Wenn die Konfliktparteien *alles* durchsetzen wollen, was sie beanspruchen, dann gibt es Krieg ...

Der Christ muß ein Mensch des *Friedens* sein, der auf jeden Fall, wie die Umstände auch seien, die Menschheit drängt, eine gerechtere Welt durch Dialog und Verhandlungen aufzubauen. Nach der Mahnung des Zweiten Vatikanischen Konzils ist er aufgerufen, „dieses hohe Werk der Liebe zu den Menschen, den kraftvollen Aufbau des Friedens immer wieder neu zu beginnen und tapfer durchzuhalten" (Pastoralkonstitution, 82). Man muß Gott inständig bitten, uns dazu die Kraft zu geben, denn das Herz des Menschen zu lenken ist ein Werk der *Gnade.* Gott allein kann uns den letzten Frieden geben. Jesus Christus hat es getan, indem er allen Haß am Kreuz zerstörte.

Die Abschaffung der Todesstrafe ist ein Fortschritt der Menschheit. Die Kirche vertritt die Auffassung, daß jeder Mensch, wie schuldig er auch sei, Anspruch auf einen gerechten Prozeß und daß jeder Gefangene ein Recht auf menschenwürdige Haftbedingungen hat. Das menschliche Leben, selbst das eines Mörders, ist heilig. Es erscheint auch möglich, daß in ganz besonderen Fällen die Todesstrafe von befugten Instanzen zum Schutz der Gesellschaft und zur Wahrung ihrer Rechtsordnung ausgesprochen wird. Jede Gesellschaft muß danach streben, soziale und sittliche Lebensbedingungen zu schaffen, in denen eine solche Strafe überflüssig wird.

Gebt acht, was ihr einem dieser Geringsten antut! Fremdenhaß, Ärgernis, Gleichgültigkeit ...

Die Gewalt hat oft ihre Wurzeln in Angst und sucht sich durch Furcht zu rechtfertigen. Dies gilt vor allem für den Fremdenhaß. Die Fremden können uns durch ein abweichendes soziales, kulturelles und religiöses Verhalten beunruhigen, stören und verwirren. Aber wie groß die Unterschiede auch seien, für den Christen ist jeder Fremde zuerst ein Bruder und eine Schwester, ein Kind Gottes wie wir.

Jeder Mensch ist verletzlich. Der Wille, einen anderen nicht nur physisch, sondern auch psychisch „fertigzumachen", ihm das Leben unerträglich zu machen oder ihn zur Sünde zu verführen, ist unvereinbar mit dem Glauben an den, der gestorben ist, damit die Menschen leben, damit sie von seinem Leben leben. Das Evangelium lehrt uns, wie Jesus sich mit dem Menschen solidarisiert, der Hunger und Durst hat, der fremd, der krank, der gefangen ist: „Amen, ich sage euch: Was ihr für einen meiner geringsten Brüder getan habt, das habt ihr mir getan!" (Mt 25,40).

„Liebt, und ihr werdet leben!"

Die Gleichgültigkeit „tötet" jene, die leiden, und schwächt die Kräfte derer, die sich für ihre notleidenden Brüder und Schwestern in unserer Gesellschaft sowie in den ärmsten Ländern unserer Welt einsetzen. Deshalb hat die Gemeinschaft der Glaubenden die Pflicht, sich an diesem Kampf materiell, moralisch und geistig zu beteiligen, sonst würde ihre eigene christliche Lebenskraft Schaden leiden.

Sechstes Lebensgebot

Du sollst nicht die Ehe brechen: Liebe und sei treu!

„Als Mann und Frau ...“

Das sechste Gebot betrifft die Liebe und die Sexualität.

„Gott schuf den Menschen als sein Abbild;
als Abbild Gottes schuf er ihn.
Als Mann und Frau schuf er sie“ (Gen 1,27).

Gott hat die ganze Schöpfung der Menschheit anvertraut, das heißt dem Mann und der Frau, damit beide gemeinsam sie bewahren und menschlich machen. Die Frau erlöst den Mann aus seiner Einsamkeit beim Ausbau der Welt und umgekehrt. Daß der Mensch als Mann und als Frau existiert, ist in allen Bereichen Grund zur Freude. Überall entdecken wir voller Staunen in unserer Menschenwelt männliche und weibliche Züge. So freut sich das Kind von Geburt an über Mutter und Vater, die es beide, jeder auf seine Weise, mit zärtlicher Liebe umgeben, über Männer und Frauen, die sich an seiner Lebenslust erfreuen. Von der Wiege an lernt das Kind, „Mann" oder „Frau" zu sein, denn unser Geschlecht prägt grundlegend unser Menschsein, unsere Persönlichkeit, die Art und Weise, zu denken und zu fühlen, sich zu geben und anderen mitzuteilen, Liebe zu empfinden, auszudrücken und zu leben. Ähnlich, sind wir doch *verschieden.* Was für eine Freude, unsere Welt mit der je eigenen Sensibilität eines Mannes oder einer Frau zu entdecken!

Was ist Keuschheit?

Die Kirche mißt der Erziehung der menschlichen Liebesfähigkeit, die in der Sexualität gelebt wird, besondere Bedeutung bei. Sie ist darauf bedacht, daß der Mensch den rechten Umgang mit *seiner Sexualität erlernt;* sie fordert jeden auf, keusch zu leben, in der Ehe ebenso wie in der Ehelosigkeit. Die Ehegatten sollen ihre Beziehung als Mann und Frau in Rücksichtnahme auf die unterschiedliche Lebensart des Partners gestalten. Sie müssen wissen, daß die Freude der Liebe auch Verzicht einschließt: Die Freude reicht nur so weit wie die Achtung der Partner voreinander. Zur Gabe der Fruchtbarkeit gehört, daß man alles tut, damit das Kind erwünscht ist und in eine Welt geboren wird, wo es willkommen ist.

Ehebruch

In alldem zeigt sich, wie hoch die menschliche Sexualität von den Christen geachtet wird. Sie ist ein Geschenk Gottes. Mann und Frau haben teil an seiner schöpferischen Liebe, nicht nur als einzelne, sondern auch als Paar. Der Leib, insofern er sexuell geprägt ist, zeigt, daß der Mensch auf Gegenseitigkeit angelegt ist. Ein christliches Paar ist sich der Führung des Heiligen Geistes bewußt; so lebt es seine Berufung in der Kirche aus der Gnade des Ehesakraments. „Du sollst nicht die Ehe brechen": Du sollst zu der Antwort stehen, die du in der Kirche auf die Berufung zur Ehe gegeben hast; du sollst zu deinem Ehepartner stehen, der mit dir die Antwort gab.

Ehebruch oder außereheliche Beziehungen lassen sich nicht richtig beurteilen, wenn man nur von einer Person ausgeht. Davon betroffen sind der Ehepartner, die Person, mit der der Ehebruch begangen wurde, deren eventueller Ehepartner und manchmal die Kinder von beiden Seiten. Schwere eheliche Untreue kann auch geschehen, ohne daß es zu eigentlichen sexuellen Beziehungen kommt.

Wer durch Taten oder in seinem Herzen den Ehepartner täuscht, täuscht, im Licht des Evangeliums gesehen, die Kirche Gottes und den Geist Gottes, der in ihr die Einheit zu einem einzigen Leib bewirkt; er fügt der Kirche und der Gesellschaft Schaden zu.

Ehescheidung

Der verlassene Ehepartner, vor allem, wenn er unschuldig ist, erlebt Einsamkeit und andere familiäre und soziale Schwierigkeiten. Die christliche Gemeinde muß ihm Wertschätzung und konkrete Hilfe entgegenbringen, damit er treu bleiben kann. Die Geschiedenen, die – auf manchmal heroische Weise – eine Wiederverheiratung ablehnen, geben ein mutiges Glaubenszeugnis für die Unauflöslichkeit ihrer christlichen Ehe. Sie sind eingeladen, durch häufigen Empfang der Sakramente die Kraft zu diesem Zeugnis zu erneuern. Die Geschiedenen, die standesamtlich wieder geheiratet haben, sind eingeladen, das Wort Gottes zu hören, an der Eucharistiefeier teilzunehmen, im Gebet zu verharren, um Tag für Tag die Gnade Gottes zu erflehen. Selbst wenn die Kirche sie nicht lossprechen und zum Empfang der Eucharistie zulassen kann, bleibt sie ihnen in mütterlicher Liebe verbunden. Die christliche Gemeinde ist aufgerufen, nicht über sie zu richten, sondern Wege zu suchen, die es unter voller Wahrung der Unauflöslichkeit der Ehe den wiederverheirateten Geschiedenen ermöglichen, Gott und ihren Brüdern und Schwestern zu begegnen.

Evangelisierung der Familien

Tag um Tag soll das christliche Familienleben von der Kraft des Evangeliums erfüllt werden. Zum gemeinsamen menschlichen und geistlichen Weg der Ehepartner gehört ein gewissenhaftes Gespür für das, was Sünde ist, und die in gegenseitiger Aussprache gereifte Bereitschaft, das Gebot des Herrn zu halten. Dazu hilft ihnen die Gnade der Eucharistie und des Bußsakraments – beide schließen die gegenseitige Vergebung ein. Zu diesem Weg der Ehepartner gehört auch das gemeinsame Gebet. Der Mann darf hier nicht alle Initiative seiner Frau überlassen, er muß auch selbst aktiv werden. Die Familie ist der wichtigste Ort für die geschlechtliche Erziehung der Heranwachsenden. Sie geschieht stufenweise, entsprechend dem Alter; sie ist auf die Entwicklung einer reifen, verantwortungsbewußten Persönlichkeit ausgerichtet. Dabei bleibt auch der erwachsene Mensch ebenso wie der junge anfällig für Schuld und der Gnade Gottes bedürftig; das kann den Heranwachsenden am Gebet der Eltern aufgehen.

Gemeinsam ein Kind wünschen

Die Geburt eines Kindes macht aus der Ehe von Mann und Frau eine Familie. Das Kind „begründet" gewissermaßen die Familie. Wo die Eltern sich gegenseitig in der ganzen Tiefe ihres Wesens annehmen, findet auch das Kind die unerläßliche und unersetzliche Geborgenheit. Einem Kind das Leben schenken bedeutet dabei auch: man ist entschieden dagegen, daß es eines Tages „dein" oder „mein" Kind wird. Das Kind, das zur Welt kommen soll, muß „unser" sein, ersehnt und angenommen, so wie es ist. Die Frage nach einem Kind ist nicht zuerst eine Frage der Fruchtbarkeit des Ehepaares, sondern nach der *Beziehung* der künftigen Eltern *zu dem Kind,* das geboren werden soll. Diese Beziehung soll die Liebesbeziehung fortsetzen, die die Ehegatten verbindet.

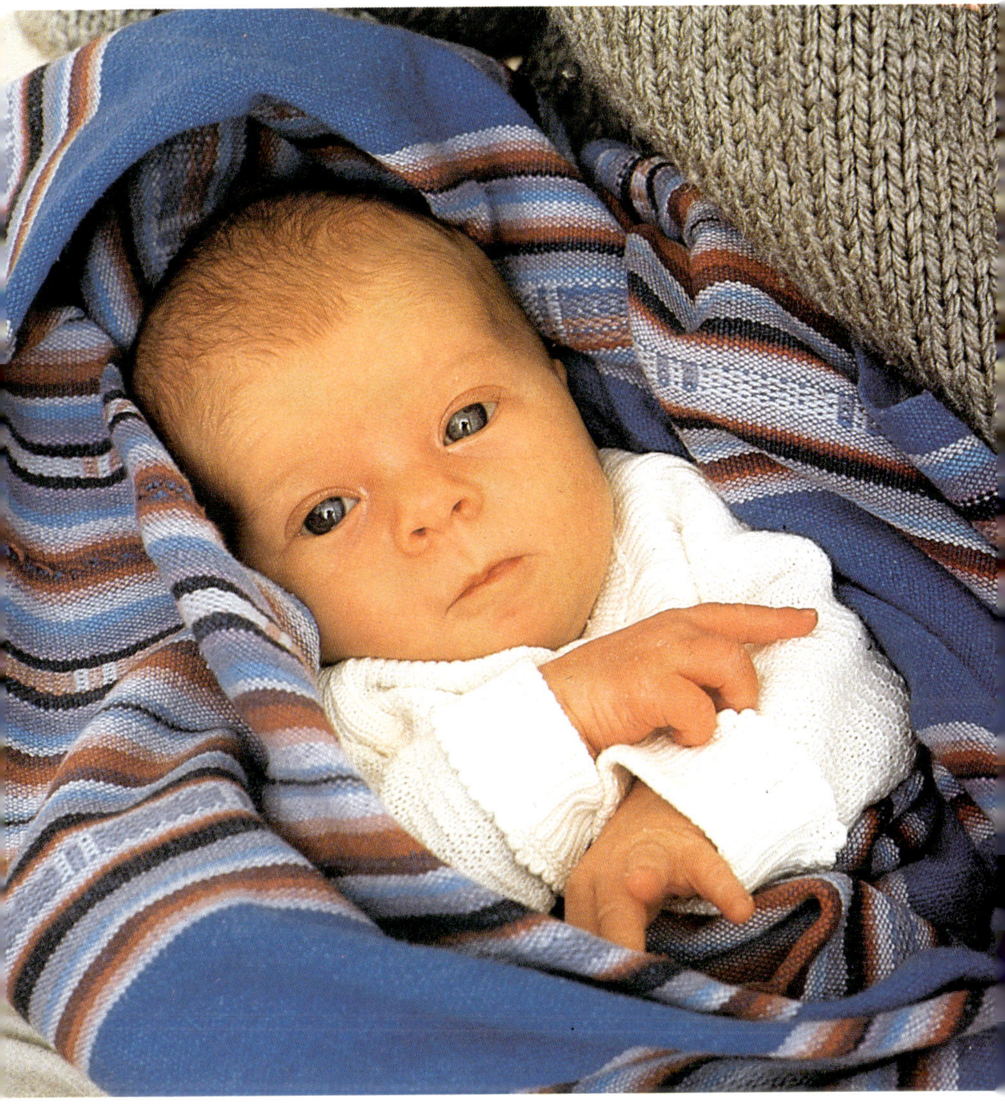

Wenn man von „Geburtenregelung" in allgemeinen Begriffen wie „Empfängnisverhütung" und „Geburtenbeschränkung" spricht und die eben genannte Beziehung außer acht läßt, dann übersieht man, daß das Kind nicht ein Objekt ist, sondern eine Person und ein Geschenk Gottes. Wenn Christen von Geburtenregelung sprechen, liegt ihnen vor allem die Einheit der Ehepartner sowie das Wohl der bereits geborenen Kinder und des zu erwartenden Kindes am Herzen.

Die Geburtenregelung

Die Glaubensgemeinschaft soll alle Eltern ermutigen, die ihr Kind annehmen und sich auf die Liebe Gottes verlassen; er allein ist stärker als alle Ängste, die in der Gesellschaft umgehen. Deshalb erinnert die Kirche nachdrücklich daran, was bei der Geburtenregelung menschlich und geistig-geistlich auf dem Spiel steht. Sie bemüht sich, die Christen darauf hinzuweisen, daß die sogenannten „natürlichen" Methoden besser den Anforderungen einer *verantworteten Elternschaft* entsprechen. Dazu gehört die Wahrung der Struktur des ehelichen Aktes, das gegenseitige Gespräch und Einverständnis unter den Ehepartnern, die zärtliche Rücksichtnahme aufeinander und die gemeinsame Verantwortung.

Dagegen kann die Kirche die sogenannten „künstlichen" Methoden der Geburtenregelung nicht anerkennen. In ihnen wird der menschliche und geistig-geistliche Charakter der ehelichen Gemeinschaft unterbewertet. Damit sind die Christen in ihrer Verantwortung herausgefordert: Sie sollen nach Entfaltung ihres ehelichen Lebens streben und ihre Berufung zur Elternschaft voll und ganz annehmen.

Erziehung zur Keuschheit

Das Zweite Vatikanische Konzil wünscht, daß die Kinder und Jugendlichen eine positiv eingestellte und altersgemäße Sexualerziehung erhalten. Unser Leib ist die erste Botschaft, die Gott an uns richtet: Insofern er geschlechtlich geprägt ist, kommt zum Ausdruck, daß der Mensch auf Gegenseitigkeit angelegt ist, das heißt auf die Liebe des Mannes zu seiner Frau und auf die Liebe der Frau zu ihrem Mann. Die christliche Erziehung zu einer geordneten Sexualität läßt sich nicht vom Ganzen der Botschaft des Evangeliums isolieren. Christliche Eltern sollen als erste, vor anderen Erziehern, ihren heranwachsenden Kindern die Berufung zur personalen Liebesbeziehung deutlich machen, die ihrem Leib eingeprägt ist. Sie werden zum Beispiel selbstlose Gesinnung und *Verzicht* vorleben, die die stufenweise Entdeckung der Bedeutung des Leibes durch den Jugendlichen begleiten müssen. Über bloße Verstandesinformation hinaus werden sich christliche Eltern bemühen, den Willen, die Gefühle und Leidenschaften zu beeinflussen und dabei das Vertrauen auf Gott zu stärken.

Auf sich selbst gerichtete Erotik

Wahre Erziehung des Menschen trägt zu Selbstbeherrschung und Charakterfestigkeit bei. In der sexuellen Entwicklung kann ein besonderes Problem durch eine auf sich selbst gerichtete Erotik entstehen. Die christliche Moral betrachtet Selbstbefriedigung als eine ernste Unordnung, vor allem beim Erwachsenen, weil die von Gott gewollte Sexualität nicht auf sich selbst, sondern auf den anderen gerichtet ist, auf das gegenseitige Verlangen der Ehepartner und auf das Verlangen nach dem Kind.

Auch wenn man Selbstbefriedigung in ihrer objektiven Schwere nicht verharmlost, wird man kluge Zurückhaltung üben, wenn es um die Bewertung der Verantwortung eines konkreten Menschen geht. Diesem wird am ehesten geholfen, um von seinem Selbstbezug frei zu werden, wenn er echte menschliche Beziehungen erlebt und sich in einer Gemeinschaft der Liebe aufgenommen fühlt. Man hüte sich also ebensosehr vor Dramatisierung wie vor Banalisierung.

„Wißt ihr nicht, daß ihr der Tempel des Heiligen Geistes seid?“

Manchmal entsteht beim Jugendlichen oder Erwachsenen die autoerotische Gewohnheit aus einem Mangel an geistiger Motivation und aus einem heidnischen Verständnis des Leibes. Im Licht des Glaubens ist der Leib „der Tempel des Heiligen Geistes“ (1 Kor 6,19). Damit man diesen *Glauben* leben kann, ist es wichtig, gesund zu leben, sein inneres Leben durch Gebet und Sakrament zu stärken und anderen eine Aufmerksamkeit entgegenzubringen, welche die ganze Person umfaßt.

Ist jede sexuelle Liebe moralisch?

Es kann vorkommen, daß der Christ im Glauben ein anderes Problem annehmen muß, das der Homosexualität. Die homosexuelle *Neigung* bildet nicht Gegenstand der sittlichen Beurteilung. Die homosexuellen *Beziehungen* sind es, die abgelehnt werden. Ihnen fehlt eine wesentliche und unerläßliche Dimension, damit sie sittlich gerechtfertigt wären. Nur eine heterosexuelle Beziehung wahrt im ehelichen Akt die doppelte Dimension der Vereinigung und der Offenheit zur Zeugung.

Homosexualität nicht billigen, aber auch solche Menschen achten

Wie der Ehebruch, so bedeutet homosexuelles Verhalten Schaden für die Kirche und die Gesellschaft. Trotz dieser wirklich ernsten Verletzung der objektiven sittlichen Ordnung muß die Schuldhaftigkeit von Homosexuellen mit Liebe und Klugheit beurteilt werden. Ihnen mit Verständnis entgegenkommen schließt ein, daß man sie in der Hoffnung stützt, ihre Schwierigkeit zu überwinden. Andererseits haben die Familien und die Gesellschaft die Pflicht zur Wachsamkeit und Vorbeugung.

Gemeinsam leben, um sich auf die Ehe vorzubereiten?

Die Zeit, in der Verlobte sich besser kennenlernen, ist sehr kostbar: Sie bereitet auf die Treue in der Ehe vor. Sie darf aber nicht ausarten zu einer „Probeehe“. Im Licht des Evangeliums bringt der eheliche Akt die das ganze Leben bindende Verpflichtung zum Ausdruck, die die Ehegatten füreinander übernehmen; von Getauften kann er nur *in der christlichen Ehe* vollzogen werden, weil diese die unzerstörbare Einheit zwischen Christus und der Kirche versinnbildet.

Ein Zusammenleben, bei dem alles unter dem Zeichen des „Nicht-Endgültigen“ geschieht, ist keine Vorbereitung auf die Ehe. Es ist *bereits* das gemeinsame Leben, aber ohne bindende Verpflichtung des einen gegenüber dem anderen noch gegenüber der Gemeinschaft. Ein solches Leben wird schwerlich auf die endgültige Treue vorbereiten. Im Gegenteil, darin kommt eher die zumindest vorläufige Ablehnung des unauflöslichen Bandes zum Ausdruck, durch das die christlichen Ehegatten – mit Gottes Gnade – sich gegenseitig und vor der menschlichen und kirchlichen Gemeinschaft binden.

Die wahre Vorbereitung auf die Ehe schließt Geduld ein. Echte Liebe gibt Kraft zur Selbstbeherrschung und weckt gegenseitige Achtung. Geduld und Rücksichtnahme sind für die gegenseitige Treue lebensnotwendig. Die sexuellen Beziehungen sind eine der Ausdrucksmöglichkeiten in der wunderbar reichen Sprache der menschlichen

Liebe. Verfrüht, können sie der vollen Entfaltung dieser Liebe schaden. Auch die Enthaltsamkeit gehört zur Sprache der Liebe! Diese Ausdrucksform ist in der Vorbereitungszeit ebenso wichtig wie in der Ehe.

Die Keuschheit in der Ehelosigkeit leben

Viele Frauen und Männer heiraten nicht aufgrund ihrer Lebensumstände, aus freier Entscheidung, aus Berufung oder wegen ihrer Weihe. Für jeden Ehelosen besteht die christliche Keuschheit darin, seine Sexualität durch die Enthaltsamkeit gesund zu leben, und zwar in Erwartung der endgültigen Hochzeit zwischen Christus und seiner Kirche. Die Treue der Ehepartner findet Unterstützung in der Treue der Ehelosen, die mit Leib und Seele auf die neue Welt warten, auf die Welt der Auferstehung, in der man nicht mehr heiraten wird.

Wo die Ehe geachtet wird, wird auch der Zölibat und die gottgeweihte Jungfräulichkeit geachtet. Wo die menschliche Sexualität als ein großes Geschenk des Schöpfers angesehen wird, erhält der Verzicht auf die Ehe um des Himmelreiches willen ihren vollen Sinn.

Siebtes Lebensgebot
Du sollst den Menschen weder versklaven noch manipulieren: Sorge für seine Freiheit und Würde!

Du sollst nicht stehlen

In der Katechese geht es beim siebten Gebot um das Stehlen. In der Bibel ist bei diesem Verbot nicht nur das Stehlen von fremdem Eigentum gemeint, sondern vor allem das „Stehlen" von Menschen, der Raub von Männern, Frauen und Kindern, die bei Razzias verschleppt wurden, um als Sklaven verkauft zu werden. Heute gewinnt dieses Gebot wieder seinen vollen Ernst und sein ganzes Gewicht: Es betrifft alle Formen von Ausbeutung des Menschen durch den Menschen.

Gott will den freien Menschen

Die Menschen sind von Gott geschaffen nach seinem Bild und Gleichnis. Sie sind nicht Objekt, der Willkür von Menschen ausgeliefert. Sie sind aus der Sklaverei befreit und aus der Knechtschaft der Sünde losgekauft. Zu allen Zeiten aber wurden sie geraubt, verkauft gekauft ... Jesus selbst wurde verkauft und zum Tod eines Sklaven verurteilt. Er hat alle Leiden der Unschuldigen auf sich genommen, die auch heute aus politischen oder wirtschaftlichen Interessen, aus sexueller Leidenschaft, aus Geldgier, aus Lust an der Gewalt mißbraucht werden: Geiselnahme, Folter und Inhaftierung in sogenannten psychiatrischen Anstalten, das „Verschwinden" Tausender von Menschen in diktatorischen Regimen; „billige" Arbeitskräfte, die aus dem Ausland geholt oder an Ort und Stelle ausgebeutet werden; ganze Völker, die über die Grenzen abgeschoben, aus ihrer Heimat vertrieben, mit ihrem Grundbesitz verkauft oder in riesigen Ghettos eingesperrt werden; Versklavung von Männern, Frauen und Kindern bei der Arbeit in Bergwerken, Steinbrüchen, Großplantagen, Fabriken und dem Netz des Drogenhandels; Prostitution von Erwachsenen und Kindern, Handel mit Embryonen, „Leihmütter" ...

Zur Organisationsform von Arbeit und Handel gehört in der ganzen Welt die Ausbeutung des Menschen durch den Menschen. Sie spielt eine wesentliche Rolle in der Grundstruktur der Weltwirtschaft und hat ihre Auswirkungen in jedem Land. Wir müssen uns dessen bewußt werden und auf die Ursachen und Folgen dieser Situation einwirken.

Eine solche Verantwortung gehört ins Zentrum der christlichen Berufung. Die Medien zeigen uns den armen Lazarus des Gleichnisses (vgl. Lk 16, 19–31), der zu unseren Füßen liegt, an der Schwelle der Tür der Reichen. Sind wir nicht die Reichen? Lazarus fordert uns auf, seine schrecklichen Wunden zu heilen und zu verhindern.

Solidarität entwickeln

Die Soziallehre der Kirche geht von der Würde der menschlichen Person aus. „Ein Arbeiter ist mehr wert als alles Gold der Welt" (Joseph Cardijn). Viele sind bereit, das anzuerkennen, aber wenige ziehen daraus praktische Konsequenzen. Angesichts einer so großen Zahl von Hungernden in der Welt verlangt das Zweite Vatikanische Konzil von allen und besonders von den politisch und wirtschaftlich Verantwortlichen, daß sie sich an das Wort der Kirchenväter erinnern: „Gib dem zu essen, der vor Hunger stirbt, denn ihm nicht zu essen geben heißt ihn töten." Das Konzil betont, daß jeder nach seinen Möglichkeiten sein Hab und Gut wirklich zu teilen habe. Dieses Teilen soll den einzelnen und den Völkern vor allem helfen, daß sie sich selbst helfen und entwickeln können (Pastoralkonstitution, 69, 1). Einfach geben genügt nicht, man muß auch überlegt und klug geben, damit die Menschen menschlicher, freier werden.

Die Berufung des Menschen zur Arbeit

Durch die Arbeit hat der Mensch nach katholischer Auffassung nicht nur teil *am schöpferischen Wirken Gottes.* Die Gott dargebrachte Arbeit verbindet den Menschen auch mit dem *erlösenden Wirken Jesu Christi.* Er hat der Arbeit eine besondere Würde dadurch gegeben, daß er die meiste Zeit seines Lebens als Handwerker in Nazaret gearbeitet hat. Arbeit verbindet die Menschen, Arbeit macht sie unabhängiger, moralisch und physisch freier.

Wir stehen heute vor einem weltweiten Phänomen, das Bestürzung auslöst. Während natürliche Hilfsquellen unausgeschöpft bleiben, sind Millionen von Männern und Frauen ohne Beschäftigung oder unterbeschäftigt und sterben vor Hunger. Millionen anderer werden ausgebeutet und sterben vor Erschöpfung. Die Verantwortung der industrialisierten Länder und der Führungsschicht in den Entwicklungsländern wiegt schwer. Es muß dringend nach Wegen zu wirklicher Hilfe gesucht werden.

Das Recht eines jeden auf Arbeit ist heilig

Die Aufgabe, die Welt menschlicher zu machen, geht die ganze Menschheit an. Keiner kann davon ausgeschlossen werden, denn jeder Mensch, welcher Kultur, Religion oder Rasse er auch angehört, muß in dieser Welt ein Zuhause finden und gestalten können. Arbeit ist ein heiliges Recht jeder menschlichen Person; hieraus ergibt sich die Pflicht zur Schaffung gerechter Arbeitsverhältnisse und zu einer gerechten Arbeitsverteilung.

Arbeitslosigkeit, die nicht selbst verschuldet wurde, ist für alle und besonders für die jungen Menschen eine entwürdigende Ungerechtigkeit. Den Arbeitslosen fehlen nicht nur materielle Mittel zum Lebensunterhalt, sondern auch eine wichtige Hilfe, das eigene Leben als sinnvoll zu erfahren und sich für andere, für die Familie und die Gesellschaft einsetzen zu können.

Die Verpflichtung, Arbeitslosenunterstützung zu zahlen, ergibt sich unmittelbar aus dem allen Menschen gemeinsamen Recht, Zugang zu den lebensnotwendigen Gütern und zur Arbeit zu haben. Die Solidarität zwischen dem Arbeitenden und dem Arbeitslosen, sofern er ungerechterweise keine Arbeit hat, ist grundlegend. Nicht der Arbeitslose muß sich schämen, keine Arbeit zu haben, sondern die menschliche Gemeinschaft, die ihm keine Arbeit anzubieten vermag.

Die Erstellung von Gütern und Dienstleistungen steht Frauen ebenso wie Männern zu. Die Frauen spielen hierbei eine spezifische Rolle; sie müssen also Zugang zur Arbeit erhalten. Ihrer Eigenschaft als Frau muß dabei Rechnung getragen werden, ohne daß hieraus eine Diskriminierung entsteht. Die Arbeit im Haushalt muß ebenfalls anerkannt und respektiert werden.

Die ausländischen Arbeitnehmer müssen dieselben Rechte und sozialen Vorteile wie die einheimischen Arbeitnehmer bekommen.

Sie dürfen nicht Gegenstand irgendeiner Diskriminierung werden. Der Christ sieht in jedem Menschen einen Bruder und eine Schwester, und jeder Mensch hat das Recht auf die Freiheit, die uns am Herzen liegt.

Ebenso dürfen behinderte Menschen nicht von der Arbeitswelt ausgeschlossen werden. Die Humanisierung unserer Gesellschaft verlangt, daß man ihnen eine angemessene Aufgabe beschafft. Eine Gesellschaft, die dieser Pflicht nicht Rechnung trägt, macht sich der Diskriminierung gegenüber den Schwachen und weniger Gesunden schuldig.

Es gibt ungerecht belastende Situationen, die zahlreiche Familien daran hindern, fundamentale Familienrechte wahrzunehmen. Arbeitslosigkeit demoralisiert die Ehepartner und die Kinder. Sie ist nicht nur ein soziales, sondern auch ein moralisches Drama.

Was ist zu tun? Wege zu konkreten Taten

Um die verfügbare Arbeit solidarisch neu zu verteilen, sind mehrere Initiativen von unterschiedlich großer Bedeutung angeregt worden: Abschaffung von Überstunden und Arbeitsanhäufung; Verkürzung der Arbeitszeit auf Gebieten, wo das möglich erscheint; Schaffung von sinnvollen Arbeiten in bisher vernachlässigten Bereichen; Teilzeitarbeit, Kampf gegen Mißbräuche, erleichterter Zugang zu unabhängigen Berufen; bessere Koordination zwischen Berufsarbeit, Familienaufgaben und sozialen Verpflichtungen; Neubewertung von Tätigkeit, die nicht bezahlte Arbeit ist, zum Beispiel in der Familie oder als ehrenamtliche Dienstleistung ...

Der gerechte Lohn

Ein weiteres Kriterium ermöglicht, über die Gerechtigkeit eines sozial-wirtschaftlichen Systems zu urteilen: das des gerechten Lohns. Wenn die Arbeit unzureichend entlohnt wird, muß die Gesellschaft die Grundlagen der Arbeitsordnung überprüfen. Um gerecht zu sein, muß die Gesellschaft ständig auf die wirkliche Situation ihrer Mitglieder achten. Ein Arbeitsentgelt, das es den Verantwortlichen der Familie ermöglicht, alle ihre Verpflichtungen zu erfüllen, steht an erster Stelle in der Bewertung des gerechten Lohns.

Die Familienmütter haben Anspruch auf Familienzuschuß, damit sie ihre Kinder erziehen können und von einer Arbeit außerhalb der Familie gegebenenfalls befreit werden können.

Außer dem gerechten Lohn muß die medizinische Versorgung bei der Arbeit finanziell garantiert werden. Im Falle eines Arbeitsunfalls hat der Arbeiter Recht auf Entschädigung. Allgemein gilt, daß alle sozialen, gesetzlichen oder vertraglichen Vereinbarungen für die Vertragschließenden eine wirkliche sittliche Verpflichtung mit sich bringen.

In einer Gesellschaft, für die wirtschaftliche Entwicklung zweifellos unentbehrlich ist, bleibt es dennoch wesentlich, daß die soziale Sicherheit als Struktur der Solidarität und als individuelles Recht nicht in Frage gestellt wird.

Die Interessen der verschiedenen sozialen Gruppen und der soziale Dialog

Alle sozialen Gruppen haben das Recht, zur Wahrung ihrer Lebensinteressen Vertretungsorgane zu bilden und Bevollmächtigte für die Verhandlungen der Sozialpartner zu wählen. Es ist offensichtlich, daß sich aus ihren Positionen und Entscheidungen Folgen im politischen Bereich ergeben. Diese Gruppen müssen jedoch darauf achten, daß sie nicht der Versuchung erliegen, einseitig ihre Sonderinteressen und ihre Privilegien zu verteidigen und sich womöglich an die Stelle der politischen Macht zu setzen.

Zur besonderen Berufung der christlichen Laien gehört es, in der Welt „Sauerteig" zu sein: Sie sollen am Dialog der Sozialpartner teilnehmen und mit den Menschen verschiedener Richtungen auf politischem, wirtschaftlichem und sozialem Gebiet zusammenarbeiten, damit die berechtigten Interessen aller, besonders aber der Schwachen und der am meisten Bedürftigen verteidigt werden.

Die Kirche hat keine Lösung für alle Probleme

Wenn die Kirche in öffentlichen Fragen grundsätzlich Stellung bezieht und sich hierzu verpflichtet weiß, so setzt sie sich doch nicht an die Stelle der Fachleute auf wirtschaftlichem oder politischem Gebiet. Sie hat weder den Schlüssel noch die Lösung für alle Probleme, aber sie redet ins Gewissen. Nachdrücklich mahnt sie die Christen, besonders jene, die meinen, daß „man hier nichts machen könne".

Gegen die Armut kämpfen

Bei uns gibt es – wie in der Dritten Welt – Hunderttausende, die seit Generationen von unserem Wohlstand ausgeschlossen sind. Sozial unangepaßt, bilden sie das, was man „Vierte Welt" genannt hat. Verschiedene Ursachen tragen zu ihren Lebensbedingungen bei: unzureichende Einkünfte, Gesundheitsprobleme, Analphabetismus, fehlende Berufsausbildung und Wohnungsnot. Diese Situation ist aber kein unabänderliches Schicksal; die Männer und Frauen der „Vierten Welt" sind nicht rettungslos verloren. Ihnen kann, wie die Erfahrung zeigt, geholfen werden, wenn wir sie als Menschen ernst nehmen und uns in ihre Situation hineinzudenken, hineinzufühlen versuchen. So können wir zum Beispiel ihnen helfen, sich im Labyrinth der gesetzlichen Vorschriften zurechtzufinden und die Rechte wahrzunehmen, die ihnen vorher nicht bekannt waren.

Darf man sich an seinem Wohlergehen freuen?

Manchmal kann man hören: „Solange es Kinder gibt, die vor Hunger sterben, kann ich nicht mit Appetit essen" oder „Wenn man solches Elend sieht, hat man den Eindruck, man hätte sein Glück gestohlen ..." Stellt uns das Evangelium ständig unter Anklage? Es kann Wohlstand geben, den man rechtmäßig erhalten oder erworben hat. Dieses Glück ist nicht gestohlen, und deswegen muß nicht das ganze Leben von unberechtigten Schuldgefühlen belastet sein. Jeder Christ ist aufgerufen, für sein Glück zu *danken* und es zu *teilen*. Es gibt Verantwortung für andere, aber sie hat Grenzen; niemand ist verpflichtet, zu tun, was unmöglich ist. Die Verantwortung des einzelnen beschränkt sich auf das, was sittlich verpflichtend und ihm möglich ist.

Für einen neuen großherzigen Lebensstil

Um wirklich solidarisch zu leben, muß sich die Mentalität ändern. Wie soll Arbeit neu aufgeteilt werden, wenn jeder auf seinen sozialen Besitzstand pocht, wenn jeder auf seinem uneingeschränkten Konsum besteht? Aber alles ist möglich, wenn jeder auf seiner Ebene bereit ist, sich mit geringerem Wohlstand zu begnügen. Der Christ findet in der Botschaft Jesu Motive zur veränderten Lebenseinstellung:

„So geht es jedem, der nur für sich selbst Schätze sammelt, aber vor Gott nicht reich ist. Das Leben ist wichtiger als die Nahrung und der Leib wichtiger als die Kleidung. Euch muß es um sein Reich gehen; dann wird euch das andere dazugegeben" (Lk 12,21.23.31).

Aktionen wie „Adveniat" zu Weihnachten und „Misereor" vor Ostern sind nur Beispiele für zahlreiche Gelegenheiten, bei denen wir aufgefordert sind, unseren Reichtum zu teilen. Es macht wenig aus, wenn wir dadurch ein wenig „ärmer" werden: ein weniger teurer Wagen oder ein geringerer Komfort; eine weniger lange Reise oder eine einfachere Ernährung. „Geben ist seliger als nehmen" (Apg 20,35).

Zeit ist bei uns, wie es oft heißt, Geld. Die Glaubensgemeinschaft ermutigt die jungen und die erwachsenen Menschen, in unserem Land und in der Dritten Welt ihre Zeit zugunsten der Notleidenden zu opfern. Indem sie von ihren Brüdern und Schwestern oft mehr empfangen, als sie geben, kämpfen sie gegen die Armut unseres Herzens. Manche zögern nicht, mehrere Jahre, ja ihr ganzes Leben einzusetzen und dabei auf Komfort und Karriere zu verzichten. Durch ihre Großherzigkeit, verbunden mit überzeugender Fachkompetenz, entsteht in ihrer Umgebung wie von selbst ein Geflecht von Verantwortungsbewußtsein und Solidarität; sie wirken wie der Sauerteig in der Masse.

„Wenn jemand Vermögen hat und sein Herz vor dem Bruder verschließt, den er in Not sieht, wie kann die Gottesliebe in ihm bleiben?" (1 Joh 3,17). Die persönliche Großherzigkeit dispensiert die Christen keineswegs davon, mit ihren Brüdern und Schwestern an der *Umwandlung der ungerechten Strukturen* der Gesellschaft zu arbeiten: Solche Veränderung ist wie eine Tür, die geöffnet wird für die grenzenlose Kraft des Heiligen Geistes, die Quelle allen befreienden Wirkens.

Eine Utopie ...

Die Apostelgeschichte beschreibt uns die erste christliche Gemeinde als ein Modell: „Alle, die gläubig geworden waren, bildeten eine Gemeinschaft und hatten alles gemeinsam. Sie verkauften Hab und Gut und gaben davon allen, jedem so viel, wie er nötig hatte. Es gab keinen unter ihnen, der Not litt" (Apg 2,44–45; 4,34). Hierin liegt ein Aufruf, dessen lebhaftes Echo wir in manchen christlichen Gemeinschaften, seien es Ordensgemeinschaften oder andere Gruppen, wiederfinden: Sie sind Zeichen für die kommende Welt. Aber jeder Getaufte ist aufgerufen, an dieser *prophetischen Sendung* der Kirche teilzunehmen. Wenn er mit den Bedürftigen teilt, arbeitet er an der von Gott gewollten Zukunft und macht offenbar, daß Liebe unter den Menschen möglich ist.

... und doch realistisch!

Was gehört heute konkret zur Gerechtigkeit? Die Lasten der Gemeinschaft müssen entsprechend den Einkünften der einzelnen gleichmäßig verteilt werden. Steuern sind eines der Mittel, die Güter gerechter zu verteilen: Sie müssen ehrlich gezahlt werden. Aber nicht nur Steuerhinterziehung ist unehrlich, sondern auch, wenn jemand durch unerlaubte Kapitalflucht ins Ausland sich Vorteile zuungunsten der Wirtschaft des eigenen Landes verschafft. Ebenso unehrlich ist es, soziale Bewegungen für andere Zwecke als für die Förderung der sozialen Gerechtigkeit zu gebrauchen. Mißbräuche, die auf schlechte Verwaltung, Verschwendung staatlicher und gesellschaftlicher Mittel, Vandalismus an öffentlichen Einrichtungen, Betrug in den öffentlichen Verkehrsmitteln zurückgehen, sind ein Unrecht an allen, aber besonders an den Bedürftigen.

Ehrlichkeit pflegen

Unter uns gehen Rechtschaffenheit und Respekt vor den anderen verloren: Betrügereien bei Prüfungen und in Erklärungen aller Art; Diebstahl von Autos, Fahrrädern, Handtaschen, Ladendiebstähle, Raub ... Diese Seuche eindämmen heißt ebenso eine gesunde Mentalität wie gesunde Strukturen schaffen. Im ehrlichen Verhalten der Menschen untereinander kommt etwas von Gottes Gerechtigkeit zum Vorschein.

Achtes Lebensgebot

Dein Zeugnis sei wahr; sage Gutes über deinen Nächsten!

Das achte Gebot will aus dem Herzen des Menschen die Lüge und die Bosheit tilgen, die sich durch das Wort verbreiten. Es führt uns im Bereich der Wahrheit zu einer größeren Tiefe, wo „Liebe und Wahrheit sich begegnen" (Ps 85, 11) und der Jünger wie sein Herr wird, der „treue und zuverlässige Zeuge" (Offb 3, 14).

Was ist die Wahrheit?

Nach der Bibel bedeutet Wahrheit nicht an erster Stelle, daß die Wirklichkeit unverstellt ans Licht gebracht wird, also Wahrheit im Sinne von fehlender Täuschung. Sondern hier heißt derjenige wahr, auf den ich wie auf einen Felsen bauen kann: Wahrheit im Sinne von Zuverlässigkeit und Treue. Jesus ist die Wahrheit, weil wir uns auf ihn ganz und gar verlassen können. Er ist der wahre Weg und das wahre Leben. Solche Wahrheit ist es, die von uns verlangt wird. Gefragt wird also nicht nur und nicht zuerst, wie wir es mit der Wirklichkeit halten, ob wir sie zu erkennen geben oder nicht, sondern vielmehr, wie wir mit dem Nächsten umgehen, ob wir für ihn ein Halt sind, so wie Gott für ihn ein Halt ist.

Auf wen könnte sich der Angeklagte stützen?

„Du sollst nicht falsches Zeugnis geben wider deinen Nächsten": Dieses biblische Gebot wurde vor allem bei Aussagen vor Gericht wichtig. Das Schicksal eines Menschen im alten Israel hing oft von einem wahren oder einem falschen Zeugnis ab. Der Angeklagte mußte seine Unschuld beweisen. Wenn zwei Personen gegen ihn Zeugnis gaben, war der Prozeß entschieden. Alles hing von den Zeugen ab: die Ehre, die Freiheit, das Leben. Deshalb wurden falsche Zeugen streng bestraft: Man verhängte über sie dieselbe Strafe, die für das Vergehen vorgesehen war, dessen sie ihren Nächsten angeklagt hatten. Noch heute ist ein falsches Zeugnis ein besonders schweres Vergehen. Es untergräbt die Verläßlichkeit der Justiz und gefährdet das Leben eines Menschen und seiner Familie.

Haben wir nicht die Wahrheit getötet?

Immer besteht die Gefahr, daß über Menschen vorschnell, verächtlich oder anonym geurteilt wird. Überall in der Welt werden Menschen für mehr oder weniger schwere Taten, mit oder ohne Prozeß verurteilt. Die Justiz ist blind, wenn sie oberflächlich, „nur nach dem Hörensagen" urteilt (Jes 11, 3). Wurde Jesus nicht auf der Grundlage von falschen Zeugnissen verurteilt, er, der die Wahrheit ist?

Was sagt man über mich?

Der Geist, den der Herr uns gegeben hat, ist Quelle der Wahrheit und des Mutes. Die Welt braucht Zeugen, die einem Menschen, wie er wirklich ist, Gerechtigkeit widerfahren lassen, und dieses Bedürfnis gilt nicht nur vor Gericht. Unser ganzes Leben ist ein Aufruf, ehrlich miteinander umzugehen. Die Leute sind heute äußerst empfindlich für den günstigen oder ungünstigen Eindruck, den sie hervorru-

Zum Bild: Dieser Kopf Jesu (von einer Elfenbeintafel des 11. Jahrhunderts) kann verdeutlichen: Er heißt „der Treue und Wahrhaftige" (Offb 19,11). Er ist in die Welt gekommen, daß er für die Wahrheit Zeugnis ablegt; jeder, der aus der Wahrheit ist, hört auf seine Stimme (vgl. Joh 18,37).

fen. Sie möchten jemandem begegnen, der sie erkennt und versteht, der ihre schwachen Stellen, aber auch ihre guten Seiten sieht.

Wie ein Waldbrand!

Müssen wir nicht mehr denn je auf unser Reden und auf unser Schweigen achten? Das Wort gehört zum Wunderbarsten, was Gott uns gegeben hat. Es macht uns offen, wir können uns einander offenbaren; das Wort ermöglicht, daß wir uns in der Tiefe verstehen, aber es kann auch zu einer mörderischen Waffe werden: „Wie klein kann ein Feuer sein, das einen großen Wald in Brand steckt. Auch die Zunge ist ein Feuer. Kein Mensch kann die Zunge zähmen. Mit ihr preisen wir den Herrn und Vater, und mit ihr verfluchen wir die Menschen, die als Abbild Gottes erschaffen sind" (Jak 3,5.6.8.9). In wenigen Minuten kann man den guten Ruf und Namen eines Menschen zu Asche machen. Wie viele Jahre dauert es, bis der Wald wieder grün wird ...? Diese Warnung gilt für die *üble Nachrede* (fremde Fehler weitererzählen) und noch mehr für die *Verleumdung* (über jemand fälschlich Böses behaupten). Es gilt ebenso für den, der Böses verbreitet, als auch für den, der böswilligen Reden interessiert zuhört und sie dadurch unterstützt. Die Lüge, die Vorurteile, die üble Nachrede und die Verleumdung sind um so schlimmer, als sie den guten Namen und die Ehre des Nächsten verletzen und die brüderliche Gemeinschaft zerstören.

Unser Wort soll uns einander näher bringen

Jedes unserer Worte steht zwischen Wahrheit und Lüge. Durch unsere Worte und unser Tun beweisen wir, daß wir Brüder und Schwestern sind und daß wir denen nahestehen, über die wir reden. Paulus verlangt: „Legt die Lüge ab, und redet untereinander die Wahrheit; denn wir sind als Glieder miteinander verbunden" (Eph 4,25). Glieder sein heißt einander nahe sein. Lügnerisches Verhalten gehört zum vorchristlichen Leben des Gläubigen; damit beweist er, daß seine Umkehr noch nicht vollzogen ist. Wahr sein, Gutes über den Nächsten sagen und es laut sagen, das herumerzählte Böse nach Möglichkeit richtigstellen, im eigenen Herzen vom anderen gut denken und ihm gut wollen – das heißt eine christliche Gemeinde aufbauen, deren Klima die Liebe ist.

Lernen, die Wahrheit zu sagen

Die Forderung des achten Gebots beschränkt sich nicht darauf, „die Wahrheit zu sagen"; man muß sie auch auf eine Weise sagen, daß sie dem Leben des Bruders und der Schwester dient. Die Wahrheit kann, als Waffe gebraucht, töten. Je belastender sie ist, desto mörderischer kann sie werden. Der Christ, der seinem Bruder die Wahrheit sagt, muß auch der erste sein, der ihm hilft, sie zu tragen.

Jemandem „die Wahrheit um die Ohren schlagen" ist erniedrigend. Nur die aus liebevollem Herzen gesagte Wahrheit ist „wahr". Es ist nicht das gleiche, ob man die Wahrheit aus Liebe oder aus Bosheit sagt. Ich darf also die Wahrheit nicht so sagen, daß ich den anderen zur Verzweiflung bringe. Ich bin nicht der Richter meines Bruders.

Lernen, sich selbst die Wahrheit zu sagen, heißt lernen, sich selbst unter dem stets liebenden Blick Gottes zu lieben. Als Petrus seinen

Meister verraten hat, hat sich Jesus zu ihm umgewandt: Petrus hat geweint. Als Judas Verrat beging, hat er sich selbst mit eisiger Klarheit gerichtet, die ihn zur Verzweiflung trieb: Er hat sich aufgehängt! Wenn wir in einem Augenblick der Wahrheit und unter dem Drängen der Gnade unsere Sünde bekennen, wissen wir, daß der göttliche Geist der Wahrheit, der in uns wirkt, uns bereits mit Gott versöhnen will; er ist es, der uns hält. „Vater, was böse ist in deinen Augen, das habe ich getan!" Der klare Blick richtet sich hier auf die *unerschütterliche Liebe des Vaters.* Statt in Finsternis zu versinken, „kommt der zum Licht, der die Wahrheit tut" (Joh 3,21), weil er sie von der Liebe des Vaters empfängt.

Auch das Schweigen spricht

Auf der Suche nach Liebe und Wahrheit ist auch das Schweigen eine Sprache. Es kann eine Schwäche sein. Oft ist es eine Stärke. Manchmal erfordert es Heroismus. Verschwiegenheit trägt zum gegenseitigen Vertrauen bei. Jeder hat das Recht auf Diskretion in den Dingen, die zu seinem Privatleben gehören. Wer aufgrund seines Berufs (z.B. der Arzt) um ganz persönliche Dinge der Menschen weiß, ist zum Berufsgeheimnis verpflichtet. Was ein Priester in der Beichte hört, darf er niemandem weitersagen. Falls der Beichtvater auf Wunsch des Betroffenen von einer Information Gebrauch machen soll, wenn dies notwendig erscheint, muß der Betroffene außerhalb der Beichte die Information wiederholen, die weitergegeben werden soll. Die Würde des Sakraments verlangt, daß die Gläubigen völliges Vertrauen zum Priester haben können, wenn sie Gott und seine Kirche um Vergebung bitten. Dieses Vertrauen ist an das absolute Stillschweigen gebunden, zu dem der Priester verpflichtet ist.

Darf man unter bestimmten Umständen „lügen"?

Man darf niemals lügen. Aber was heißt lügen? Durch ein Wort oder ein Verhalten Vertrauen betrügen und damit menschliche *Beziehungen zerstören.* Man darf niemals lügen, weil jeder Mensch *Anspruch auf Vertrauen* hat. Wenn also die Wahrheit vor jemandem ganz oder teilweise verborgen wird, weil diese Wahrheit für ihn zu schwer zu tragen ist, dann wird er nicht belogen, sondern geschont. Vor allem ist wichtig, mit taktvoller Liebe das Wohl des anderen zu verfolgen und das Vertrauensverhältnis zu ihm zu bewahren.

Es ist keine Lüge, wenn ich etwas verschweige, das zu wissen ein anderer keinen Anspruch hat. Zweierlei ist zu beachten: Man darf die Wahrheit nur an den weitergeben, der das Recht hat, sie zu erfahren, und die Kraft, sie zu ertragen; und man darf sie ihm nur so sagen, daß er sie ertragen kann.

Eine Falschaussage machen, damit jemand moralisch oder physisch geschützt wird, ist nicht das gleiche wie lügen: „Nein, mein Vater ist kein Trinker ..."; „Nein, hier ist niemand versteckt ..." Um das Vertrauen zu wahren, kann man die Antwort auf eine Frage umgehen oder schweigen; einen Schleier über das legen, was man weiß; die allzu harte Wahrheit gegenüber einem verängstigten Menschen mildern, aber ihm dadurch Mut machen, daß man Teilwahrheiten mitteilt: „Ich habe Leute getroffen, die sehr schätzen, was Sie tun."

Kann man verpflichtet sein, zu sagen, was man weiß?

Schweigen oder die Wahrheit abschwächen darf nicht leichtfertig geschehen. Sich der Wahrheit öffnen ist ein ständiger Aufruf. Es gibt Umstände, wo man ohne Umschweife bestimmte Wahrheiten zugeben oder anderen offenbaren muß. Wir brauchen immer Propheten, die es wagen, die Wahrheit laut zu sagen, auch wenn das gefährlich ist.

Es ist manchmal zum Wohl aller notwendig, daß schlechte Dinge, die insgeheim passieren, zuständigen Leuten angezeigt werden. Das hat nichts mit Sensationslust oder Gier nach Enthüllungen zu tun, die sich mit scheinheiliger Überheblichkeit vermischt: „Ich danke dir, Herr, daß ich nicht so bin wie diese da ..." Hier haben auch die Presse und die anderen Medien eine wichtige Aufgabe für das öffentliche Wohl zu erfüllen, wenn sie sich von Wachsamkeit, Unbestechlichkeit und Wahrung der menschlichen Würde leiten lassen. Die Wahrheit geht aus dem Geist des Herrn und nicht aus dem Geist des Bösen hervor.

Es gibt Männer und Frauen, die für die Wahrheit sterben. Ihr heroisches Beispiel verpflichtet. Es gibt Männer und Frauen, die sich dafür einsetzen, daß der Mantel des Schweigens, der über ihre gefolterten Brüder und Schwestern ausgebreitet wird, nicht zum Mantel der Lüge und unserer Gleichgültigkeit wird.

Für die Wahrheit Zeugnis geben heißt auch für den Herrn Zeugnis geben

Zuallererst geht es um das Zeugnis, daß wir wie Brüder und Schwestern miteinander leben. Es genügt nicht, davon zu reden, daß wir alle Kinder ein und desselben Vaters sind. Solche Rede muß auch glaubhaft sein.

Durch Taten Zeugnis geben dispensiert uns nicht davon, auch durch das Wort Zeugnis zu geben. *In Wahrheit* Christ sein heißt Zeugnis für den Glauben geben, der uns beseelt. Jedes feige Schweigen entstellt das Zeugnis der Gemeinschaft: Aus Menschenfurcht verleugnet man den Glauben vor anderen und vor sich selbst; aus Menschenfurcht schämt man sich für Christus ... Die Gemeinschaft der Christen wird durch das Zeugnis derer gestärkt, die für das Bekenntnis ihres Glaubens vor den Menschen aus Liebe zu ihren Brüdern und Schwestern ihr Leben hingegeben haben. Die Kirche nennt sie Märtyrer, das heißt Zeugen.

Der Böse treibt sein Unwesen immer und überall. Unwissenheit, die auf Bequemlichkeit beruht, und ein Herz, das sich selbstherrlich in sich selbst verschließt, entstellen die Forderungen des Evangeliums und der Lehre der Kirche. Von diesem Hang müssen wir uns bekehren durch Gebet und durch entschiedene Bemühung, unser Gewissen zu bilden. Die Wahrheit des Glaubens sagen und sie sich selbst sagen setzt voraus, daß man sie zu hören vermag mit dem Herzen eines Armen vor Gott:

„Wenn ihr in meinem Wort bleibt, seid ihr wirklich meine Jünger. Dann werdet ihr die Wahrheit erkennen, und die Wahrheit wird euch befreien" (Joh 8,31–32).

Neuntes Lebensgebot
Dein Verlangen nach Liebe sei ganz rein

Der Katechismusunterricht hat das zehnte biblische Gebot in zwei Gebote aufgeteilt: „Du sollst nicht begehren das Haus deines Nächsten noch *seine Frau* noch *sein Hab und Gut*" (vgl. Ex 20, 17). In der katholischen und lutherischen Überlieferung bezieht sich das neunte Gebot auf die Begierde, die den Ehebruch erzeugt, und das zehnte Gebot auf die Begierde, die den Diebstahl erzeugt.

Welcher Unterschied besteht zwischen Sehnsucht und Begierde?

Der Mensch ist ein Wesen der Sehnsucht, darin liegt seine Größe. Die Sehnsucht öffnet das Herz des Menschen zum anderen. Sich danach sehnen, zu leben, gesund zu werden, Fortschritte zu machen, zu lieben und geliebt zu werden, was gibt es Schöneres? Begehren dagegen heißt alles ausschließlich auf sich und seine eigenen Bedürfnisse beziehen, ohne Rücksicht auf Gott und auf den Mitmenschen.

Im Alten Testament ist „begehren" ein sehr realistischer Ausdruck. Er meint nicht nur das Denken und Wollen, sondern auch schon den Schritt zur Tat, alles, was man unternimmt, um seine Ziele zu erreichen. Begierde ist ein *Tun.*

Im Neuen Testament prangert Jesus die Heuchelei derer an, die Gott nur mit den Lippen und nicht mit dem Herzen ehren (vgl. Mt 15, 6–8). Er verlangt, daß der Mensch in seinem Reden und Tun eins sei. Alles kommt aus dem Herzen, die Wahrheit wie die Lüge. Die katholische Überlieferung spricht hier von „Herzensreinheit". Sie umfaßt alle Gebote: „*Aus dem Herzen* kommen böse Gedanken, Mord, Ehebruch, Unzucht, Diebstahl, falsche Zeugenaussagen und Verleumdungen" (Mt 15, 19). Begehren ist eine *Absicht,* die, selbst wenn sie nicht zur vollendeten Tat gelangt, bereits voller Bosheit ist. Deshalb ist Jesus so radikal: „Wer eine Frau auch nur lüstern ansieht, hat in seinem Herzen schon Ehebruch mit ihr begangen" (Mt 5, 28). Die Sünden des sozialen Unrechts entstehen, bevor sie in die Tat umgesetzt werden, im Herzen. Sie kommen aus einem bösen Herzen, sie machen dessen Bosheit offenbar.

Was heißt ein „reines Herz"?

Am Anfang der Bergpredigt spricht Jesus von denen, die „ein reines Herz haben". Was heißt das? Die erste Bedeutung von rein ist „echt" in dem Sinn, wie man von reinem Wein, reinem Gold spricht. Gemeint ist der Mensch, „der reine Hände hat und ein lauteres Herz, der nicht betrügt und keinen Meineid schwört" (Ps 24, 4). Das Wort rein läßt dann auch an „durchsichtig" denken. Wenn das Glas des Fensters rein ist, läßt es das Licht durch. „Selig, die ein reines Herz haben; denn sie werden Gott schauen" (Mt 5, 8). „Wenn dein Auge gesund ist, dann wird dein ganzer Körper hell sein" (Mt 6, 22). Wer Gott aus ganzem Herzen, aus ganzer Seele und aus ganzer Kraft liebt, sieht klar; die Liebe, die er seinem Bruder entgegenbringt, macht sein Auge hell. Rein sein bedeutet schließlich auch „aus einem Stück"

sein. Jesus verlangt, daß wir „vollkommen" oder „ganz" sind. Unser Wille, Gutes zu tun, soll „ganz", ungeteilt, ohne Vermischung des Guten mit dem Bösen sein.

Für Jesus lassen sich die *zehn* Gebote in *einem einzigen* zusammenfassen: Gott und den Nächsten lieben. Wer Gott so liebt, ist nicht von sich selbst eingenommen; seine Liebe zum Nächsten wird immer wahrer. Er ist auf den Nächsten in nichts neidisch, in nichts eifersüchtig, er liebt ihn. Ein reines Herz liebt den anderen wie sich selbst, ja, es liebt *mit der Liebe Gottes.* Die reinen Herzens sind, sind „selig". Sie werden Gott schauen, denn sie lieben ihn, ohne daß irgendeine Bosheit die Liebe Gottes in ihnen verdunkeln kann.

Reinheit und Sexualität

Das neunte Gebot lenkt die Aufmerksamkeit besonders auf das Verhältnis von Liebe und Sexualität. Es geht nicht zuerst um die Sexualität an sich, sondern den Vollzug der Sexualität in ihrem Bezug zum Nächsten: Der Ehebruch ist eine *Ungerechtigkeit,* weil er den Nächsten verletzt. Geht man von der Einheit aus, die das eine Gebot der Gottes- und Nächstenliebe in die Moral bringt, wird das Ausmaß der Verfehlung noch deutlicher. Wer die Ehefrau oder den Ehemann seines Nächsten begehrt, kann nicht den Anspruch erheben, daß er noch wirklich Gott liebt. Seine Liebe zum Nächsten ist heuchlerisch geworden. Wenn er in die Tat umsetzt, was er in seinem Herzen plant, wird er das Glück eines Ehepaares oder einer Familie zerstören.

Worin liegt das Besondere des neunten Gebots im Vergleich zum sechsten?

Ist das nicht schon alles gesagt worden? Die tiefere Dimension des sechsten Gebots tritt durch den christlichen Sinn des neunten deutlicher ins Licht. Hier wird das Böse in seiner Wurzel gesehen. Diese liegt in der Begierde, die aus einem *bösen Herzen* hervorgeht und deren Egoismus *für den anderen* schädlich ist.

Es geht also nicht einfach darum, im sexuellen Bereich keine „schlechten Gedanken" zu haben und daran Gefallen zu finden, sondern ungerecht die Ehefrau oder den Ehemann des anderen zu begehren und diese Begierde aufrechtzuerhalten. Was den Blick verwirrt und verdunkelt, ist die Bösartigkeit des Vorhabens; durch sie wird die Liebe zerstört.

Auf dem Weg der Verinnerlichung der Moral durch das Evangelium erstreckt sich die Bedeutung der Begierde auch auf alle anderen Bereiche der Unzucht, die im sechsten Gebot gemeint sind: Prostitution, Homosexualität, Päderastie, Autoerotik ... Die schlechten Vorstellungen oder Begierden, die sich spontan einstellen, sind nicht Sünde. Aber das aufgesuchte oder aufrechterhaltene *Gefallen* daran gehört zu den Werken der Finsternis: Es ist Sünde, weil es das Herz, das hierin frei einwilligt, verdunkelt.

„Wenn wir sagen, daß wir Gemeinschaft mit ihm haben, und doch in der Finsternis leben, lügen wir und tun nicht die Wahrheit. Wenn wir aber im Licht leben, wie er im Licht ist, haben wir Gemeinschaft miteinander, und das Blut seines Sohnes reinigt uns von aller Sünde" (1 Joh 1,6–7).

„Da kann man nichts machen, das ist nicht mehr so wie früher"?

Das sexualisierte Klima, das uns überschwemmt, ist eine Provokation für alle und besonders für die Kinder und Jugendlichen, die „ein reines Herz" bewahren wollen, ein Herz, das in Wahrheit liebt.

Das neunte Gebot beschränkt sich nicht auf die Begierde, die in uns lebt. Es bezieht sich auch auf das *Ärgernis,* das heißt auf jede Handlung, durch die wir die Begierde anderer wecken, auf jede Handlung, die direkt oder indirekt die Sünde im Herzen anderer absichtlich keimen läßt. Wir berühren hier die Bereiche der Erziehung, der Unterhaltungs- und Werbeindustrie, der Filmwirtschaft und des Fernsehens, der Illustrierten und der pornographischen Literatur (vgl. Mt 18,6–7).

Kultur, Unterhaltung, Erholung im Licht des Evangeliums

Genügt es, sich von „schlechten Darbietungen" und schlechtem Umgang fernzuhalten? Das Herz des Menschen ist gut, aber durch die Sünde tief verwundet. Es ist anfällig für die Verführung des „Bösen". Die Reinheit des Herzens liegt nicht in der Macht des Menschen, der sich auf sich allein verläßt; man muß jeden Tag um sie im Gebet bitten. Der Christ soll auf die Gnade der Taufe vertrauen; sie macht aus ihm einen „neuen Menschen", in dem der Heilige Geist wohnt.

Die Liebe ist erfinderisch und schöpferisch. Alles, was durch Kunst, Theater, Film, Kommunikationsmittel geschaffen wird, alles, was an Stätten der Begegnung und Entspannung angeboten wird, soll die Sprache der wahren Liebe sprechen. Dazu hat jeder Christ entsprechend seinen Fähigkeiten und Möglichkeiten beizutragen; er soll sich aktiv und kreativ an der Gestaltung von Kultur, Freizeit und Entspannung beteiligen, wo sie zum Guten dienen. Das neunte Gebot ist auch eine Mahnung an die Kirche, daß sie die Künstler unterstützt, die aus Liebe zu den Menschen wirken, und daß sie der Welt solche Künstler schenkt.

Zehntes Lebensgebot

Suche deinen Nächsten, ohne sein Hab und Gut zu begehren; sieh zu, was du mit ihm teilen kannst!

Das zehnte Gebot zeigt das Herz des Menschen aus einem ergänzenden Blickwinkel zum neunten Gebot. Wie die sexuelle Begierde ist die Begierde nach dem Eigentum anderer eine weitere innere Versklavung, von der uns Jesus Christus befreien will.

Sind Geld und Reichtum etwas Schlechtes?

Wir wünschen uns viele Dinge, die wir noch nicht haben, und zum Glück halten wir Ausschau: nach einer interessanten Arbeit, nach einem schönen Zuhause ... Aber wir können von dem, was wir schon besitzen und noch besitzen wollen, so sehr „besessen" sein, daß wir die Liebe zu Gott und zum Nächsten verachten. Der Wunsch zu besitzen kann für einen selbst und für andere zur Tyrannei werden. Nicht das Geld ist etwas Böses, sondern die *Habgier* und das, was aus ihr entspringt: Knechtschaft, Unterdrückung des Nächsten, Verhärtung des Herzens, Verweigerung der Hilfe, Betrug, Diebstahl ... Die Habgier macht aus dem Geld einen Götzen und aus Menschen Sklaven. Die Armut des Herzens macht Geld zu einer Quelle des Teilens und Menschen zu freien Wesen.

„Sammelt euch Schätze im Himmel", sagt Jesus, „denn wo dein Schatz ist, da ist auch dein Herz" (Mt 6,20.21). Und die christliche Gemeinde hat auch diese Warnung des Herrn festgehalten: „Niemand kann zwei Herren dienen; er wird entweder den einen hassen und den anderen lieben, oder er wird zu dem einen halten und den anderen verachten. Ihr könnt nicht beiden dienen, Gott und dem Mammon" (Mt 6,24).

Wie kann man der Versuchung zum Stehlen zuvorkommen?

Paulus schreibt die Versuchung zu stehlen der Faulheit zu. Ein Christ, der stiehlt, kehrt zu dem Leben zurück, das er vor seiner Bekehrung führte. „Der Dieb soll nicht mehr stehlen, sondern arbeiten und sich mit seinen Händen etwas verdienen, damit er den Notleidenden davon geben kann" (Eph 4,28). Nach christlicher Vorstellung hat die Arbeit einen dreifachen Nutzen: Sie kommt dem Diebstahl zuvor, sie verhindert, daß man auf Kosten anderer lebt, und sie ermöglicht das Teilen.

Ebenso wie sexuelle Begierde nicht nur in unserem Herzen wohnt, sondern auch durch uns bei anderen hervorgerufen werden kann, so ist es auch mit der Begierde nach dem Hab und Gut anderer. Wenn wir unseren Reichtum vor den Armen zur Schau stellen und uns weigern, unser Hab und Gut und unsere Zeit mit ihnen zu teilen, dann wecken wir ihre Begehrlichkeit. Unser Egoismus ist verantwortlich für ihre Begierde. Teilen macht frei von Egoismus und Begierde.

Hat Christus uns nicht vom heidnischen Lebensstil befreit?

Die Wurzel aller Ungerechtigkeiten ist die *Begierde.* Paulus nennt immer „Habgier, Götzendienst und Unzucht" zusammen, um die Zeit der ersten christlichen Generation vor ihrer Bekehrung zu kennzeichnen (vgl. Röm 1, 18–32). Die Habgier ist eine Form von Götzendienst: Sie führt leicht dazu, den wahren Gott zu verleugnen und dem Mammon zu dienen. Sie ist charakteristisch für das Heidentum. Da der Heide – und das ist auch ein Christ, der in das Verhalten vor seiner Bekehrung zurückfällt – ohne Bruderliebe ist, benützt er die anderen, ohne Rücksicht auf ihre Rechte, als Werkzeuge zu seinem Profit. Der wahre Christ dagegen stellt sich in den Dienst der anderen. Wenn sich also ein Getaufter wiederum der Habgier hingibt, fällt er in die heidnische Lebensweise zurück, aus der Jesus Christus ihn befreit hat.

Ist nicht die Liebe Gottes in unseren Herzen ausgegossen?

Die *Habgier* ist ein direkter Angriff auf die Nächstenliebe. Sie führt nicht nur zum Götzendienst des Geldes; sie führt auch zur Unzucht, einem weiteren Kennzeichen für das Leben der Christen vor ihrer Bekehrung (vgl. Eph 5, 3). Die Unzucht erniedrigt den Nächsten. Wer dem Mammon dient, begnügt sich nicht damit, den Nächsten zu seinem Profit auszunützen; er gebraucht ihn schließlich auch zur Befriedigung seiner Lust. Wie zur Zeit des Apostels Paulus üben diese Laster, die für die heidnische, die vorchristliche Zeit der Getauften charakteristisch waren, heute noch ihre Anziehungskraft auf die Christen aus. Hierin sind wir alle Neubekehrte: Tag für Tag müssen wir unsere Denkweise ändern und uns von der Bruderliebe durchdringen lassen. Sie läßt mit einem reinen Blick sehen, was für den Mitmenschen gut ist.

Die Reinheit des Herzens, eine Quelle überströmender Gnade

Das zehnte Gebot faßt alle anderen zusammen, indem es sie *verinnerlicht:* daß unser Herz aus Stein zu einem Herz aus Fleisch werde! Nur derjenige, der seinen Nächsten liebt wie sich selbst, kann die Reinheit des Herzens erlangen, die besonders von den beiden letzten Geboten gefordert wird. Die Liebe nimmt das Wohl des Nächsten wahr: Sie ist „die Erfüllung des Gesetzes"! (Vgl. Röm 13, 8–10). Die Freude der Selbsthingabe und des Teilens hat ihre Quelle in Gott, der von überströmender Freigebigkeit ist:

„Wer kärglich sät, wird auch kärglich ernten; wer reichlich sät, wird reichlich ernten. In seiner Macht kann Gott alle Gaben über euch ausschütten, so daß euch allezeit in allem alles Nötige ausreichend zur Verfügung steht und ihr noch genug habt, um allen Gutes zu tun. In allem werdet ihr reich genug sein, um selbstlos schenken zu können" (2 Kor 9, 6.8.11).

„Wohl denen, die leben nach der Weisung des Herrn" (Ps 119, 1).

Der Fülle des Lebens entgegen

„Dein Vater, der ins Verborgene sieht, wird es dir vergelten"

Jesus ruft uns auf, das Gesetz im Geist des Evangeliums zu leben. Er fordert uns auf, „im Verborgenen" zu handeln, wenn es um Almosen, Gebet und Fasten geht. Im Verborgenen handeln – und nicht um von den Menschen gesehen zu werden – bedeutet, daß es uns in unserem ganzen Verhalten um Gott geht, daß wir ihn suchen, daß wir ihn lieben:

„Wenn du Almosen gibst, soll deine linke Hand nicht wissen, was deine rechte tut, und dein Vater, der auch das Verborgene sieht, wird es dir vergelten.

Wenn du betest, geh in deine Kammer und schließ die Tür zu; dann bete zu deinem Vater, der im Verborgenen ist. Dein Vater, der auch das Verborgene sieht, wird es dir vergelten.

Wenn ihr fastet, macht kein finsteres Gesicht wie die Heuchler ... Die Leute sollen nicht merken, daß du fastest, sondern nur dein Vater, der auch das Verborgene sieht; und dein Vater, der das Verborgene sieht, wird es dir vergelten" (Mt 6,3.4.6.16.18).

Wahr sein, leuchtend sein

Der Aufruf Jesu, wie wir *teilen* („Almosen geben"), *beten* und *fasten* sollen, stellt uns in eine dreifache Beziehung: zu den anderen, zu Gott und zu uns selbst. „Handeln im Verborgenen" hindert keineswegs, daß wir offen heraus Menschen der Solidarität, Männer und Frauen des Gebets sind und nüchtern im Umgang mit den Gütern, die die Gesellschaft uns bietet.

Christ sein heißt öffentlich Zeuge sein: „Ihr seid das Salz der Erde und das Licht der Welt", sagt Jesus zu uns. „Euer Licht soll vor den Menschen leuchten." Aber er fügt hinzu: „Damit sie eure guten Werke sehen und euren Vater im Himmel preisen" (Mt 5,13–16). Das Zeugnis unserer guten Werke wird sinnlos, wenn es dazu dient, daß wir selbst verherrlicht werden wollen. Auch wenn wir bei den Menschen wegen unseres Glaubens und unserer Einstellung nicht anerkannt werden, können wir ohne Bitterkeit, fröhlich und gelassen sein, denn Gott sieht uns im Verborgenen. Ja, Jesus sagt sogar: „Selig seid ihr, wenn ihr um meinetwillen beschimpft und verfolgt und auf alle mögliche Weise verleumdet werdet. Freut euch und jubelt: Euer Lohn im Himmel wird groß sein" (Mt 5,11–12). Wissen, daß Gott uns mit Liebe anschaut und daß dies allein genügt, befreit uns von dem Bedürfnis, gesehen zu werden, und von allem vergleichenden Konkurrenzdenken.

„Der Herr sieht das Herz" (1 Sam 16,7)

Unser Vater sieht das Verborgene, das heißt, er sieht alles. Der Blick Gottes hat nichts Beunruhigendes an sich, außer für den, der sich ihm verzweifelt entziehen will. Nachdem Adam sich von Gott abgewandt hatte, bekam er Angst und versteckte sich (Gen 3,8). Aber Gott sieht uns, wie ein Arzt den Kranken sieht, um ihm zu helfen. Als Petrus Jesus verleugnete, „wandte sich der Herr um und blickte Petrus an" (Lk 22,61). „Herr, *du weißt alles,* du weißt, daß ich dich liebe", sagt Petrus (Joh 21,17).

Der Vater achtet auf die kleinsten Zeichen unserer Solidarität mit den Armen. Er hört aufmerksam auf unser stammelndes Gebet. Er unterstützt und ermutigt unsere kleinsten Bemühungen des „Fastens" und des Verzichts, um freie Menschen zu bleiben und von ihm die innere Freiheit zu empfangen.

„Seid vollkommen, wie euer himmlischer Vater vollkommen ist"

Ist vollkommen sein möglich?

Christliche Vollkommenheit ist im Vergleich zu allem menschlichen Streben nach Selbstbeherrschung und Tugend etwas völlig Neues. Sie ist ein Geschenk Gottes. Sie ist für alle möglich, und besonders für die Sünder! Sie besteht darin, *mit der Liebe zu lieben, mit der wir geliebt werden.* Deshalb sagt der Herr: „Kommt alle zu mir, die ihr euch plagt und schwere Lasten zu tragen habt. Ich werde euch Ruhe verschaffen. Mein Joch drückt nicht, und meine Last ist leicht" (Mt 11,28.30).

Das Joch, das den Rücken krümmt, wäre das der Gesetzesbeobachtung, aufgefaßt als eine menschliche Leistung. Das Joch des Herrn ist leicht, weil man nicht sagen kann, daß Lieben schwer sei, selbst wenn es viel verlangt. Die christliche Vollkommenheit besteht darin, *in der Gnade zu leben,* mit Gott zu leben, der unsere Bedürfnisse, unsere Schwierigkeiten und Schwächen kennt und der sein Geschöpf niemals im Stich läßt. Hierin liegt der Unterschied zu allen anderen Lebensweisen, selbst den moralisch hochstehenden.

Gott ist in sich selbst vollkommen, und seine grenzenlose Liebe zeigt sich in seinem Erbarmen mit allen Menschen: Er läßt seine Sonne aufgehen über Bösen und Guten, und er läßt regnen über Gerechte und Ungerechte (vgl. Mt 5,45). Wie der Vater im Gleichnis hält er Ausschau nach der Rückkehr des verlorenen Sohnes. Dem, der gesündigt hat, schenkt er sein Erbarmen und bemüht sich, den älteren Sohn – jenen, der sich für gerecht hielt – an der Wiedersehensfreude teilnehmen zu lassen (vgl. Lk 15,11–32). Der Vater kommt uns entgegen, indem er uns seinen Sohn gibt.

„Das ist es, was Gott will: eure Heiligung" (1 Thess 4,3)

Die Berufung aller Christen zur Heiligkeit ergibt sich aus unserer Zugehörigkeit zur Kirche, die Christus wie seine Braut geliebt hat: Er hat sein Leben für sie gegeben, um sie zu heiligen (vgl. Eph 5,26–27), und er hat sie mit seinem Heiligen Geist erfüllt.

Das sakramentale Leben, besonders die Eucharistie, verbindet uns mit Jesus Christus und mit seiner Kirche. Der Heilige Geist gibt jedem seinen Platz und seine Aufgabe im Leib Christi. Deshalb sind die Gaben, die wir empfangen haben, so verschieden. Sie entsprechen der Verschiedenheit der Glieder, die zur Harmonie dieses Leibes beitragen. Ob einer Laie, Ordensangehöriger oder Priester ist, wir erkennen voller Freude, daß wir nicht alle zu der gleichen Gestalt der Heiligkeit berufen sind, aber die Anforderungen der Liebe und der Heiligkeit sind die gleichen für alle.

Die verschiedenen Gaben, die wir erhalten haben, sind uns nicht als einzelnen gegeben, sondern als Mitgliedern eines Volkes. Dank dieser Gaben sollen wir an der Lebendigkeit der ganzen Kirche teilhaben, der im Himmel wie der auf Erden, und wir sollen solidarisch mit unseren Brüdern und Schwestern sein: mit denen, die zusammen mit uns auf dem Weg sind; mit denen, die nach ihrem Tod noch auf ihre Vollendung warten; mit denen, die zur Herrlichkeit des Herrn gelangt sind.

Die Freiheit der Kinder Gottes (Röm 8,21)

Das Reich Gottes ist das kostbarste Gut, das wir uns wünschen können. Es ist mehr wert als *alles,* was wir besitzen, wie das Gleichnis vom Schatz im Acker zeigt: Der Mensch, der diesen Schatz entdeckte, „grub ihn wieder ein, und in seiner Freude verkaufte er *alles, was er besaß,* und kaufte den Acker" (Mt 13,44). Das Reich Gottes setzt einen großen Verzicht voraus. Alles, was ich bisher geliebt habe, ist wertlos im Vergleich zu dem Neuen, das es bringt. Meine Lebensgewohnheiten und mein Lebensstil, dem ich verhaftet war, sind nicht mehr bindend: Ich bin frei, kraft des Geistes, der in mir lebt, meine dem Evangelium entsprechende Verhaltensweise herauszufinden. Diese Freiheit hat uns Männer und Frauen gegeben wie Franz von Assisi, Thomas Morus, Katharina von Siena, Teresa von Ávila und so viele Männer und Frauen, die heute die Neuheit des Evangeliums ausstrahlen.

Das mächtige Mittel des Gebets (Mt 5,44)

„Liebt eure Feinde ..." (Mt 5,44). Wer kann diese seltsame Aufforderung leben? Der Ruf des Evangeliums ist so grenzenlos, daß er das menschliche Herz vor Freude, aber auch vor Erschrecken außer sich geraten läßt. Die Jünger waren durch die Forderung Jesu so verwirrt, daß sie ausriefen: „Wer kann dann gerettet werden?" Jesus schaute sie mit Liebe an und sagte: „Für Menschen ist das unmöglich, für Gott aber ist alles möglich" (Mt 19,26).

Wer Gott zu lieben sucht, weiß: Der Vater ist es, der mich zu sich zieht. Die Güte des Vaters geht über alles hinaus, was wir uns vorstellen können: „Wenn nun schon ihr, die ihr böse seid, euren Kindern gebt, was gut ist, wieviel mehr wird der Vater im Himmel den Heiligen Geist denen geben, die ihn bitten" (Lk 11,13).

„Herr, lehre uns beten“ (Lk 11, 1)

Wie der Herr uns gelehrt hat, wagen wir zu sprechen:

„Vater unser im Himmel,
Geheiligt werde dein Name.
Dein Reich komme.
Dein Wille geschehe, wie im Himmel so auf Erden.
Unser tägliches Brot gib uns heute.
Und vergib uns unsere Schuld,
wie auch wir vergeben unsern Schuldigern.
Und führe uns nicht in Versuchung,
sondern erlöse uns von dem Bösen.“

„Vater unser“, so nennen wir dich in Freude und Leid, wie dein Sohn es uns gelehrt hat. Du bist unser Vater, denn du hast uns zu deinen Kindern gemacht, und du läßt uns als Brüder und Schwestern leben. Du bist *„im Himmel“* mit dem Sohn und dem Heiligen Geist, und du wohnst im Herzen des Menschen, der dich aufnimmt. Deine Wohnung ist im Himmel, und du berufst uns zu deiner Vollkommenheit, die unser Erdenken und Ersehnen, unser Vermögen und Vollbringen übersteigt.

„Geheiligt werde dein Name.“ Dein Name besagt deine Gegenwart: Er werde verherrlicht von den Herzen, die du geheiligt hast; er werde der Welt geoffenbart durch deine Heiligen, seien sie bekannt oder unbekannt.

„Dein Reich komme“: Es herrsche in uns und in der Welt deine Liebe und deine Gerechtigkeit; dein endgültiges Reich möge anbrechen, wenn der Menschensohn am Tag der Auferstehung aller Menschen kommt.

„Dein Wille geschehe“, nicht unser, sondern dein Wille, mit Liebe und Freude. Er geschehe *„im Himmel wie auf Erden“,* wie ihn die Engel und die Heiligen vollbringen. die in deiner Gegenwart leben und für uns eintreten. Er geschehe auf Erden durch die Gnade deines Heiligen Geistes, in der Einfachheit Marias und mit dem Mut der Märtyrer.

„Bittet, und ihr werdet empfangen“ (Joh 16, 24)

„Unser tägliches Brot gib uns heute“, denn wir leben vom Brot: von dem Brot, das du uns gibst, von der „Frucht der Erde und der menschlichen Arbeit“; von dem Brot deines Wortes, das den Menschen ernährt, selbst in der Wüste der Einsamkeit und des Leidens; von dem „lebendigen Brot“ der Eucharistie, von deinem Sohn, dem Sieger über den Tod: „Wer dieses Brot ißt, wird leben in Ewigkeit“ (Joh 6, 58). Lehre uns, mit allen zu teilen, die Hunger nach Brot und Liebe haben, „damit sie das Leben in Fülle haben“ (Joh 10, 10).

„Vergib uns unsere Schuld“, denn die Sünde, die deinen Sohn in den Tod gebracht hat, entfernt uns, den einzelnen und die Gemeinschaft, von dir. Vergib uns durch deinen Sohn, der uns mit dir versöhnt. Mach aus uns Menschen der Vergebung: auf daß wir mit dir versöhnt sein können, *„wie auch wir vergeben unseren Schuldigern“.*

„Führe uns nicht in Versuchung." Durch deinen Sohn hast du das Böse und das Leid besiegt: Gib, daß wir in jeder Versuchung wachsam sind; daß Prüfungen uns nicht mutlos machen, sondern stärken im Glauben, in der Bruderliebe und in der Hoffnung gegen alle Hoffnung.

„Sondern erlöse uns von dem Bösen": Wenn wir auch dem Bösen und dem Satan widersagt haben, können wir doch ohne dich nichts tun, weder für uns selbst noch für unsere Brüder und Schwestern.

„Denn dein ist das Reich, die Kraft und die Herrlichkeit von Ewigkeit zu Ewigkeit!" In dir finden wir die Sicherheit unseres Glaubens, die Kraft zu lieben und das Geschenk der Hoffnung. Ja, „Amen".

Bildverzeichnis

Seite 9: Die Emmausjünger. Michel Ciry (im Besitz des Künstlers). – Seite 10: Foto P. Vandekerckhove. – Seite 11: Abraham. W. Habdank. – Seite 13: Geistsendung. Lektionar von Cluny, um 1000. Paris, Bibliothèque Nationale. – Seite 14: Foto KNA-Bild/Herb. – Seite 17: Foto Tournus. – Seite 19: Foto NASA. – Seite 21: Vision Hildegards von Bingen vom Kosmosmenschen. Miniatur, um 1230. Foto H. N. Loose. – Seite 23: Adam und Eva und der Sündenfall. Miniatur, Echternach. Foto Abtei Orval. – Seite 26: Erlöser. Andrej Rublev, Anfang des 15. Jahrhunderts. Moskau, Tretjakov-Galerie. – Seite 28: Verklärung Christi. Ikone, Nowgoroder Schule, 15. Jahrhundert. – Seite 31: Gottesmutter. Ikone, Taizé, Kirche der Versöhnung. Foto Taizé. – Seite 32: Foto Augustines de Malestroit. – Seite 35: Kreuzigung. Matthias Grünewald, Isenheimer Altar, 1512–15. Colmar, Museum Unterlinden. – Seite 38: Auferstehung. Matthias Grünewald, Isenheimer Altar, 1512–15. Colmar, Museum Unterlinden. – Seite 41: Endzeitlicher Christus. Allerheiligenikone, Griechenland. – Seite 45: Foto P. Vandekerckhove. – Seite 46: Halleluja. Alfred Manessier. – Seite 48: Johannes der Täufer. Reiner von Huy, Bronzerelief vom Taufbrunnen in St. Bartholomäus, Lüttich, 1111–18. Foto J. Mascart. – Seite 51: Die Kirche im Bild einer Opferprozession zu Christus, dem königlichen Hohenpriester am Kreuz. Miniatur, Reichenauer Schule, um 1000. Staatliche Bibliothek, Bamberg. – Seite 53: Ausgießung des Hl. Geistes. Westfälisch, um 1370–80. Köln, Wallraf-Richartz-Museum. – Seite 55: Foto Rapho. Phelps und W. Hamilton. – Seite 58: Foto KNA-Bild. – Seite 59: Foto M. Roseeuw. – Seite 63: Foto Franco Marzi. – Seite 66: Foto P. van Woude. – Seite 68: Marienkrönung. Jacob Torriti und Jacob da Camerino, Apsismosaik in S. Maria Maggiore, Rom, Ende 13. Jahrhundert. Foto H. N. Loose. – Seite 70: Heilige Dreifaltigkeit. Andrej Rublev, 1411. Moskau, Tretjakov-Galerie – Seite 72: Glasfenster, Abtei Orval. – Seite 75: Foto P. van Woude. – Seite 78: Hand Gottes. Fresko, Tahull, 1123. Barcelona, Museo de Arte de Cataluña. – Seite 81: Christus am Kreuz. Spätmittelalterliches Gabelkreuz. Foto Ordinariat Augsburg. – Seite 84: Taufe Jesu. Reiner von Huy, Bronzerelief in St. Bartholomäus, Lüttich, um 1115. Foto J. Mascart. – Seite 86: Foto P. van Woude. – Seite 88: foto-present. – Seite 90: Herabkunft des Heiligen Geistes. Ikone, Nowgoroder Schule, Ende des 15. Jahrhunderts. – Seite 92: foto-present/Voss. – Seite 93: foto-present. – Seite 95: Letztes Abendmahl. Dirk Bouts, Löwen, St. Peter, 1464–67. – Seite 96: Altar der sieben Sakramente. Rogier van der Weyden, um 1453. Antwerpen, Koninklijk Museum voor Schone Kunsten. – Seite 98: Foto F. Sautereau. – Seite 101: Foto CIRIC. – Seite 103: Foto KNA-Bild – Seite 105: Heimkehr des Verlorenen Sohnes. Rembrandt Harmensz. van Rijn, um 1668/69. Leningrad, Eremitage. – Seite 106: foto-present/Kunst. – Seite 109: Christus als barmherziger Samariter. Codex Rossanensis, Syrien, um 550. Erzbischöfliches Palais, Rossano. – Seite 111: foto-present/Herzog. – Seite 112: Heilung der Aussätzigen. Miniatur, Echternach, 1040. Foto Kunstverlag Maria Laach. (Nr. 5610). – Seite 115: Foto R. Dietrich. – Seite 116: S. Köder. – Seite 119: foto-present/Voss. – Seite 122: Foto P. Vandekerckhove. – Seite 127: Foto G. Ferreras. – Seite 129: Foto Ordinariat Freiburg. – Seite 130: Armenisches Vortragekreuz, 1750. Museum von Etschmiadzin. – Seite 135: Pfingsten. K. Stadler. Kunstverlag Maria Laach. (Nr. 5392). – Seite 139: Foto E. Lessing. – Seite 143: Mose empfängt die Zehn Gebote. Marc Chagall. Giraudon. – Seite 145: Christus als Lehrer, Herrscher und Richter. Apsismosaik in S. Pudenziana, Rom, um 400. – Seite 146: Foto E. Sulzer-Kleinemeier. – Seite 152: Misereor-Hungertuch aus Haiti. J. Chéry. Misereor, Aachen. – Seite 158: Bergpredigt. Der Zürcher Wandteppich von Rosa Gerber. Aus: M. Rüetschi, Die Bergpredigt. Kindern in Bildern erzählt. Freiburg i. Br. 1988. – Seite 160: Erscheinung des Auferstandenen. Duccio di Buoninsegna, Maestà, 1308–11. Siena, Museo dell'Opera del Duomo. Foto Roto Smeets. – Seite 164: Foto P. van Woude. – Seite 169: Foto G. Plessl Agency. – Seite 172: Foto Th. Mayer. – Seite 175: Foto G. Burbeck. – Seite 180: Foto Th. Mayer. – Seite 183: foto-present/Klijn. – Seite 186: Christuskopf. Elfenbeintafel, 11. Jahrhundert. Darmstadt, Hessisches Landesmuseum. Foto E. Lessing. – Seite 191: Foto Markus. – Seite 199: Christusmonogramm. Mosaik vom Baptisterium in Albenga, 2. Hälfte des 5. Jahrhunderts. – Umschlagbild: Thronender Christus in Mandorla. Apsisfresko, Anfang des 12. Jahrhunderts, Berzé-la-Ville bei Cluny/Burgund. – Umschlag der Ausgabe für das deutsche Sprachgebiet in Belgien: P. Vandekerckhove et Cie.